Educação Física escolar: saberes, práticas pedagógicas e formação

EDITORA
intersaberes

Silvia Christina Madrid Finck (Org.)

Educação Física escolar: saberes, práticas pedagógicas e formação

EDITORA intersaberes

Rua Clara Vendramin, 58 · Mossunguê
CEP 81200-170 · Curitiba · PR · Brasil
Fone: (41) 2106-4170
www.intersaberes.com
editora@editoraintersaberes.com.br

Dados Internacionais de Catalogação na Publicação (CIP)
(Câmara Brasileira do Livro, SP, Brasil)

Educação Física escolar: saberes, práticas pedagógicas e formação / Silvia Christina Madrid Finck (Org.). – Curitiba: InterSaberes, 2014.

BIBLIOGRAFIA.
ISBN 978-85-8212-891-6

1. Educação Física 2. Educação Física – Estudo e ensino 3. Educação Física – Formação profissional I. Finck, Silvia Christina Madrid.

13-07394 CDD-372.8607

Índices para catálogo sistemático:
1. Educação Física escolar: Estudo e ensino 372.8607

Foi feito o depósito legal.

1ª edição, 2014.

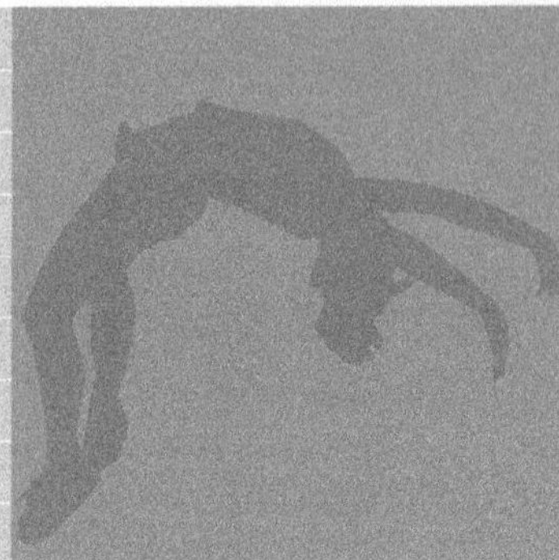

Sumário

Parte II • 171

Apresentação

Esta obra reúne textos produzidos tanto pelo Grupo de Estudos e Pesquisas em Educação Física Escolar e Formação de Professores (Gepefe) quanto por professores pesquisadores de outros grupos relacionados. O Gepefe está alocado na Universidade Estadual de Ponta Grossa (UEPG) e é vinculado ao Programa de Pós-Graduação em Educação – Mestrado e Doutorado da instituição.

O grupo congrega profissionais que atuam no ensino superior e na educação básica, além de alunos de graduação e pós-graduação. "As ações do Gepefe são desenvolvidas e direcionadas para atender aspectos da formação docente que envolvem reflexões e discussões, o incentivo à pesquisa, bem como possibilidades de encaminhamentos metodológicos para o desenvolvimento da Educação Física na escola" (Finck; Salles Filho, 2009, p. 9)*.

Os integrantes do Gepefe realizam estudos e pesquisas sobre as questões que permeiam a Educação Física escolar: os saberes, a prática pedagógica e a formação de professores. O Gepefe tem como principal objetivo "desenvolver reflexões, análises, estudos, discussões e ações que resultem em pesquisas, publicações e intervenções que venham contribuir para redimensionar o desenvolvimento da Educação Física tanto no contexto escolar como no de formação de professores" (Finck; Salles Filho, 2009).

*FINCK, S. C. M.; SALLES FILHO, N. A. Grupo de Estudos e Pesquisas em Educação Física Escolar e Formação de Professores – Gepefe: possibilidades de intervenção no contexto escolar e de formação. In: CONGRESSO NACIONAL DE EDUCAÇÃO, 9., 2009, Curitiba. **Anais...** Curitiba: Educere/PUCPR, 2009. Disponível em: <http://www.pucpr.br/eventos/educere/educere2009/anais/pdf/2602_1253.pdf>. Acesso em: 7 ago. 2012.

Este livro é composto por treze artigos e reúne parte da produção do Gepefe, abrangendo temáticas que têm permeado as discussões promovidas pelo grupo desde sua fundação, em 2006. Há também textos elaborados por docentes pesquisadores de outras instituições de ensino superior (Universidade Estadual de Londrina – UEL, Universidade Estadual de Maringá – UEM, Universidade Estadual do Centro-Oeste – Unicentro e Universidade de São Paulo – USP), resultantes do trabalho acadêmico realizado nos âmbitos da Educação e da Educação Física.

A coletânea está dividida em duas partes. A primeira, constituída de seis artigos, trata dos saberes/conhecimentos e da prática pedagógica da Educação Física escolar; a segunda parte, da qual constam sete artigos, envolve temáticas de outros saberes que permeiam a prática pedagógica do professor de Educação Física, enfoca os pressupostos da organização do trabalho pedagógico e proporciona uma reflexão sobre as diretrizes curriculares, apontando aspectos relacionados ao currículo e à formação docente.

A primeira parte do livro inicia com o artigo de Gonçalo Cassins Moreira do Carmo e Fabiane Distefano, no qual os autores abordam o jogo, com destaque para estudos de Huizinga, Piaget, Vygotsky, entre outros. Os autores discorrem, principalmente, sobre a ludicidade, as fases do jogo e sua importância para o desenvolvimento infantil, focalizando também o jogo na perspectiva das abordagens desenvolvimentista e construtivista.

No segundo artigo, de Fabíola Schiebelbein Capri, Patrícia Alzira Proscêncio e Silvia Pavesi Sborquia, as autoras destacam o trabalho pedagógico da dança no currículo da Educação Física escolar, problematizando questões relacionadas ao ensino dessa modalidade na escola, ao mesmo tempo que evidenciam sua importância como conhecimento da cultura corporal de movimento.

O terceiro artigo, escrito por Alfredo Cesar Antunes e Ricardo Domingues Ribas, trata da ginástica como conteúdo da Educação

Física escolar, possibilitando ao leitor uma reflexão sobre o desenvolvimento da modalidade no contexto da escola.

No artigo subsequente, de Clóvis Marcelo Sedorko, o esporte é abordado na perspectiva individual, com enfoque específico no atletismo. O autor destaca a importância dessa modalidade como esporte individual e ainda aponta possibilidades pedagógicas para seu desenvolvimento na escola.

No quinto artigo, o esporte ganha destaque na escola na perspectiva coletiva. Silvia Christina Madrid Finck, Marcelo José Taques e Lisiane de Paula Ripka discorrem sobre a importância do esporte como fenômeno social, evidenciando aspectos fundamentais que possibilitam reflexões sobre seu desenvolvimento no contexto escolar. Os autores enfocam ainda o desenvolvimento de um projeto escolar no qual o esporte foi trabalhado numa perspectiva metodológica crítica.

O sexto e último artigo da primeira parte deste livro é de autoria de William Lopes da Silveira e Gonçalo Cassins Moreira do Carmo. Nesse texto, os autores destacam as lutas como conhecimento importante da cultura corporal de movimento, apontando uma proposta para a sistematização pedagógica do *karatê-dô* na escola.

A segunda parte da obra inicia com o artigo de Nei Alberto Salles Filho e Rafael Trentin Scremin, no qual são tratados aspectos conceituais para uma educação para a paz. Segundo os autores, essa abordagem é necessária para subsidiar reflexões que visem ao desenvolvimento da Educação Física escolar sob tal perspectiva.

O segundo artigo aborda o movimento, a saúde e a qualidade de vida no espaço da Educação Física escolar. Ademir Testa Junior e Silvia Christina Madrid Finck destacam a importância de os três eixos serem abordados nas aulas de Educação Física, no sentido de ampliar os conhecimentos dos alunos, a fim de que possam utilizá-los em benefício de uma melhor qualidade de vida.

O artigo subsequente, de autoria de Janaína Mayra de Oliveira Weber e Gilmar de Carvalho Cruz, discorre sobre a relação entre a Educação Física, a escola e a inclusão. Os autores levantam questionamentos que possibilitam a reflexão sobre como avaliar essa relação.

No quarto artigo, Marcelo José Taques e Silvia Christina Madrid Finck abordam as influências, contribuições e possibilidades da mídia para a Educação Física escolar. Os autores instigam o leitor a refletir acerca da mídia de uma forma ampla e destacam aspectos a serem considerados no desenvolvimento da Educação Física escolar.

O quinto artigo, de autoria dos professores Amauri Aparecido Bassoli de Oliveira e Claudio Kravchychyn, aborda a organização do trabalho pedagógico da Educação Física na escola. Nesse texto, os autores indicam pressupostos para subsidiar o trabalho docente em relação a aspectos organizacionais e metodológicos.

O artigo de autoria de Alfredo Cesar Antunes trata da preparação profissional em Educação Física, possibilitando ao leitor uma reflexão sobre as diretrizes curriculares acerca dessa formação. O autor faz uma análise documental sobre as diretrizes curriculares, no que se refere à dimensão prática na preparação profissional – concepção e organização acadêmica.

No último artigo, o professor Marcos Garcia Neira trata do currículo da formação em Educação Física e prioriza o aspecto cultural e suas possíveis influências na construção de identidades dos sujeitos, considerando-se o contexto, seus fundamentos e ações.

Esperamos que este livro possa contribuir para as reflexões sobre as questões relacionadas à Educação Física escolar, bem como para a ampliação do diálogo acerca dos saberes, da prática pedagógica e da formação em Educação Física, entre os professores que atuam tanto na Educação Básica como na formação docente.

Silvia Christina Madrid Finck

PARTE I

Jogo: ludicidade, corpo e movimento

Gonçalo Cassins Moreira do Carmo
Fabiane Distefano

Embora o lúdico esteja presente em diferentes instâncias e dinâmicas da vida social (trabalho, lazer, educação, religião, sexo, política etc.), é no jogo que se encontra um amplo espaço para discussão.

Ao longo dos anos, vários pesquisadores têm se dedicado ao estudo do jogo. Poucos, porém, foram os que conseguiram alcançar reconhecimento ou mesmo obter certo destaque; alguns, por outro lado, tornaram-se clássicos.

De acordo com Pimentel e Pimentel (2009, p. 164),

> A primeira abordagem moderna sobre o tema e, possivelmente, a mais conhecida e polêmica tese sobre a relação do lúdico com a cultura foi defendida por Huizinga (1980)*. Para ele, o jogo é um construto historicamente constituído pela cultura, mas, dialeticamente, pode tratar-se de um fenômeno que, por ser anterior à cultura [...] [teria impulsionado] estruturalmente boa parte das instituições humanas.

Um ponto básico em que se apoiam os estudos de Huizinga "é que a cultura surge sob a forma de jogo, que ela é, desde seus primeiros passos, como que 'jogada'" (Huizinga, 2000, p. 37).

Nesse sentido, a ideia de cultura encontrada na obra de Huizinga (2000) está ligada, de certa forma, à tradição alemã, que entende

* Em nosso texto, ctiamos a edição de 2000, da mesma obra de Huizinga. Os números de páginas se referem a esta edição.

as obras de arte e os livros, entre outros, como "produtos humanos". Desse modo, talvez seja esclarecedora uma passagem em que Huizinga (2000, p. 37) afirma que:

> No decurso da evolução de uma cultura, quer progredindo quer regredindo, a relação original por nós definida entre o jogo e o não jogo não permanece imutável. Regra geral, o elemento lúdico vai gradualmente passando para segundo plano, sendo sua maior parte absorvida pela esfera do sagrado. O restante cristaliza-se sob a forma de saber: folclore, poesia, filosofia, e as diversas formas da vida jurídica e política. Fica assim completamente oculto por detrás dos fenômenos culturais o elemento lúdico original.

Assim, à medida que se cristaliza sob a forma do saber, o elemento lúdico ascende à condição de cultura. No entanto, como argumenta Lucena (1998, p. 34), "essa condição só perdura na medida em que não esteja totalmente desconectado de formas lúdicas". Daí surge o interesse em questionarmos de que maneira a cultura atual continua a se manifestar por meio de formas lúdicas.

Para Huizinga (2000, p. 5):

> o jogo é mais do que um fenômeno fisiológico ou um reflexo psicológico. Ultrapassa os limites da atividade puramente física ou biológica. É uma função *significante*, isto é, encerra um determinado sentido. [...] Seja qual for a maneira como o considerem, o simples fato de o jogo encerrar um sentido implica a presença de um elemento não material em sua própria essência. [grifo do original]

Huizinga (2000, p. 5) aponta algumas teorias que procuram determinar a natureza e o significado do jogo, atribuindo-lhe um lugar no sistema da vida.

> Há uma extraordinária divergência entre as numerosas tentativas de definição da função biológica do jogo. Umas definem as origens e fundamento do jogo em termos de descarga da energia vital superabundante, outras como satisfação de um certo "instinto de imitação", ou ainda simplesmente como uma "necessidade"

> de distensão. Segundo uma teoria, o jogo constitui uma preparação do jovem para as tarefas sérias que mais tarde a vida dele exigirá, segundo outra, trata-se de um exercício de autocontrole indispensável ao indivíduo. Outras veem o princípio do jogo como um impulso inato para exercer uma certa faculdade, ou como desejo de dominar ou competir. Teorias há, ainda, que o consideram uma "ab-reação", um escape para impulsos prejudiciais, um restaurador da energia dispendida por uma atividade unilateral, ou "realização do desejo", ou uma ficção destinada a preservar o sentimento do valor pessoal etc.

Poderíamos prosseguir citando ou mesmo nos aprofundando em uma ou algumas dessas teorias. Entretanto, nossa intenção inicial é demonstrar que existe "um elemento comum a todas essas hipóteses: todas elas partem do pressuposto de que o jogo se acha ligado a alguma coisa que não seja o próprio jogo, que nele deve haver alguma espécie de finalidade biológica" (Huizinga, 2000, p. 6).

Essas teorias se interrogam sobre os motivos e os objetivos do jogo, e as respostas mais se completam do que se excluem. Desse modo, podemos aceitar quase todas, o que não nos aproxima "de uma verdadeira compreensão do conceito de jogo. Todas as respostas, porém, não passam de soluções parciais do problema" (Huizinga, 2000, p. 6).

Para Huizinga (2000, p. 6), "é nessa intensidade, nessa fascinação, nessa capacidade de excitar que reside a própria essência e a característica primordial do jogo". Segundo esse historiador, entre os elementos do jogo estão a tensão, a alegria e o divertimento, sendo que este último resiste a qualquer análise ou interpretação lógica. Portanto, de acordo com o referido autor, é necessário avaliar e compreender o jogo em sua totalidade.

Como afirma Huizinga (2000, p. 6-7),

> A existência do jogo não está ligada a qualquer grau determinado de civilização, ou a qualquer concepção do universo. Todo ser pensante é capaz de entender à primeira vista que o jogo possui

> uma realidade autônoma, mesmo que sua língua não possua um termo geral capaz de defini-lo. A existência do jogo é inegável.

O jogo é entendido por Huizinga (2000, p. 7) "como um elemento dado existente antes da própria cultura, acompanhando-a e marcando-a desde as mais distantes origens até a fase de civilização em que agora nos encontramos". O objeto de estudo desse autor (2000, p. 7) "é o jogo como forma específica de atividade, como 'forma significante', como função social", ou seja, como "fator cultural da vida". Assim, de acordo com esse historiador, as grandes atividades arquetípicas da sociedade humana são inteiramente marcadas pelo jogo, como a linguagem, o mito, o culto, o direito e a ordem, o comércio e o lucro, a indústria e a arte, a poesia, a sabedoria e a ciência.

Para Huizinga (2000, p. 9), "O jogo não é compreendido pela antítese entre sabedoria e loucura, ou pelas que opõem a verdade e a falsidade, ou o bem e o mal. Embora seja uma atividade não material, não desempenha uma função moral, sendo impossível aplicar-lhe as noções de vício e virtude". Huizinga (2000) considera as manifestações sociais como as formas mais elevadas de jogo.

Apresentamos até aqui, mesmo que de forma passageira, algumas interfaces entre o jogo e a cultura. Todavia, torna-se necessário pontuarmos as principais características do jogo, bem como conceituá-lo.

Huizinga (2000) elenca algumas características do jogo, as quais são consideradas fundamentais e servem como pontos de apoio para sua análise. Segundo o autor (2000, p. 13-14),

> Numa tentativa de resumir as características formais do jogo, poderíamos considerá-lo uma atividade livre, conscientemente tomada como "não séria" e exterior à vida habitual, mas ao mesmo tempo capaz de absorver o jogador de maneira intensa e total. É uma atividade desligada de todo e qualquer interesse material, com a qual não se pode obter qualquer lucro, praticada dentro de limites espaciais e temporais próprios, segundo uma certa ordem

> e certas regras. Promove a formação de grupos sociais com tendência a rodearem-se de segredo e a sublinharem sua diferença em relação ao resto do mundo por meio de disfarces ou outros meios semelhantes.

Em síntese, para Huizinga (2000, p. 24),

> o jogo é uma atividade ou uma ocupação voluntária, exercida dentro de certos e determinados limites de tempo e de espaço, segundo regras livremente consentidas, mas absolutamente obrigatórias, dotado de um fim em si mesmo, acompanhado de um sentimento de tensão e de alegria e de uma consciência de ser diferente da "vida quotidiana".

Diante de perguntas seculares, as quais questionam o que é sério, o que é jogo, o que é respeitado e o que é aceito socialmente, Huizinga (2000, p. 151) posiciona-se da seguinte forma:

> a verdadeira civilização não pode existir sem um certo elemento lúdico, porque a civilização implica a limitação e o domínio de si próprio, a capacidade de não tomar suas próprias tendências pelo fim último da humanidade, compreendendo que se está encerrado dentro de certos limites livremente aceites. De certo modo, a civilização sempre será um jogo governado por certas regras, e a verdadeira civilização sempre exigirá o espírito esportivo, a capacidade de *fair play*. O *fair play* é simplesmente a boa-fé expressa em termos lúdicos.

No entendimento de Bruhns (1993, citado por Pimentel e Pimentel, 2009), "De forma ampliada, o lúdico é visto como potencial transformador presente em ações criativas, como a atividade científica, o erotismo, a literatura e as artes em geral".

Entretanto, o termo *lúdico* mostra-se polissêmico. Entre as várias possibilidades de compreensão, temos aquelas que se referem ao comportamento típico de jogo, como um adjetivo para as atividades de jogo e brincadeiras, como a própria essência do jogo ou, ainda, como uma constante antropológica que envolve as experiências de lazer (Marcellino, 1990; Bruhns, 1993; Bramante, 1998; Bracht, 2003; Gomes, 2003).

A questão que se coloca é justamente a fragilidade com que o tema é constantemente enfrentado e seus consequentes desdobramentos que se transferem para a esfera do corpo e do movimento.

De acordo com Gomes (2004), o termo *lúdico* é considerado como lugar naturalizador de sentidos, que passam a ser tomados no seu efeito de evidência. "O percurso vai se configurando no ir e vir de autores como Huizinga (1980), Marcellino (1990), Bramante (1998), Bracht (2003) e Werneck (2003) nas suas buscas por esboçar ou conjugar uma espécie de 'tentativa de identidade' para o lúdico" (Pimentel; Pimentel, 2009).

A questão que ora se coloca é que o lúdico, ou qualquer adjetivo que pretendamos atribuir a esse *lúdico*, ocorre, invariavelmente, por meio de ações corporais, numa contínua interação entre sujeito e objeto. Nessa direção, Piaget (1996, p. 43) afirma o seguinte:

> O conhecimento implica uma série de estruturas construídas progressivamente através de contínua interação entre o sujeito, o meio físico e o social, portanto o ambiente escolar deve ser estimulante e favorecer essa interação, e para isso, deve o projeto político-pedagógico da escola estar fundamentado numa proposta de trabalho que tenha como características: processos dinâmicos subjacentes à construção das estruturas cognitivas.

Ainda de acordo com Piaget (1996, p. 46), entendemos o jogo como a construção do conhecimento, principalmente, nos períodos sensório-motor e pré-operatório. Agindo sobre os objetos, as crianças, desde pequenas, estruturam seu espaço, seu tempo, desenvolvem a noção de casualidade, chegando à representação e, finalmente, à lógica.

Diante de tais pressupostos, é possível perceber que o conhecimento se constrói graças à interação entre sujeito e meio ambiente. Portanto, a ação motora é determinante. Mas, se a ação motora é um componente fundamental para o desenvolvimento cognitivo, qual é seu papel nas demais esferas do comportamento humano?

> Ao estudar o desenvolvimento humano, Piaget salienta que existe certo equilíbrio do homem com o meio ambiente e através dele desenvolve-se a inteligência. Segundo Piaget isso é feito por adaptação e organização. A adaptação tem duas formas básicas: a assimilação e a acomodação. Na assimilação, o indivíduo usa as estruturas psíquicas que já possui. Porém se elas não forem suficientes, é necessário construir novas estruturas e assim é desenvolvida a acomodação. (Souza, 2012)

Conforme Piaget (1996), "na assimilação e na acomodação podemos reconhecer a correspondência prática daquilo que serão mais tarde a dedução e a experiência". Todavia, na organização há uma articulação dos processos com as estruturas existentes e a reorganização de todo o conjunto. Desse modo, compreendemos que "o indivíduo constrói e reconstrói continuamente as estruturas que o tornam cada vez mais apto ao equilíbrio" (Piaget, 1996, p. 58).

É compreensível que a criança brinque pelo divertimento; no entanto, há objetivos a serem alcançados. À medida que aparecem regras, o jogo de exercício ganha identidade, tornando-se indispensável a separação entre o jogo e a técnica. Com as regras já estruturadas, devem ser buscadas novas estratégias para o alcance dos objetivos.

Devries e Kamii (1991, p. 73) afirmam:

> Os jogos servem, particularmente, para promover o desenvolvimento da cooperação, porque as crianças são motivadas pelo divertimento do jogo a cooperar voluntariamente (autonomamente) com outros, seguindo as regras. Jogos requerem, em grande parte, adequação e coordenação interindividual, e as crianças são motivadas a usar sua inteligência para compreender como jogar bem o jogo.

O jogo está presente nas diversas etapas do desenvolvimento humano, podendo contribuir para o processo da socialização das crianças, bem como para a realização de tarefas individuais.

Ao contrário do que se possa supor, mesmo quando desenvolvido de forma lúdica, o jogo tem seus objetivos, "Sobretudo porque a atividade lúdica também tem **objetivo a alcançar** (gol, por exemplo), salvo nas formas mais larvares do procedimento lúdico, como no mero **jogo de exercício**, e, em parte, no **jogo simbólico**, em que o 'objetivo' não é, provavelmente, consciente". (Piaget, 1980, p.110, grifo do original).

Para Piaget (1980, p. 115), o jogo com regras tem um objetivo a alcançar (êxito). Mesmo sendo jogado apenas por lazer, existem regras, pois aquele que joga almeja algo. Assim, o jogo pode ser desenvolvido com propósitos totalmente diferentes: propiciar diversão ou descobrir e sugerir novas estratégias.

Piaget (1980) realça que o jogo é simbólico e que seu simbolismo está determinado por uma lógica de construção do mundo imaginário do jogo, mundo este considerado lúdico, mas que a criança compreende como real. Tal mundo é desejado e criado pela criança e traz a ela prazer e satisfação, conforme afirma Elkonin (1998, p. 153):

> É natural que essa ideia subentenda as funções fundamentais que regem o aparecimento das imagens dos sonhos: a condensação, que faz fundir-se em umas várias imagens distintas, e o deslocamento, que translada de um objeto para outro as características pertencentes ao primeiro. Isso é o que leva ao simbolismo no jogo. Portanto, o jogo é simbólico, e o seu simbolismo está determinado por uma lógica sincrética especial de construção do mundo imaginário do jogo. Esse mundo imaginário, o mundo lúdico, está frente a frente com o mundo da realidade e, para a criança, é mais real do que este último.

Podemos perceber também que, para Piaget (1980), o jogo direcionado à criança surge como pertencedor de um mundo de sonhos, considerado mais importante para ela do que o mundo real. Contudo, isso não quer dizer que seja menos real que o outro.

Diante disso, a criança se vê obrigada a se adaptar a um mundo social, cujas regras lhe parecem exteriores, ou seja, um mundo no qual ela mal consegue satisfazer suas necessidades afetivas. Assim, a criança busca seu equilíbrio afetivo e intelectual em atividades nas quais sua motivação não se baseie no real, mas se dê por meio da assimilação do real ao seu próprio eu, e, para isso, utiliza a inteligência, que é constatada como o ponto de equilíbrio entre a assimilação e a acomodação do mundo que imagina.

A assimilação é essencialmente o meio externo buscado pelo indivíduo para alimentar seus esquemas hereditários ou adquiridos, e a acomodação permanece de tal forma indiferenciada dos processos assimiladores que não ocasiona nenhuma conduta ativa especial. Em busca da fuga do mundo social, a criança se prende à sua imaginação, criando jogos e vivendo dentro desse mundo constituído pelo jogo. A respeito do tema, Elkonin (1998, p. 153) se posiciona da seguinte forma:

> O jogo, do ponto de vista de Piaget, pertence ao mundo dos sonhos autistas, dos desejos insatisfeitos na realidade, das inesgotáveis possibilidades. Esse mundo é o mais importante, é uma verdadeira realidade para a criança; em todo caso, esse mundo não é, para a criança, menos real do que o outro – o mundo da coerção, das propriedades permanentes dos objetos, da causalidade – o mundo dos adultos. Examinando o desenvolvimento das noçoes de realidade, Piaget indica que até dois ou três anos de idade "o real é simplesmente desejável".

Aproximadamente aos 2 anos de idade começam a surgir os jogos de faz de conta para a criança. Esses jogos estimulam o desenvolvimento do pensamento infantil e são caracterizados como símbolos lúdicos, pois a criança distorce a função dos objetos e faz adequações destes para seu mundo, de acordo com sua fantasia de criança. Podemos melhor compreender a ideia nas palavras de Pulaski (1986, p. 91), quando evidencia o pensamento de Piaget:

> Assim, desde o início do segundo ano de vida, Piaget discerne os jogos de "faz de conta", "característicos do símbolo lúdico, em contraposição aos simples jogos motores". [...] a função da atividade lúdica ou simbólica é distorcer os objetos da realidade para adequá-los à fantasia da criança.

Piaget (citado por Pulaski, 1986, p. 91) destaca três categorias relacionadas ao jogo: os jogos práticos, os simbólicos e os que têm regras.

O maior interesse de Piaget centra-se nos **jogos simbólicos**, que podem ser imitativos e imaginativos, pois auxiliam no desenvolvimento da expressão criativa e na vida fantasiosa, rica e satisfatória da criança. Sua ideia está relacionada aos aspectos cognitivos. O ápice do jogo simbólico ocorre entre as idades de 2 e 4 anos, e é nesse espaço de tempo que surgem os companheiros imaginários, considerados inseparáveis. É com esses companheiros que as crianças, de certa forma, conversam e, muitas vezes, é a eles que confidenciam coisas. Nas palavras de Pulaski (1986, p. 92),

> A maior parte do interesse de Piaget se centra nos jogos simbólicos, que "implicam na representação de um objeto ausente" e são, a um tempo, imitativos e imaginativos. [...] Entre as idades de dois (fim do período sensório-motor) e quatro anos, o jogo simbólico atinge seu ápice [...]. Os companheiros imaginários quase sempre surgem nesse estágio do jogo simbólico das crianças [...]. Tornam-se companheiros inseparáveis [...]. As crianças podem referir-se a eles ou sussurrar-lhes secretamente.

Muitas vezes, as crianças tomam atitudes – de forma a satisfazerem a si próprias – que ignoram a realidade e trazem-na para um mundo imaginário, a fim de melhor compreendê-la. A esse respeito, Piaget (citado por Devries e Kamii, 1991, p. 18) afirma que "a criança distorce um objeto ou um acontecimento para seu próprio prazer". Por exemplo, num jogo simbólico, a criança ignora a realidade e finge estar embalando um bebê ou apagando o fogo com uma mangueira imaginária.

O jogo pode se tornar social após a criança completar 4 ou 5 anos, em média. Isso acontece porque ela aparenta melhor equilíbrio e acomodação nessa idade, o que faz com que tenha mais interesse pelo mundo real, deixando seu mundo de fantasias de lado. Com o passar do tempo e o fim da infância, o jogo simbólico pode se encerrar. Piaget (citado por Pulaski, 1986, p. 96) destaca que:

> Após a idade de quatro ou cinco anos, o jogo simbólico se torna progressivamente mais social. Simbolismo coletivo é a expressão que encontrou para o jogo em que as crianças assumem papéis diferentes e os representam com uma conscientização mútua [...] isso se dá porque a criança está atingindo um melhor equilíbrio entre a assimilação e acomodação, interessando-se mais pelo mundo real do que por suas fantasias particulares [...]. O jogo simbólico parece encerrar-se com a infância.

O jogo, de maneira geral, é realizado pelo simples prazer de ser praticado.

Para Piaget (1990), o conhecimento da criança vai sendo construído por meio do jogo, nos períodos sensório-motor e pré-operatório. De acordo com Kamii (2003, p. 27), "para explicar essa posição, [Piaget] dá as seguintes razões: por um lado, para o recém-nascido não existem objetos; por outro, os objetos não podem existir para o bebê antes que este possa impor a estrutura dos objetos à massa de sensações amorfas".

No que diz respeito aos jogos de grupo, Devries e Kamii (1991, p. 74) afirmam que:

> O jogo de grupo pode ser utilizado para favorecer o desenvolvimento cognitivo, social e moral. Os jogos prestam-se particularmente bem ao desenvolvimento da cooperação: no jogo, a criança coopera voluntariamente (de uma maneira autônoma) com as outras, praticando as regras. Os jogos deste gênero exigem muita descentração e coordenação interindividual e as crianças são motivadas a utilizar sua inteligência para jogar bem.

Os jogos de grupo não são muito utilizados no desenvolvimento educacional, e sim no cognitivo, no social e no moral, porque a criança, quando está jogando, joga com os outros, mas pensa de maneira autônoma, não havendo concordância com o que os outros pensam.

Conforme expusemos até este ponto, o jogo pode ser considerado um dos instrumentos mais preciosos para a educação. Para Vygotsky (2003, p. 104),

> O critério popular considera o jogo como uma distração, uma diversão, à qual se deve dedicar apenas uma hora. Por isso, em geral não se dá nenhum valor ao jogo e, no melhor dos casos, estima-se que se trata de uma fraqueza natural da infância, que ajuda a criança a passar o tempo. No entanto, a observação atenta descobriu há muito tempo que o jogo aparece invariavelmente em todas as etapas da vida cultural dos povos mais diversos e, portanto, representa uma peculiaridade insuperável e natural da condição humana.

Por meio de observações, Vygotsky (2003) descobriu que há muito tempo o jogo é usado em todas as etapas da vida do ser humano e também dos animais, pois estes igualmente brincam. Ao discutir o jogo, Vygotsky (2003, p. 104) o associa à descarga de energia acumulada no jovem, que não pode ser eliminada pelas necessidades naturais. Ainda sobre o assunto, o referido autor comenta que:

> O jogo deve ser necessário para algo, deve ter alguma missão biológica, pois do contrário não existiria nem teria tão ampla difusão [...] mediante uma observação atenta, percebemos sem esforço que, além de movimentos inúteis e desnecessários, o jogo também inclui movimentos ligados a futuras atividades do animal, que assim vai elaborando o hábito e a habilidade para essa atividade, preparando-se para a vida, estabelecendo e exercitando as disposições adequadas. O jogo é a escola natural do animal.

Atividades como o brincar e o jogar podem resultar em experiências de prazer intenso para a criança, mas também podem ser consideradas atividades não agradáveis, como, segundo Vygotsky (1998, p. 121), jogos que só dão prazer à criança se ela considerar o resultado interessante. Os jogos esportivos (não somente os esportes atléticos, mas também outros jogos que podem ser ganhos ou perdidos) são, com muita frequência, acompanhados de desprazer, quando o resultado é desfavorável para a criança. Para Vygotsky, (1998, p. 125), "O mais simples jogo com regras transforma-se imediatamente numa situação imaginária, no sentido de que, assim que o jogo é regulamentado por certas regras, várias possibilidades de ação são eliminadas". Se a criança brinca, é porque o jogo tem alguma importância para ela; entretanto, ele deve ser instituído de acordo com a idade dessa criança.

A criança com menos de 3 anos tem tendência a satisfazer seus desejos imediatamente; o intervalo entre um desejo e sua satisfação é curto, ou seja, seu desejo deve ser satisfeito naquele momento, e, se não puder ser atendido, ela fica mal-humorada. No entanto, essa criança pode ser acalmada e distraída de forma a se esquecer de seu desejo. Para melhor compreendermos, recorremos a Rego (2001, p. 81):

> É, portanto, impossível a participação da criança muito pequena numa situação imaginária. Ela tende a querer satisfazer seus desejos imediatamente: ninguém jamais encontrou uma criança muito pequena, com menos de três anos de idade, que quisesse fazer alguma coisa dali a alguns dias, no futuro.

Já uma criança na fase da educação infantil busca, por meio da imaginação, a criação de um mundo ilusório, no qual os desejos podem ser satisfeitos, e esse mundo se realiza por meio dos brinquedos. Nesse sentido, Rego (2001, p. 82) evidencia que:

> A criança passa a criar uma situação ilusória e imaginária, como forma de satisfazer seus desejos não realizáveis. Esta é, aliás, a característica que define o brinquedo de um modo geral. A criança brinca pela necessidade de agir em relação ao mundo mais amplo dos adultos e não apenas ao universo dos objetos a que ela tem acesso.

A imaginação é um processo psicológico novo para a criança e representa uma forma humana de atividade consciente. Com o uso da imaginação, aparecem novos e diferentes mundos em que a criança cria, aprende, erra e reconstrói, transformando, assim, o imaginário em real. Em relação à criança que se encontra na fase escolar da educação infantil, a imaginação é o brinquedo sem ação, e, para que a ação se realize, são necessárias a motivação e a cognição como processos circunstanciais da atividade. Nessa direção, Vygotsky (1998, p. 122) se posiciona da seguinte forma:

> "Como todas as funções da consciência, ela surge originalmente de ação. O velho adágio de que o brincar da criança é imaginação em ação deve ser invertido; podemos dizer que a imaginação, nos adolescentes e nas crianças em idade pré-escolar, é o brinquedo sem ação". [...] (capítulo 7) A partir dessa perspectiva, torna-se claro que o prazer derivado do brinquedo na idade pré-escolar é controlado por motivações diferentes daquelas do simples chupar chupeta. Isso não quer dizer que todos os desejos não satisfeitos dão origem a brinquedos. [...]
>
> Raramente as coisas acontecem exatamente dessa maneira. Tampouco a presença de tais emoções generalizadas no brinquedo significa que a própria criança entende as motivações que dão origem ao jogo. Quanto a isso, o brinquedo difere substancialmente do trabalho e de outras formas de atividade.

Segundo Vygotsky (2003, p. 107), para a criança, o jogo é considerado a primeira escola de pensamento. Se introduzirmos no jogo determinadas regras, a criança estará desenvolvendo suas condutas, o que lhe possibilita chegar a determinados objetivos. Com os jogos de regras, a criança organiza seu comportamento.

Vygotsky (1998, p. 124) afirma que o brinquedo envolvido em uma situação imaginária é de fato um brinquedo baseado em regras, ainda que realizado por simples prazer. Durante a brincadeira, o que na vida real passa despercebido pela criança torna-se uma regra de comportamento.

De acordo com Vygotsky (1998, p. 125), as regras estão sempre presentes quando há uma situação imaginária no brinquedo, não as regras previamente formuladas e que mudam durante o jogo, mas sim aquelas que se originam da própria situação imaginária:

> [...] tem-se demonstrado que os assim chamados jogos puros com regras são, essencialmente, jogos com situações imaginárias. Da mesma forma que uma situação imaginária tem que conter regras de comportamento, todo jogo com regras contém uma situação imaginária. Jogar xadrez, por exemplo, cria uma situação imaginária. Por quê? Porque o cavalo, o rei, a rainha etc., só podem se mover de maneiras determinadas; porque proteger e comer peças são, puramente, conceitos de xadrez.
>
> Embora no jogo de xadrez não haja uma substituição direta das relações da vida real, ele é, sem dúvida, um tipo de situação imaginária. O mais simples jogo com regras transforma-se imediatamente numa situação imaginária, no sentido de que, assim que o jogo é regulamentado por certas regras, várias possibilidades de ação são eliminadas.

Desse modo, é possível compreender que, para Vygotsky, todo jogo com regras leva a uma situação imaginária, ou seja, a criança usa sua imaginação para exercer um comportamento que ela entende como correto; preocupa-se em exibi-lo para o papel em que desempenha no jogo, adquirindo, assim, regras de comportamento para o seu desenvolvimento.

Além disso, em relação às situações imaginárias da criança, Vygotsky (1998, p. 127) comenta que:

> A ação numa situação imaginária ensina a criança a dirigir seu comportamento não somente pela percepção imediata dos objetos ou pela situação que a afeta de imediato, mas também pelo significado dessa situação. [...]
>
> A ação regida por regras começa a ser determinada pelas ideias e não pelos objetos. [...]

> A criação de uma situação imaginária não é algo fortuito na vida de uma criança; pelo contrário, é a primeira manifestação da emancipação da criança em relação às restrições situacionais.

Assim, o jogo torna-se um ato indispensável no desenvolvimento da criança, pois, quando joga ou brinca, a cada passo a criança se vê diante de um conflito. Ela está submetida às regras do jogo e pensa o que faria se pudesse agir espontaneamente; entretanto, desenvolve o autocontrole. A criança demonstra, segundo Vygotsky (1998, p. 113), "o máximo de força de vontade quando renuncia a uma atração imediata do jogo (como, por exemplo, uma bala que, pelas regras, é proibido comer [...])". Assim, a criança experiencia a regra, a subordinação a uma regra e a renúncia a agir sob um impulso imediato, pensando antes de agir, o que se constitui no meio pelo qual atinge seu prazer máximo. De acordo com Vygotsky (1998, p. 113),

> Assim, o atributo essencial do brinquedo é que uma regra torna-se um desejo. As noções de Spinoza de que "uma ideia que se tornou um desejo, um conceito que se transformou numa paixão" encontram seu protótipo no brinquedo, que é o reino da espontaneidade e liberdade.
>
> Satisfazer as regras é uma fonte de prazer. A regra vence porque é o impulso mais forte. Tal regra é uma regra interna, uma regra de autocontenção e autodeterminação, como diz Piaget, e não uma regra que a criança obedece à semelhança de uma lei física. Em resumo, o brinquedo cria na criança uma nova forma de desejos. Ensina-a a desejar, relacionando seus desejos a um "eu" fictício, ao seu papel no jogo e suas regras. Dessa maneira, as maiores aquisições de uma criança são conseguidas no brinquedo, aquisições que no futuro tornar-se-ão seu nível básico de ação real e moralidade.

O jogo, para Vygotsky (2003, p. 105), é dividido em três grupos. O primeiro grupo é constituído pelas brincadeiras com objetos, que consistem em lançá-los e recuperá-los; dessa forma, a criança aprende a ver e a ouvir, a segurar e a rejeitar objetos. Posteriormente, os jogos instituídos no processo são os de esconder e escapar, desenvolvendo habilidades de deslocamento e orientação no ambiente. Há, também, a imitação nas brincadeiras de criança, a qual é considerada fundamental, pois, por meio da reprodução e da assimilação do que se observa nos adultos, a criança aprende e desenvolve habilidades primordiais para suas atividade futuras.

O segundo grupo de jogos são os construtivos, que, quando relacionados a certos materiais, ensinam e provocam os acertos em novos movimentos, elaboram milhares de hábitos valiosos, diversificam e multiplicam nossas reações. Com esses jogos, a criança aprende lições de coordenação de movimentos, desenvolvendo, desse modo, o controle corporal para conseguir alcançar os objetivos do jogo.

Já o terceiro grupo se refere aos jogos com regras, os quais surgem de regras convencionais e das ações ligadas a elas.

Cada jogo apresenta situações específicas, sendo um diferente do outro; em cada um, experiências sociais são adaptadas e habilidades são desenvolvidas, com relações ativas com os demais – jogadores como as ações de atacar e defender, prejudicar e ajudar. Desse modo, aqueles que jogam aprendem a calcular antecipadamente o resultado do conjunto de todos os jogadores. Esse tipo de jogo é considerado experiência social viva e coletiva, pois os jogadores adquirem hábitos e aptidões sociais (Vygotsky, 2003, p. 105).

Como afirma Vygotsky (2003, p. 105), a "criança sempre brinca, é um ser que brinca, porém seu jogo sempre possui um sentido importante. Ele sempre corresponde exatamente à sua idade e a seus interesses e inclui elementos que levam à elaboração dos hábitos e habilidades necessárias".

O brinquedo desperta a manifestação de um comportamento atípico na criança, como se ela fosse maior do que é realmente, como se mudasse o modo como age normalmente, no dia a dia. O brinquedo torna-se excelente fonte de crescimento emocional; em um único objeto, encontra-se a forma condensada de todas as tendências do desenvolvimento infantil:

> À medida que o brinquedo se desenvolve, observamos um movimento em direção à realização consciente de seu propósito. É incorreto conceber o brinquedo como uma atividade sem propósito. Nos jogos atléticos, pode-se ganhar ou perder; numa corrida, pode-se chegar em primeiro, segundo ou último lugar. Em resumo, o propósito decide o jogo e justifica a atividade. O propósito, como objetivo final, determina a atitude afetiva da criança no brinquedo. Ao correr, uma criança pode estar em alto grau de agitação ou preocupação e restará pouco prazer, uma vez que ela ache que correr é doloroso; além disso, se ela for ultrapassada experimentará pouco prazer funcional. Nos esportes, o propósito do jogo é um de seus aspectos dominantes, sem o qual não teria sentido – seria como examinar um doce, colocá-lo na boca, mastigá-lo e então cuspi-lo. Naquele brinquedo, o objetivo, que é vencer, é previamente reconhecido. (Vygotsky, 1998, p. 135-136)

Considerando o que foi apresentado até aqui, podemos perceber a importância que o jogo tem no desenvolvimento infantil, uma vez que a criança aprende brincando. Desse modo, devemos ter em conta que o jogo é um dos conhecimentos da Educação Física que devem ser tratados pedagogicamente na escola. Assim, vejamos na sequência como o jogo é enfocado de acordo com duas abordagens da Educação Física escolar: a desenvolvimentista (Tani et al., 1988) e a interacionista construtivista (Freire, 1989).

1.1 O jogo na concepção da abordagem desenvolvimentista

A década de 1980 foi fundamental para a Educação Física, uma vez que foi marcada por um intenso debate acadêmico, o qual originou inúmeras propostas metodológicas que propunham discutir essa área do conhecimento e suas formas de intervenção. Entre tais propostas, ganha destaque especial a abordagem desenvolvimentista, difundida principalmente pelo professor Go Tani, e a construtivista-interacionista, ou educação de corpo inteiro, defendida por João Batista Freire. A escolha deu-se, sobretudo, pelo fato de esses educadores se dedicarem a pensar efetivamente sobre a atuação metodológica da área e, ainda, em razão apresentarem propostas para o desenvolvimento da disciplina em relação direta com a infância.

Inicialmente, trataremos da abordagem desenvolvimentista, com atenção especial a seus aspectos básicos, assim como às relações dessa teoria com o jogo.

A abordagem desenvolvimentista, tratada por seus principais representantes no Brasil na obra *Educação Física escolar: fundamentos de uma abordagem desenvolvimentista* (Tani et al., 1988), visa estabelecer uma fundamentação teórica para a Educação Física escolar direcionada à educação infantil e aos anos iniciais do ensino fundamental. Essa teoria parte do pressuposto básico de que existe uma sequência normal nos processos de crescimento, desenvolvimento e aprendizagem do indivíduo. Nesse sentido, é fundamental que o professor de Educação Física conheça as especificidades de cada uma dessas etapas, sendo importante considerar as necessidades que advêm do próprio processo de mudança que ocorre no comportamento motor humano ao longo da vida.

De acordo com Tani et al. (1988, p. 1), "todo e qualquer processo educacional procura, em sua essência, atender adequadamente às necessidades biológicas, psicológicas, sociais e culturais da população a que se destina". Independentemente da abordagem escolhida pelo professor de Educação Física para subsidiar o trabalho pedagógico, é necessário que ela responda a quatro questões básicas: "Como estabelecer os objetivos? Quais são os princípios metodológicos de ensino a serem adotados? Como selecionar e estruturar tarefas de aprendizagem? Como avaliar o progresso de cada aluno?" (Tani et al., 1998, p. 1).

Ainda de acordo com os mesmos autores, é preciso que o professor de Educação Física compreenda as características da criança para que atenda a suas reais necessidades e expectativas. É fundamental o entendimento sobre o movimento, compreendido como objeto de estudo da área e inerente ao ser humano.

Newell (citado por Tani et al., 1988) afirma que o movimento humano refere-se ao deslocamento de corpo e membros produzido como uma sequência do padrão espacial e temporal da contração muscular. Para Tani et al. (1988), a sequência de desenvolvimento motor é igual para todas as crianças, o que muda é a velocidade (de progressão), ou seja, a velocidade com que cada criança atinge determinado estágio de desenvolvimento.

Primeiramente, segundo os referidos autores, devem ser desenvolvidas nas crianças as seguintes habilidades básicas: andar, correr, arremessar, receber, saltar, quicar, rebater e chutar. Cada uma dessas habilidades estaria associada a um estágio de desenvolvimento: o inicial, o elementar e o maduro. Caberia, portanto, ao educador a tarefa de identificar cada um desses estágios e propor ações capazes de estimular as crianças a transitarem da fase inicial até a fase madura de movimento.

Entretanto, devemos ter em mente que estimular o desenvolvimento não significa especializar precocemente a criança. Como bem lembra Sage (citado por Tani et al., 1988), o desenvolvimento motor bem-sucedido não está na precocidade, mas nas possibilidades de a criança vivenciar experiências (positivas).

A fim de garantir uma proposta metodologicamente adequada, Tani et al. (1988) elaboraram uma pirâmide de desenvolvimento motor (Figura 1.1), relacionando as características motoras a cada faixa etária específica.

Figura 1.1 – Sequência de desenvolvimento motor

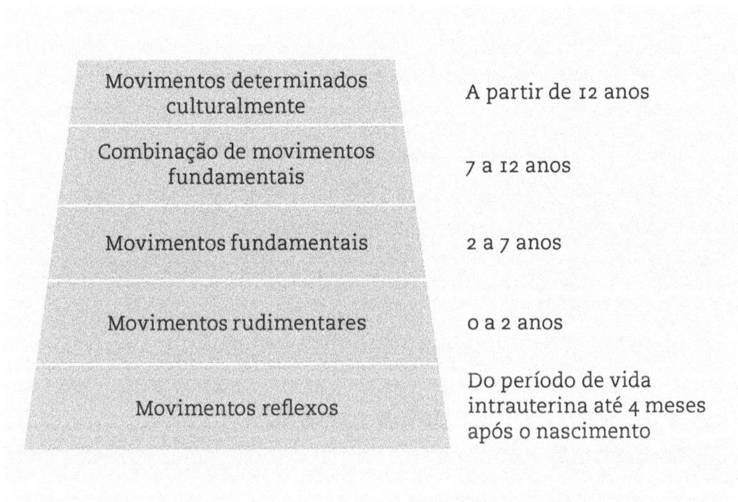

Fonte: Adaptado de Tani et al., 1988, p. 69.

É fundamental percebermos que a idade cronológica se constitui apenas em uma das muitas referências possíveis para se classificar o desenvolvimento motor. A observação e os testes motores, bem como os demais procedimentos para identificar a idade óssea ou a maturidade sexual da criança, podem servir ao professor como ferramentas úteis nessa classificação.

Ainda no que diz respeito à abordagem desenvolvimentista, não poderíamos deixar de indicar a contribuição de Gallahue e Donnelly, duas autoridades mundiais no que se refere a essa abordagem. Estudos realizados por Gallahue e Donnelly (2008) apresentam o jogo como um dos principais conteúdos a serem desenvolvidos com crianças, associado à dança e à ginástica. Os autores propõem a organização dos jogos, dividindo-os em níveis que denominam de *desenvolvimentistas*, e indicam as especificidades que caracterizam cada nível, conforme dispomos a seguir.

Jogos desenvolvimentistas nível I:

- requerem equipamento limitado ou nenhum equipamento;
- têm limites facilmente percebidos;
- focalizam habilidades ou conceitos de movimento separadamente;
- são realizados por uma única pessoa ou por um pequeno grupo (três pessoas);
- enfatizam o baixo nível de competição;
- são categorizados, geralmente, pela habilidade motora fundamental;
- utilizam uma ou duas estratégias de jogo.

Jogos desenvolvimentistas nível II:

- apresentam combinações de atividades motoras e/ou conceitos de movimento;
- usam basicamente as regras do esporte oficial;
- empregam estratégias levemente mais complexas;
- podem envolver jogos de desafio de habilidades.

Jogos desenvolvimentistas nível III:

- o número de jogadores de cada time é reduzido (seis no futebol e três no basquetebol);
- a maioria das regras do esporte oficial é usada;
- envolvem várias habilidades motoras e conceitos de movimento;
- abrangem múltiplas estratégias de jogo;

- geralmente, a boa forma física tem grande importância para o sucesso de sua realização.

Jogos desenvolvimentistas nível IV:

- caracterizam esportes oficiais de equipe, esportes em dupla e esportes individuais;
- são esportes regidos por conjuntos de regras, definidas por um grupo administrador oficial;
- não são apropriados para o programa institucional de Educação Física.

Na perspectiva desenvolvimentista, segundo Gallahue e Donnelly (2008), o jogo apresenta uma complexidade cada vez maior conforme os diferentes níveis se apresentam. É importante que o professor conheça seus alunos para que identifique qual etapa de jogo seria mais adequada às necessidades e às expectativas destes.

1.2 O jogo na concepção construtivista interacionista

Em sua obra *Educação de corpo inteiro*, Freire (1989) argumenta que todos nós fazemos alguma ideia de como é uma criança. Para esse autor, a marca característica da criança é a atividade motora e a fantasia. Freire não poupa críticas ao ambiente educacional, afirmando categoricamente que, às vezes, falta visão ao sistema escolar, assim como faltam escrúpulos. Em seu entendimento, se a escola não reconhece que o movimento é fundamental para o desenvolvimento de uma criança, então o sistema escolar não tem visão. Por outro lado, se esse ambiente reconhece tal importância, mas não oferece condições adequadas para o desenvolvimento de atividades corporais, então não há escrúpulos. Nas palavras do autor, para a criança "só é possível aprender no espaço da liberdade" (Freire, 1989, p. 12-13).

Segundo Freire (1989, p. 13), "Existe um rico e vasto mundo de cultura infantil repleto de movimentos, de jogos, da fantasia, quase sempre ignorado pelas instituições de ensino". Para o autor, a atividade motora é um meio de adaptação, transformação e relacionamento com o mundo.

Ao nascer, a criança se encontra numa etapa denominada *corpo submisso*, caracterizada por atividades reflexas. "Passados os primeiros meses de vida, nota-se que os reflexos arcaicos (de sugar e agarrar, por exemplo) começam a ceder lugar aos movimentos intencionais. Le Boulch chamou esse período de etapa do **corpo vivido**" (Freire, 1989, p. 33, grifo do original).

Outro elemento central para o desenvolvimento da criança é a formação do símbolo, uma função que distingue a espécie humana, conforme afirma Freire (1989). O símbolo é aqui entendido no sentido piagetiano, ou seja, como uma representação mental de objetos do meio externo.

É fundamental que a criança possa vivenciar o mundo da fantasia, o que, entre outros benefícios, contribuirá para o seu desenvolvimento e aprendizado. Nesse sentido, o jogo, a brincadeira e o brinquedo assumem um papel central, pois o conhecimento de mundo da criança depende das relações que ela estabelece com os outros e com os objetos.

Freire (1989, p. 22) não acredita na existência de padrões de movimento. Reconhece, sim, a manifestação de esquemas motores, "isto é, de organizações de movimentos construídos pelos sujeitos, em cada situação, construções essas que dependem tanto dos recursos biológicos e psicológicos de cada pessoa quanto das condições do meio ambiente em que ela vive". De acordo com o autor, esses esquemas motores encontrariam seu eixo central na cultura infantil, que deveria ser considerada o grande norte para a construção do trabalho pedagógico.

Para Freire (1989, p. 23), considerar o ato motor de forma isolada é um risco para a "redução do papel da Educação Física".

Segundo ele, numa perspectiva pedagógica, essa disciplina deve "atuar como qualquer outra [...] da escola, e não desintegrada dela" (Freire, 1989, p. 24).

A abordagem construtivista interacionista defendida por Freire (1989) é estruturada em três dimensões:

1. educação da sensibilidade – entrada de estímulos;
2. educação da motricidade – saída do movimento;
3. educação do símbolo – universo da fantasia.

O autor acredita que, se o movimento pode ser ensinado, é possível, também, estimular aspectos da sensibilidade e o uso da imaginação, que têm sido considerados fundamentais na sociedade atual.

Na abordagem defendida por Freire (1989), o jogo tem papel central no desenvolvimento da infância, pois se trata de um elemento presente na cultura infantil e que deve ser explorado pelos profissionais da Educação Física na escola, com o objetivo de auxiliar na criação de um processo amplo de formação da criança.

Considerações finais

Por meio deste texto, procuramos explicitar o quanto o jogo é um elemento fundamental para o processo de desenvolvimento humano. Esse tema suscita frequentes debates e ainda é pouco explorado como elemento pedagógico.

Como bem demonstram as ideiais dos autores por nós discutidos, as ações corporais proporcionam vivências que, em última instância, formam nossa personalidade e nos individualizam. Essas ações e vivências encontram espaço no jogo pelas possibilidades que ele oferece ao desenvolvimento cognitivo, afetivo, social ou motor.

O aspecto lúdico precisa estar presente no desenvolvimento das ações pedagógicas, por dois motivos básicos. O primeiro encontra amparo em Huizinga (2000, p. 5), que afirma que o "jogo é fato mais antigo que a cultura, pois esta, mesmo em suas definições menos rigorosas, pressupõe sempre a sociedade humana". Para esse autor, "Encontramos o jogo na cultura, como um elemento dado existente antes da própria cultura, acompanhando-a e marcando-a desde as mais distantes origens até a fase de civilização em que agora nos encontramos" (Huizinga, 2000, p. 7).

O segundo motivo reside nas possibilidades de utilização pedagógica; o jogo como elemento pedagógico é capaz de desenvolver na criança a inteligência, a imaginação e a criatividade, além de criar condições de desenvolvimento motor e de gerar e ampliar as condições para que a formação integral seja possível.

Entretanto, o jogo por si só não é capaz de promover nenhum tipo de mudança. Isso só será possível com a efetiva participação do professor que detenha os elementos necessários para tal ação, ou seja, um professor que tenha acesso à formação continuada, a um ambiente com boas condições de trabalho, que receba apoio de uma equipe pedagógica disposta a enfrentar os problemas que se apresentam no processo de ensino-aprendizagem, entre outros. Esses são alguns aspectos que, se supridos, poderão contribuir para que realmente essa mudança possa ocorrer.

Portanto, diante dos desafios que a educação contemporânea impõe, acreditamos que o jogo é um importante instrumento de intervenção pedagógica, capaz de possibilitar discussões atuais e urgentes no contexto escolar.

Referências

BRACHT, V. Educação Física escolar e lazer. In: WERNECK, C. L. G.; ISAYAMA, H. F. (Org.). **Lazer, recreação e Educação Física**. Belo Horizonte: Autêntica, 2003. p. 147-172.

BRAMANTE, A. C. Lazer: concepções e significados. **Licere**, Belo Horizonte, v. 11, n. 1, p. 9-17, set. 1998.

BRUHNS, H. T. **O corpo parceiro e o corpo adversário**. Campinas: Papirus, 1993.

DEVRIES, R.; KAMII, C. **Piaget para a educação pré-escolar**. Porto Alegre: Artes Médicas, 1991.

ELKONIN, D. B. **Psicologia do jogo**. São Paulo: M. Fontes, 1998.

FINCK, S. C. M.; SALLES FILHO, N. A. Grupo de Estudos e Pesquisas em Educação Física Escolar e Formação de Professores – Gepefe: possibilidades de intervenção no contexto escolar e de formação. In: CONGRESSO NACIONAL DE EDUCAÇÃO, 9., 2009, Curitiba. **Anais...** Curitiba: Educere/PUCPR, 2009. Disponível em: <http://www.pucpr.br/eventos/educere/educere2009/anais/pdf/2602_1253.pdf>. Acesso em: 7 ago. 2012.

FREIRE, J. B. **Educação de corpo inteiro**: teoria e prática da Educação Física. São Paulo: Scipione, 1989.

GALLAHUE, D.; DONNELLY, F. **Educação Física desenvolvimentista para todas as crianças**. 4. ed. São Paulo: Phorte, 2008.

GOMES, C. L. (Org.). Reflexões sobre os significados de recreação e de lazer no Brasil e emergência de estudos sobre o assunto (1926-1964). **Conexões**, Campinas, v. 1, n. 1, p. 131-144, 2003.

GOMES, C. L. (Org.). **Dicionário crítico do lazer**. Belo Horizonte: Autêntica, 2004.

HUIZINGA, J. **Homo ludens**. 4. ed. São Paulo: Perspectiva, 2000. (Coleção Estudos). Disponível em: <http://jnsilva.ludicum.org/Huizinga_HomoLudens.pdf>. Acesso em: 7 ago. 2012.

KAMII, C. **A teoria de Piaget e a educação pré-escolar**. Lisboa: Instituto Piaget, 2003.

LE BOULCH, J. **Educação psicomotora**: a psicocinética na idade escolar. São Paulo: Artes Médicas, 1988.

LIMA, P. A. **Significando o brincar**: contribuições para uma reflexão junto aos portadores de necessidades especiais. 1999. Disponível em: <http://www.sociedadeinclusiva.pucminas.br/anaispdf/significandobrincar.pdf>. Acesso em: 7 ago. 2012.

LUCENA, R. F. Jogo e esporte: uma conversa com Huizinga e Elias. **Conexões**, Campinas, v. 1, n. 1, p. 22-29, 1998.

MARCELLINO, N. C. **Pedagogia da animação**. Campinas: Papirus, 1990.

PIAGET, J. **A construção do real na criança**. São Paulo: Ática, 1996.

_____. **A formação do símbolo na criança**: imitação, jogo e sonho, imagem e representação. Rio de Janeiro: LTC, 1990.

_____. **Seis estudos de psicologia**. Rio de Janeiro: Forense--Universitária, 1980.

PIMENTEL, R. M. L.; PIMENTEL, G. G. de A. Discurso do lúdico nos discursos sobre o lúdico. **Forma y Función**, Bogotá, v. 22, n. 22, jan./jun. 2009. Disponível em: <http://www.scielo.org.co/scielo.php?pid=S0120-338X2009000100008&script=sci_arttext>. Acesso em: 7 ago. 2012.

PULASKI, M. A. S. **Compreendendo Piaget**: uma introdução ao desenvolvimento cognitivo da criança. Rio de Janeiro: LTC, 1986.

REGO, T. C. **Vygotsky**: uma perspectiva histórico-cultural da educação. Petrópolis: Vozes, 2001.

ROJAS, J. **Jogos, brinquedos e brincadeiras**: a linguagem lúdica formativa na cultura da criança. Campo Grande: Ed. da UFMS, 2007. Disponível em: <http://www.ffllipe.ufms.br/material/fasciculo_Jucimara_Rojas__Jogos,_brinquedos_e_brincadeiras_a_linguagem_ludica_formativa_na_cultura.pdf>. Acesso em: 7 ago. 2012.

SOUZA, R. A. B. de. Atividade lúdica em psicopedagogia: o jogo e a aprendizagem. **Para Entender a História...**, ano 3, série 27/02, p. 1-20, fev. 2012. Disponível em: <http://fabiopestanaramos.blogspot.com.br/2012/02/atividade-ludica-em-psicopedagogia-o.html>. Acesso em: 7 ago. 2012.

TANI, G. et al. **Educação Física escolar**: fundamentos de uma abordagem desenvolvimentista. São Paulo: Perspectiva, 1988.

VYGOTSKY, L. S. **A formação social da mente**: o desenvolvimento dos processos psicológicos superiores. 6. ed. São Paulo: M. Fontes, 1998.

____. **Psicologia pedagógica**. Porto Alegre: Artmed, 2003.

WERNECK, C. L. G. Recreação e lazer: apontamentos históricos no contexto da Educação Física. In: WERNECK, C. L. G.; ISAYAMA, H. F. (Org.). **Lazer, recreação e Educação Física**. Belo Horizonte: Autêntica, 2003. p. 15-56.

Possibilidades do trabalho pedagógico com a dança no currículo da Educação Física escolar*

Fabíola Schiebelbein Capri
Patrícia Alzira Proscêncio
Silvia Pavesi Sborquia

Neste texto, discutiremos a dança e sua importância no currículo da Educação Física escolar, com o propósito de refletir sobre o trabalho pedagógico com a dança e o conhecimento dessa área dentro da Educação Física.

Tomamos como foco principal o fato de que a dança ainda é pouco trabalhada nos currículos da Educação Física escolar. Isso acontece, muitas vezes, pelo fato de ela ser considerada somente um entretenimento cultural ou um espetáculo de alta *performance*. Geralmente, a dança na escola se resume a movimentos

* Este texto foi construído por meio das experiências dialogadas entre as autoras, fruto do confronto entre o trabalho pedagógico e as pesquisas desenvolvidas tanto na área escolar como nas diferentes instituições educacionais.

de repertório, com finalidade em si mesma (Sborquia, 2002; Brasileiro, 2006). Mesmo quando o professor tenta romper com as "dancinhas" de datas comemorativas para abordar as danças folclóricas, por exemplo, o processo educativo, na maioria das vezes, praticamente se isenta de reflexão crítica.

Tais questões impossibilitam um trabalho pedagógico significativo com a dança na escola, pois as representações sociais do senso comum reduzem o conhecimento da dança ao ato de saber dançar, e não ao ato de desenvolver propostas pedagógicas.

Assim, este texto parte de pressupostos teóricos e dos saberes da experiência das autoras, que, em constante diálogo com o contexto da escola, apresentam a dança como conteúdo na Educação Física.

Esse intenso diálogo possibilitou as seguintes reflexões: Que danças devem ser selecionadas para compor o currículo da Educação Física nos diferentes níveis da educação básica? Quais são as razões para a seleção de determinada manifestação da dança em detrimento de outras? Como desenvolver um trabalho pedagógico com a dança? Tais questões visam ao desenvolvimento da dança na escola, tendo como princípio a formação crítica, estética e ética de uma sociedade.

A primeira indagação sobre o ensino da dança remete à explicação do universo de conhecimento da dança e sua relação com a área da Educação Física, pois a delimitação do conhecimento a ser tratado somente será possível tendo por base sua relação com o todo desse fenômeno, a dança. Nesse aspecto, é preciso que o profissional de Educação Física tenha claras as razões que fundamentam a seleção de um tipo de dança aplicado a determinado grupo social. É preciso pensar em como tratar a dança de modo frutífero, sem se prender ao desenvolvimento de uma técnica específica atrelada às danças acadêmicas, como balé, *jazz* ou outras, para que seja um estímulo à criatividade, à expressão, à autoestima e à sensibilidade do aluno, bem como à boa convivência e à diversidade cultural presente nas escolas.

O ato de ensinar a dança no contexto da Educação Física exige uma justificativa racional, não somente no que se refere à seleção do tipo de dança a ser desenvolvido, mas também quanto à razão pela qual a dança é um conhecimento a ser tratado no campo da Educação Física. É preciso ter clara a relação que se estabelece entre esses fenômenos e compreender que, além de uma forma de conhecimento, a linguagem da dança propicia experiências significativas para o desenvolvimento de habilidades corporais, bem como o enriquecimento integral do educando. Afinal, a dança é um patrimônio cultural da humanidade e é direito de todos ter acesso a ela.

Por conseguinte, os aspectos didático-pedagógicos aplicados ao ensino da dança no currículo da Educação Física irão repercutir na pedagogia que norteará a ação docente do professor dessa disicplina.

Há quatrocentos anos os sistemas social e educacional têm sido regidos pelo cartesianismo, pelo modo de pensar cada vez mais especializado, reducionista, simplificado, fragmentado e dualista. Esse pensamento fez com que os docentes tivessem sua atuação voltada para a transmissão de conhecimentos e o ensino de técnicas, em escolas que priorizam a dimensão racional, a repetição de movimentos e a mera reprodução de ideias, não potencializando, portanto, o desenvolvimento global do ser.

Na atualidade, muito se tem questionado sobre essa forma de educar. Os avanços tecnológicos nesta era da informação e do conhecimento vêm requerendo que a escola tenha novos posicionamentos, que sejam revistas suas funções e o papel do professor. Assim, pensar a educação como essência do desenvolvimento do ser humano é um desafio que vai além da avaliação ao fim de um bimestre, em que se mede o desempenho do aluno por meio de uma nota. É preciso pensar no processo de formação de cidadãos críticos e atuantes, no que diz respeito à solidariedade, à justiça, à liberdade, a valores éticos, entre outros aspectos.

Como desejar alunos pensantes e críticos se também não o somos? Daí a necessidade de o professor pensar sobre a sua importância na construção do conhecimento próprio e de seus alunos e buscar a sua constante renovação, com a capacidade de refletir, avaliar processos e criar. Alguns padrões e crenças, que muitas vezes estão enraizados nas concepções do professor quanto ao ensino, à escola e à educação, precisam ser rompidos para evoluirmos para uma nova forma de agir, em oposição ao cartesianismo dualista, linear e reducionista.

A seguir, apresentaremos os caminhos que buscamos para responder à problematização sobre o que ensinar sobre a dança no currículo da Educação Física escolar e o porquê da seleção de determinada dança, e não de outras.

2.1 O conhecimento da dança no currículo da Educação Física

A história mostra que os progressos técnico, social e cultural evoluem e, com eles, a dança também se desenvolve; assim, as inúmeras possibilidades e combinações desta não poderiam ficar de fora da escola, como forma de movimento e, principalmente, de conhecimento.

Existem diferentes estilos de dança na sociedade: a dança acadêmica, as danças do lazer, as danças representativas (étnicas, folclóricas e populares) e as danças veiculadas na mídia televisiva. No entanto, Marques (2007) enfatiza que não faz sentido o professor propor algum desses estilos de dança na escola sem levar em consideração a quem ele está ensinando, sem estar atento à identidade que os alunos trazem para a escola.

A seleção de qual dança deve compor o currículo da Educação Física precisa partir da realidade na qual os alunos estão inseridos.

Cada aluno traz para a escola suas opções de movimento e, com base nelas, pode criar e improvisar, explorando as possibilidades de seu corpo em movimento e também na relação com os outros. Esses aspectos são apontados nos dizeres de Marques (2007, p. 32):

> Os alunos na sala de aula têm seus próprios repertórios de dança, suas escolhas pessoais de movimento para improvisar e criar, assim como formas diferentes de apreciar danças trabalhadas em sala de aula ou sociedade. Para que possamos fazer escolhas significativas para nossos alunos e para a sociedade, seria interessante levarmos em consideração o contexto dos alunos. [...] Estes contextos nos dão elementos para a escolha de conteúdos.

Acreditamos que os apontamentos da referida autora devem ser considerados, pois, se o professor ficar atento aos contextos nos quais os seus alunos estão inseridos, conseguirá trabalhar de forma dialógica com os pressupostos escolares e sociais. Nessa direção, será um criador, articulador e interlocutor entre os contextos sociais e os conteúdos dançados, proporcionando, então, conexões reflexivas entre os conteúdos de dança, as representações sociais dos alunos sobre diversos estilos de dança e o conhecimento da área propriamente dito.

A concepção que acabamos de defender está em consonância com a proposta pedagógica elaborada por Sborquia e Neira (2008), a qual apresenta possibilidades e desafios para o ensino das danças populares e folclóricas no currículo da Educação Física.

Sob a visão de educação que compreende a escola como espaço determinado socialmente para a produção, a reconstrução e a ampliação cultural, cabe à Educação Física escolar proporcionar aos alunos experiências pedagógicas significativas com as danças presentes no universo cultural próximo do aluno e no afastado. Cabe-lhe possibilitar também a reflexão crítica acerca das diversas formas de representação cultural veiculadas nessas manifestações, oferecendo a cada aluno a oportunidade de posicionar-se como produtor de cultura corporal.

> Para Garcia (2001), ao situar no currículo os conhecimentos que o aluno traz quando ingressa na escola, o professor o reconhece como sujeito de conhecimento, sujeito capaz, capacidade revelada e reconhecida no já sabido, e capacidade potencial para se apropriar de novos conhecimentos que a escola pode [...] oferecer. (Neira, 2011, p. 56)

A conexão da dança com o contexto do aluno requer o mapeamento tanto da cultura corporal presente na família e na rua quanto da cultura da escola, sem hierarquizá-las, embora mostre o que as distingue, viabilizando a importância de que todos se reconheçam como sujeitos históricos.

> Um professor comprometido mostrará como os homens e mulheres construíram historicamente sua cultura corporal, que por ser resultado de sua ação, o acesso a ela é direito de todos, e a escola [...] [tem de assumir] a função de socializá-la. Pouco a pouco, convém explicar que o conhecimento é parte da luta pelo poder e que [...] é preciso lutar pela garantia de acesso e apropriação, como parte da luta pela democratização da sociedade. (Neira, 2009, p. 8)

Uma construção curricular baseada nos princípios apontados promoverá um ambiente pedagógico favorável à participação equitativa das múltiplas identidades e à apropriação crítica da dança, aspectos fundantes de uma escola comprometida com a construção de uma sociedade mais democrática e menos desigual.

Os apontamentos apresentados nos direcionam a responder a outra indagação: Como ensinar a dança no currículo da Educação Física? O caminho para se chegar à resposta não é tarefa fácil, pois o trabalho pedagógico é um constante diálogo entre o professor, o aluno e o conhecimento.

2.2 O ensino da dança

A aplicação dos aspectos didáticos e pedagógicos ao ensino da dança dependerá dos objetivos e das finalidades da ação do profissional de Educação Física. Todo profissional, ao privilegiar determinados procedimentos didáticos, assume determinada pedagogia, ou seja, uma teoria de ensino e aprendizagem.

Se a finalidade do ensino da dança estiver centrada na espetacularização e no aprimoramento técnico, então será privilegiado o ensino de técnicas codificadas. O procedimento didático-pedagógico visará aprimorar, controlar e vencer o corpo e seus limites físicos. Nesse contexto, a pedagogia tecnicista é a que norteará as ações educativas, pois ela está centrada nos pressupostos de que a ciência é neutra e a racionalidade e a produtividade são princípios a serem seguidos.

A fundamentação filosófica que norteia a pedagogia tecnicista faz parte do projeto moderno que teve suas origens no Iluminismo, o qual defendia a ideia de que o corpo é instrumento da razão, algo a ser controlado, uma "máquina" para a produção artística. A pedagogia tecnicista tem por objetivo a instrumentalização, a padronização e a estereotipação dos movimentos corporais. A base teórica dessa concepção está atrelada ao pensamento positivista, no qual a episteme da dança é reduzida ao conhecimento técnico e científico; os estudos se voltam para a análise mecânica do movimento humano. A dança selecionada para essa concepção pedagógica é o balé clássico.

Por outro lado, se o ensino da dança tiver como objetivo a expressividade e a educação integral do ser humano, se for um meio de desenvolvimento das capacidades humanas de expressão e criação, se a finalidade da dança estiver voltada ao aluno, para que ele descubra seu vocabulário pessoal de movimento, então a teoria pedagógica a ser seguida é identificada como romanticista e está enraizada nas ideias da Escola Nova.

Nessa concepção pedagógica, toma-se como exemplo Rudolf Laban (1879-1958), dançarino nascido no Império Austro-Húngaro que esteve presente nas duas grandes guerras mundiais e, com outros artistas de sua época, buscou novos rumos para a expressão artística. Laban foi um artista, pesquisador do movimento e da dança; é considerado, junto a Martha Graham e Mary Wigman, um dos fundadores da dança moderna. Suas teorias foram introduzidas em nosso país na década de 1940 por Maria Duschenes (Rengel; Mommensohn, 1992).

O trabalho desenvolvido por Laban está enraizado na filosofia da dança moderna e nas ideias da Escola Nova, difundidas pelo americano John Dewey. Suas propostas, associadas aos princípios das teorias críticas e pós-críticas, reconhecem a importância da construção do movimento e da participação do aluno. Laban tinha uma "preocupação explícita de fazer do ensino de dança um meio de desenvolvimento das capacidades humanas de expressão e criação; objetivava uma educação essencialmente através da dança" (Marques, 1999, p. 71).

Marques (1999) propõe a relação da dança com o mundo sociocultural, ou seja, a ação e o pensamento nas suas inter-relações políticas, pedagógicas e filosóficas que nortearam as intervenções no ensino da dança. Desse modo, a autora busca transcender a teoria romanticista com a teoria crítica da educação.

As propostas educacionais de Laban (1990) tinham como base a preocupação de desenvolver potencialmente as capacidades de criação e expressão do homem, permitindo um diálogo entre o conhecimento intelectual e as potencialidades criativas por meio da dança. Essas propostas poderiam ser aplicadas no ensino da dança no contexto da Educação Física, visto que Laban (1985) utilizou amplamente o binômio "dança educativa"* quando divulgou seu trabalho educacional na Inglaterra, com o intuito de contrapor as ideias formais de dança da época, como o balé clássico (Marques, 1999). Para Laban (1990, p. 14), a dança possibilita a "expressão na riqueza das formas do movimento liberado, nos gestos, nos passos, como aqueles que o homem contemporâneo utiliza em sua vida cotidiana".

Em seu vasto trabalho de análise do movimento**, Laban criou uma nova técnica que revolucionou o mundo da dança e da educação, a chamada *dança livre*, que foi aplicada à dança moderna com o propósito de promover o domínio do movimento nos aspectos corporal e mental.

O idealizador da nova técnica enfatiza que a dança na educação é variada, já que o "impulso inato das crianças ao realizar movimentos similares aos da dança é uma forma inconsciente de descarga, que reforça suas faculdades naturais de expressão" (Laban, 1990, p. 18). Dessa forma, cabe à escola fazer com que a criança tome consciência desse impulso, com o objetivo de que ele venha a ser governado por ela.

Em sua obra *Dança educativa moderna*, Laban (1990) destaca que, na escola, o que se fomenta na educação artística não é o desenvolvimento do potencial criativo do aluno em execuções de danças sensacionais, mas a busca pelo efeito benéfico que a atividade criativa da dança tem sobre o aluno. Outra tarefa da educação destacada na referida obra é a preservação da espontaneidade do movimento inerente às crianças até que elas cheguem à idade adulta.

* O termo utilizado na publicação de Laban de 1985 foi *modern educational dance*.

** Ver obras de Rudolf Laban dos anos de 1947, 1966, 1978 e 1985.

Nesse sentido, segundo Laban (1990, p. 18), a escola tem dois objetivos: "ajudar na expressão criativa das crianças, representando danças adequadas aos seus dons naturais e ao grau de seu desenvolvimento; outro é cultivar a capacidade de tomar parte na unidade superior das danças coletivas dirigidas pelo professor".

Scarpato (2001) enfatiza que a dança na escola deve negar a execução de movimentos técnicos, corretos e perfeitos, para excluir o sentido de competitividade entre os alunos. A autora sugere que se deve partir do pressuposto de que o movimento é uma forma de expressão e comunicação do aluno, cujo objetivo é o de se formar opinião crítica, um cidadão ativo, participativo e responsável, capaz de se expressar em várias linguagens, entre as quais a expressividade em termos de movimento.

Isso denota o ensino da dança com a finalidade de representação da sociedade e de sua diversidade cultural e a necessidade de haver uma conexão da dança com o mundo sociocultural. Nessa concepção, os pressupostos filosóficos concebem o corpo socialmente construído em intensa relação com o outro, como expressão de nosso gênero, etnia, faixa etária, crença espiritual, classe social etc. A conexão dos alunos com a sociedade traz as primeiras aproximações com a teoria crítica do currículo.

Com base nas propostas de Laban (1990) e nas prudentes ênfases de Marques (2007), verificamos ser necessário ampliar os conceitos de dança para a sociedade em geral; portanto, é preciso que se comecem na escola a quebra de paradigmas e a apresentação da dança como forma de autoconhecimento, e não como técnica acabada. A dança é a arte de expressar, por meio de movimentos corporais ritmados, situações imaginárias ou acontecimentos reais; é uma forma de conhecimento, de comunicação e de expressão corporal.

É pertinente destacar que o Coletivo de Autores (1992) evidencia o trabalho com a dança na escola com base na abordagem crítico-superadora, segundo a qual a dança é considerada em seus aspectos estéticos, em confronto com a formalidade da técnica para sua execução. Na referida obra, os autores demonstram que o ensino da dança na escola deve ser uma escolha entre privilegiar o ensinamento da técnica e valorizar a expressão espontânea do aluno, e que seu desenvolvimento decorre primeiramente do favorecimento de diferentes manifestações de dança, inicialmente sem a ênfase da técnica formal. Esta, por sua vez, deve ocorrer paralelamente ao desenvolvimento abstrato, permitindo, desse modo, a compreensão clara dos significados da dança e das verdadeiras expressões nela contidas.

Muitos são os aspectos positivos quando se proporcionam propostas pedagógicas com a dança. Elas permitem a aquisição de vocabulário motor com o desenvolvimento da criatividade, das qualidades do movimento expressivo, como leve/pesado, forte/fraco, rápido/lento, fluido/interrompido, e de sua intensidade, duração e direção. Além disso tais propostas possibilitam o conhecimento de técnicas de execução de movimentos e a utilização delas, a capacidade de improvisar, de coreografar e de "adotar atitudes de valorização e apreciação dessas manifestações expressivas" (Educação Física, 2012, p. 211).

Segundo Darido e Rangel (2008), o trabalho com a dança pode ser iniciado pelo resgate das manifestações culturais mais antigas ou com as manifestações rítmicas e expressivas que os alunos conhecem, bem como com as afinidades musicais, com o objetivo de aproximá-los dos conteúdos da dança.

A dança, como componente da cultura corporal, permite que o aluno conheça várias formas de expressão e manifestação de diversas culturas; também proporciona análises históricas, discussões e a apreciação das diferentes possibilidades de movimentações rítmicas e expressivas. Os conteúdos de dança possibilitam que o aluno não só se manifeste por meio da reprodução de movimentos corporais ritmados, como também que ele mesmo crie sua própria forma de comunicação.

O trabalho com a dança em aulas de Educação Física permite ao aluno conhecer seu corpo e suas possibilidades de movimento como forma de comunicação não verbal e rítmica, ampliando a capacidade criativa, a improvisação e a composição coreográfica. No entanto, evidenciamos que a dança no contexto escolar deve apresentar sistematização específica, forma, conteúdo, didática e significação adequados ao contexto sociocultural, buscando desenvolver nos alunos percepções mais críticas sobre os mais diversos assuntos da sociedade e da cultura corporal. É de suma importância que, no desenvolvimento da dança na escola, o professor contextualize os conhecimentos para que sua prática não seja reduzida a mera cópia de movimentos.

Em função de nossas experiências nas escolas, podemos afirmar que o ensino da dança deve ter como ponto de partida e de chegada os problemas oriundos da vida cotidiana dos próprios alunos. Por conseguinte, o conhecimento da dança deve ser construído, trabalhado, desvelado, problematizado, transformado e desconstruído em uma ação educativa crítica, transformadora e emancipatória.

A pedagogia capaz de responder a essas questões deve ser aquela que valorize o papel do profissional como mediador entre o aluno e o mundo cultural, por meio de processos de reflexão sobre a vida cotidiana e de transmissão e assimilação crítica dos conhecimentos no contexto da prática social coletiva, o que, por sua vez, implica a transformação da natureza e da sociedade.

Nessa pedagogia, o aspecto didático deve privilegiar o método dialético que propicia a compreensão das conexões entre a dança e os processos sociais, por meio das relações entre o concreto e o abstrato, entre o lógico e o histórico e entre a teoria e a prática.

Ensinar a dança como manifestação da cultura corporal é um ato dinâmico e permanente de conhecimento centrado na descoberta, na análise e na transformação da realidade por aqueles que a vivenciam (Lima; Neira, 2010, p. 5). Assim, pretendemos "não só a valorização identitária, como, também, a ampliação cultural e o reconhecimento das diferenças" (Neira, 2010, p. 788), promovendo um diálogo cultural que contribua para a construção do autoconceito positivo e do respeito pelo outro, elementos indispensáveis a uma relação verdadeiramente democrática (Sborquia; Neira, 2008).

2.3 Aprendendo a dançar

A dança no contexto escolar deve ser promovida nos primeiros anos da educação básica, pois na faixa etária da educação infantil a criança traz consigo o impulso e a espontaneidade do movimento da dança. Cabe ao professor cultivar essa qualidade, estimular sua capacidade criativa e ajudá-la em sua movimentação.

Assim, a criança adquire consciência corporal e passa a dominar e aperfeiçoar seu movimento, perceber o seu corpo e o do outro, bem como o espaço no qual está inserida, estabelecendo relações com as diversas situações e lugares da vida em sociedade. Dessa forma, uma atividade de dança desperta outros valores, como a autoconsciência, a independência e a autonomia (Proscêncio, 2008).

É fundamental termos em mente que, como arte do movimento, a dança não se limita a técnicas específicas, corpos perfeitos ou a determinada idade, como muitos pensam, mas abrange muito mais do que isso. Rengel (2004, p. 56) afirma que "todos os corpos dançam, expressam-se por meio do movimento. [...] Não existe um modelo de corpo. O que existe é um diálogo do/com o corpo e outros corpos".

A dança desenvolvida na escola amplia a capacidade de expressão do professor e do aluno. É uma linguagem artística não verbal que faz uso do corpo como forma de comunicação e expressão para com o mundo. Muitas vezes, a escola é "o único lugar/meio/contexto de acesso à educação que pode possibilitar as mínimas condições de inserção de um ser/cidadão na sociedade" (Rengel, 2006, p. 61). Como aponta Marques (1997, p. 23), "o corpo em movimento, [...] assume papel fundamental hoje em dia, e a dança, enquanto forma de conhecimento, torna-se praticamente indispensável para vivermos presentes, críticos e participantes em sociedade".

De acordo com Strazzacappa (2001, p. 71), "A dança no espaço escolar busca o desenvolvimento não apenas das capacidades motoras das crianças e adolescentes, como de suas capacidades imaginativas e criativas". Complementando esse pensamento, Rengel (2004, p. 58) expõe que "o conhecimento passa pelo corpo, é preciso sempre reforçar que a expressão e a consciência do corpo [...] no ensino têm, entre outras funções, o papel de acabar com o distanciamento entre aprendizado intelectual e aprendizado motor".

Aprender a dançar na escola não significa, para os alunos, que eles se tornarão "bailarinos ou dançarinos profissionais, mas é interessante que [...] [lhes] sejam apresentadas [...] as variadas modalidades de dança, e melhor ainda se puderem experimentá-las como enriquecimento de seu vocabulário de movimento" (Dança nas Escolas, 2009, p. 5), "estimulando a experiência do sistema corporal em um amplo sentido: experiência, criação/produção e análise/apreciação artística" (Rengel, 2004, p. 58).

> A dança na escola não deve priorizar a execução de movimentos corretos e perfeitos dentro de um padrão técnico imposto, gerando a competitividade entre os alunos. Deve partir do pressuposto de que o movimento é uma forma de expressão e comunicação do aluno, objetivando torná-lo um cidadão crítico, participativo e responsável, capaz de expressar-se em variadas linguagens, desenvolvendo a autoexpressão e aprendendo a pensar em termos de movimento. (Scarpato, 2001, p. 59)

Podemos dizer que ao aluno que permanece grande parte do tempo na escola, sentado em sala de aula, é demandado muitas vezes apenas o sistema cognitivo, limitando sua aprendizagem em relação ao movimento e ao espaço e, consequentemente, sua expressão e criatividade.

Aprender a dançar é experimentar, sentir, explorar movimentos e fazer a dança. É desvelar seus sentidos e significados ao longo da história presente nos mais diversos grupos da sociedade, pensar sobre os impactos que as mudanças sociais acarretam constantemente na maneira de expressar a dança.

Com base nos aspectos lúdicos do trabalho em dança, a criança aprende a conhecer a si própria, aos outros, ao mundo ao seu redor; o seu corpo expressa sua relação com o meio. Corroborando a ideia de Fernandes (2001), podemos afirmar que a dança no contexto escolar, conforme os objetivos do professor, pode proporcionar, entre outros aspectos:

- o desenvolvimento da percepção corporal (O que se move?) – autoconhecimento quanto ao seu corpo e a suas possibilidades de movimento, compreensão do gesto, coordenação motora, melhoria do equilíbrio e da postura;
- noções de espaço (Onde se move?) – o espaço que a criança ocupa, o que está ao redor do seu corpo (individual) e aquele no qual ela se encontra (geral); noções dos contrastes: alto/baixo, longe/perto, presença/ausência, grande/pequeno etc.;
- a individualidade e a coletividade no movimento (Com quem se move?) – socialização;
- a fluência (Como se move?) – movimentação baseada no ritmo de seu próprio corpo (interno e pessoal) ou no do outro (externo e coletivo), exercitado ou não ao som da música; pois, na criança, o ritmo parte dos seus movimentos naturais e espontâneos;
- o desenvolvimento dos modos de organizar a convivência e adaptar-se às situações e da autoestima dos alunos – elemento transformador, aceitação de si e maior receptividade

em relação aos outros; percepção das diferenças de gênero, respeito ao próximo;

- o desenvolvimento da emoção – expressividade por meio dos movimentos; o corpo fala por meio da expressão corporal, amplia a percepção e o controle de aspectos emocionais e psicológicos da criança;
- o estímulo à criatividade – uso da imaginação, desenvolvimento de habilidades naturais por meio da improvisação;
- a dança como arte (área do conhecimento) – o fazer artístico.

Para explorar todo o potencial da dança em sala de aula, é necessário que o professor esteja preparado, tenha algum conhecimento e vivência nessa área, do modo a poder compreender os corpos e os movimentos de seus alunos. O professor deve se tornar um intérprete e entender que o movimento é uma forma pela qual o homem se relaciona com o mundo.

Para desenvolver o trabalho com a dança, buscamos em Laban (1990), grande estudioso do movimento e da dança, considerações a respeito do corpo. De acordo com ele, o corpo tem vários aspectos (espirituais, mentais e emocionais do movimento) e não há separação entre corpo, mente e espírito. Essa proposta de corpo-mente-espírito ele chamou, em alemão, de *Erlebnis*, que quer dizer "experiencialmente", "[..] um conceito unificador que trata do todo de uma pessoa" (Laban, citado por Rengel, 2003).

Em sua proposta, Laban, ao analisar o movimento humano, classificou quatro fatores que compõem qualquer movimento: fluência, espaço, tempo e peso. Esses elementos são

> inerentes a cada pessoa e é o que diferencia uma da outra. Há crianças com movimentos lentos (fator **tempo**), leves (fator **peso**), diretos (fator **espaço**) e controlados (fator **fluência**) e outras totalmente opostas a estas em termos de movimento, os quais podem ser rápidos, firmes, flexíveis, libertados. Não existe movimento que não possua esses quatro fatores, seja no ato de pegar um lápis, seja no de apagar uma lousa.

> O movimento com suas diferentes formas, ritmos, pesos e fluências é revelador e possibilita demonstrações da personalidade de cada um. (Rengel; Mommensohn, 1992, p. 103, grifo do original)

Tendo por base os conhecimentos propostos por Laban (1990) na análise do movimento humano, é possível que os alunos se apropriem das mais variadas manifestações da dança. Capri (2010) chama a atenção para o fato de que o Brasil apresenta uma diversidade cultural bastante ampla e tem na dança, considerada um fenômeno social, uma das suas mais variadas e significativas diferenças culturais.

Por conseguinte, como um exemplo possível de trabalho pedagógico, na educação infantil o trabalho da dança pode partir da movimentação da própria criança, que, sob as orientações do professor, cria e recria seus movimentos, utilizando-se dos quatro fatores (peso, tempo, espaço e fluência), com o intuito de exploração, investigação e observação de seu próprio movimento. Assim, ela percebe seu corpo e seu movimento, suas capacidades e seus limites, tentando superá-los e construindo ou ampliando seu repertório de movimento.

O professor dos anos iniciais do ensino fundamental pode levar os alunos a relacionarem o trabalho da dança com temas do cotidiano e, gradativamente, a analisarem e interpretarem danças de vários grupos sociais, que incluem os movimentos, os símbolos sociais e suas manifestações culturais. É daí que o movimento passa a se constituir como gesto, como forma de linguagem e comunicação com o mundo.

Nos anos finais do ensino fundamental, os alunos podem analisar os aspectos históricos e culturais das diferentes manifestações da dança, ampliar seu repertório cultural e ressignificar as diversas linguagens da dança. Podem, ainda, refletir sobre as questões da diversidade por meio das manifestações corporais e rítmicas, pois em cada região do país a cultura se diferencia em algum aspecto e influencia diretamente o estilo de vida da população local. Já no ensino médio, os alunos podem refletir criticamente sobre as relações de poder presentes nas manifestações culturais expressas na dança e na sociedade.

Para que o professor, como educador, utilize a linguagem da dança adequadamente, é necessário que tenha preparo, conhecimentos básicos da "linguagem do movimento", vivência na área. No desenvolvimento do trabalho pedagógico, ele deve permitir ao aluno a vivência de possibilidades infinitas do universo do movimento, estimulando a experiência corporal em amplo sentido, a qual inclua a criação/produção e a análise/apreciação artística (Rengel, 2006).

O professor deve ser capaz de relacionar a dança com os conteúdos da escola, com o mundo à sua volta, buscando significação baseada na realidade dos alunos e atrelando o papel desses sujeitos na sociedade. Parafraseando Lima (2000), podemos dizer que a experiência do professor de se inter-relacionar com as diversas formas de linguagem muda sua maneira de ensinar.

> No início de um processo de dança educativa para crianças e mesmo para adultos, as pessoas sentem vergonha de dançar. À medida que estimulamos suas ações corporais, as crianças passam a se movimentar sem constrangimentos e aos poucos se libertam para a sua própria dança.
>
> A dança educativa é um método no qual não há nem um modelo a ser copiado, nem uma competição acirrada. (Rengel; Mommensohn, 1992, p. 104)

Assim, a criança ou o adulto sente-se livre para criar seus próprios movimentos. Nesse contexto, destacamos que o ensino de dança na escola pode ter como finalidade que a criança compreenda o seu corpo e tenha domínio sobre ele, sobre sua movimentação, descubra novos espaços, formas, enfim, possa enfrentar novos desafios com o intuito de perceber suas limitações e buscar superá-las.

2.4 Tecendo as relações entre a dança e a Educação Física escolar

Podemos perceber que são muitas as discussões a respeito do espaço que a dança ocupa na Educação Física escolar. Inúmeros trabalhos desenvolvidos por profissionais sobre essa problemática enfatizam somente a falta do trabalho com a dança, bem como dos objetivos para o seu desenvolvimento na escola, ofuscando, muitas vezes, a análise de outros feitos importantes para uma abordagem significativa da área como conhecimento no contexto escolar.

Sendo ou não uma prática utilitarista, do tipo "dancinhas", como em festas de fim de ano, performática ou mera cópia de movimentos oriundos da massificação da mídia, é fato, como foi discutido neste texto, que a dança revela sua importância no desenvolvimento geral dos alunos e apresenta-se como identidade cultural de nosso povo; não pode, portanto, ser desconsiderada como conhecimento da Educação Física escolar, tampouco ser trabalhada na escola de forma isolada, ou seja, como se não fizesse parte dos saberes da cultura corporal de movimento.

As concepções expressas neste texto não só defendem a importância da dança no currículo da Educação Física escolar, como também enfatizam que **a dança é para todos**, tanto sob a óptica do "aprender a dançar" quanto do "ensinar a dançar".

No sentido de contribuirmos para a construção da tão sonhada sociedade democrática, justa e igualitária, devemos nos posicionar politicamente e pedagogicamente. Por conseguinte, as nossas ações didáticas refletirão um posicionamento crítico e uma metodologia de trabalho dialética. Assim, ao olharmos para a educação contemporânea, esperamos, no mínimo, uma ação geradora de conhecimento, reconhecendo **na dança a educação** e vice-versa.

Referências

BRASILEIRO, L. T. O conteúdo dança em aulas de Educação Física: temos o que ensinar? **Pensar a Prática**, Goiânia, n. 6, p. 45-58, 2006.

CAPRI, F. S. **As representações sociais da dança no contexto da Educação Física escolar**. 161 f. Dissertação (Mestrado em Educação) – Universidade Estadual de Ponta Grossa, Ponta Grossa, 2010.

COLETIVO DE AUTORES. **Metodologia do ensino de Educação Física**. São Paulo: Cortez, 1992.

DANÇA nas escolas – 2009: Projeto Capacitação Artística e Cultural de Professores da Rede Pública Estadual e Municipal. Londrina: Fundo Paraná; Secretaria da Cultura de Londrina, 2009. Disponível em: <http://www.funcart.art.br/2009/textos/Dan%E7a%20nas%20Escola%20projeto.PDF>. Acesso em: 7 out. 2013.

DAOLIO, J. **Educação Física brasileira**: autores e atores da década de 1980. Campinas: Papirus, 1998.

DARIDO, S. C.; RANGEL, I. C. A. **Educação Física na escola**: implicações para a prática pedagógica. Rio de Janeiro: Guanabara Koogan, 2008.

EDUCAÇÃO FÍSICA. **Educação Física na educação de jovens e adultos**. Disponível em: <http://portal.mec.gov.br/secad/arquivos/pdf/eja/propostacurricular/segundosegmento/vol3_edufisica.pdf>. Acesso em: 7 ago. 2012.

FARO, A. J. **Pequena história da dança**. Rio de Janeiro: J. Zahar, 1986.

FERNANDES, C. Esculturas líquidas: a pré-expressividade e a forma fluida na dança educativa (pós) moderna. **Cadernos Cedes**, Campinas, ano 21, n. 53, p. 7-29, abr. 2001.

FORQUIN, J. C. **Escola e cultura**: as bases sociais e epistemológicas do conhecimento escolar. Porto Alegre: Artes Médicas, 1993.

GARCIA, R. L. Currículo emancipatório e multiculturalismo: reflexões de viagem. In: GEERTZ, C. **A interpretação das culturas**. Rio de Janeiro: Guanabara Koogan, 1989.

LABAN, R. **Choreutics**. London: Macdonald and Evans, 1966.

______. **Dança educativa moderna**. São Paulo: Ícone, 1990.

LABAN, R. **Domínio do movimento**. São Paulo: Summus, 1978.

______. **Modern Educational Dance**. Plymouth: Northcote House, 1985.

LABAN, R.; LAWRENCE, F. C. **Effort**. London: Macdonald and Evans, 1947.

LIMA, E. S. A função antropológica do ensinar. **Nova Escola**, São Paulo, v. 15, n. 138, p. 9-11, 2000.

LIMA, M. E. de; NEIRA, M. G. O currículo da Educação Física como espaço de participação coletiva e reconhecimento da cultura corporal da comunidade. **Revista Ibero-Americana de Educação**, n. 51, 25 fev. 2010. Disponível em: <http://www.rieoei.org/deloslectores/3042Neira.pdf>. Acesso em: 7 ago. 2012.

MARQUES, I. A. **Dançando na escola**. 4. ed. São Paulo: Cortez, 2007.

______. Dançando na escola. **Motriz**, Rio Claro, v. 3, n. 1, p. 20-28, jun. 1997.

______. **Ensino de dança hoje**: textos e contextos. São Paulo: Cortez, 1999.

MOREIRA, A. F. B.; CANDAU, V. M. **Indagações sobre currículo**: currículo, conhecimento e cultura. Brasília: MEC/SEB, 2007.

NEIRA, M. G. Análise das representações dos professores sobre o currículo cultural da Educação Física. **Interface**, v. 14, n. 35, out./dez. 2010. Disponível em: <http://www.scielo.br/scielo.php?script=sci_arttext&pid=S1414-32832010000400006>. Acesso em: 31 jul. 2013.

NEIRA, M. G. A problemática. In: _____. **O currículo cultural da Educação Física em ação**: a perspectiva de seus autores. Tese (Livre-Docência) – Universidade de São Paulo, São Paulo, 2011. p. 38-58. Disponível em: <http://www.gpef.fe.usp.br/teses/agenda_2012_02.pdf>. Acesso em: 7 ago. 2012.

NEIRA, M. G. **Educação Física, currículo e cultura**. São Paulo: Phorte, 2009.

NEIRA, M. G.; NUNES, M. L. F. **Pedagogia da cultura corporal**: crítica e alternativas. São Paulo: Phorte, 2006.

PROSCÊNCIO, P. A. Dança na educação infantil: um convite ao educador. In: SEMANA DA EDUCAÇÃO DA UNIVERSIDADE ESTADUAL DE LONDRINA, 10., 2008, Londrina. **Anais...** Londrina: UEL, 2008. Disponível em: <http://www.conexaodanca.art.br/imagens/textos/artigos/Dan%C3%A7a%20na%20educa%C3%A7%C3%A3o%20infantil%20um%20convite%20ao%20educador.html>. Acesso em: 7 ago. 2012.

RENGEL, L.; MOMMENSOHN, M. **O corpo e o conhecimento**: dança educativa. São Paulo: FDE, 1992. (Série Ideias, n. 10). Disponível em: <http://www.crmariocovas.sp.gov.br/pdf/ideias_10_p099-109_c.pdf>. Acesso em: 7 ago. 2012.

RENGEL, L. A dança e o corpo no ensino. In: VENTRELLA, R. (Org.). **O ensino de arte nas séries iniciais**: ciclo I. São Paulo: FDE, 2006. p. 52-72.

_____. **Dicionário Laban**. 2. ed. São Paulo: Annablume, 2003.

______. O corpo e possíveis formas de manifestação em movimento. In: TOZZI, D. (Org.). **Educação com arte**. São Paulo: FDE, 2004. p. 51-72.

SBORQUIA, S. P. **A dança no contexto da Educação Física**: os (des)encontros entre a formação e a atuação profissional. Dissertação (Mestrado em Educação Física) – Universidade Estadual de Campinas, Campinas, 2002.

SBORQUIA, S. P.; GALLARDO, J. S. P. **A dança no contexto da Educação Física**. Ijuí: Ed. da Unijuí, 2006.

SBORQUIA, S. P.; NEIRA, M. G. As danças folclóricas e populares no currículo da Educação Física: possibilidades e desafios. **Motrivivência**, ano 20, n. 31, p. 7-98, dez. 2008.

SCARPATO, M. T. Dança educativa: um fato em escolas de São Paulo. **Cadernos Cedes**, Campinas, ano 21, n. 53, abr. 2001.

STRAZZACAPPA, M. A Educação e a fábrica de corpos: a dança na escola. **Cadernos Cedes**, Campinas, ano 21, n. 53, abr. 2001.

A ginástica como conteúdo da Educação Física escolar: uma reflexão sobre sua prática*

Alfredo Cesar Antunes
Ricardo Domingues Ribas

Acreditamos que a realidade das aulas de Educação Física nem sempre é, ou foi, composta por atividades diversificadas com vistas a desenvolver nos alunos todas as potencialidades e interações possíveis no ambiente escolar.

Podemos atribuir essa realidade a fatores comprometedores, como as condições do espaço físico, a falta de materiais e a formação do professor. Particularmente para o professor comprometido com a educação, as aulas de Educação Física não devem resumir-se a um mero "jogar bola"; mesmo diante de todas as dificuldades, o desenvolvimento de um trabalho pedagógico significativo é possível e necessário, pois contamos com a necessidade de descobrir "coisas" novas, inerentes aos alunos e a seus contextos sociais.

* Este texto resulta das contribuições dos autores relacionadas aos estudos e às práticas pedagógicas realizadas no âmbito escolar.

Visando à efetivação das mudanças necessárias em relação às concepções de Educação Física escolar, precisamos aproveitar as experiências vivenciadas pelos alunos para, embasados nelas, construir um novo caminho que proporcione significado e valor aos escolares.

Os conteúdos da Educação Física escolar estão pautados em expressões da cultura corporal, como a ginástica, o esporte, o jogo, as lutas e a dança. Essas expressões devem ser exploradas ao máximo pelo professor na elaboração do planejamento das aulas. No entanto, neste texto, a nossa intenção é possibilitar uma reflexão sobre a ginástica como conteúdo da Educação Física escolar.

Ao abordarmos a ginástica no ambiente escolar, é fundamental destacarmos seu papel como embrião da atual área acadêmica e profissional da Educação Física. A esse respeito, Figueiredo e Hunger (2010, p. 193-196) destacam:

> Inegável, portanto, a contribuição das Ginásticas para o desenvolvimento histórico da Educação Física escolar. Foi utilizando a nomenclatura Ginástica que as atividades relacionadas ao corpo e ao movimento penetraram em âmbito educacional compondo os currículos obrigatórios [...] a partir de um amplo desenvolvimento tecnológico e de mudanças epistemológicas no campo Educação Física, as Ginásticas passam a ser uma subárea da Educação Física, sendo divididas em campos distintos de atuação.

As escolas alemã, sueca e francesa influenciaram de maneira decisiva a Educação Física no Brasil. O caráter científico no qual se fundamentaram as escolas de ginástica, principalmente em relação aos conhecimentos de Anatomia, Biologia e Fisiologia, foi determinante para a concepção da então futura área de Educação Física.

Rui Barbosa, por exemplo, preferiu o método sueco, enquanto o método francês foi obrigatório nos estabelecimentos de ensino em 1929, com o nome de *Regulamento Geral de Educação Física* (Soares, 2004).

Na visão de Soares (2002, p. 20),

> O Movimento Ginástico Europeu foi, portanto, um primeiro esboço deste esforço e o lugar de onde partiram as teorias da hoje denominada Educação Física no Ocidente. Balizou o pensamento moderno em torno das práticas corporais que se construíram fora do mundo do trabalho, trazendo a ideia de saúde, vigor, energia e moral coladas à sua aplicação.

A importância da ginástica para a Educação Física é inquestionável; porém, é importante frisarmos que seus objetivos estiveram atrelados aos interesses dominantes da sociedade da época. A ginástica trouxe em seu âmago, principalmente, a preocupação com a disciplina, a moral, o esforço individual, a obediência e a ordem. De acordo com Soares (2004, p. 67), os métodos ginásticos estavam, portanto, direcionados

> para o desenvolvimento físico e para a saúde, o que se evidencia é que esses métodos ginásticos convêm à burguesia, porque trazem, marcadamente, a possibilidade de enaltecer o indivíduo abstrato, deslocado das relações sociais, e são porta-vozes de uma prática neutra, cultuando ainda o "mito do homem natural e biológico".

Essa preocupação com os aspectos biológicos marcou a área com o paradigma da saúde e da aptidão física. Com esse modelo, a Educação Física negligenciou as análises sociais e culturais durante o seu processo de desenvolvimento e percorreu sua trajetória dessa maneira até meados da década de 1980, quando novas propostas surgiram na tentativa de superação desse paradigma biológico.

Algumas abordagens pedagógicas surgiram no debate acadêmico e possibilitaram novos olhares para a área*. Entre essas abordagens, a denominada *crítico-superadora* (Coletivo de Autores, 1992) apresenta a ginástica como um dos principais conteúdos da Educação Física e realiza uma análise aprofundada sobre seu conceito

* Neste texto, não pretendemos apresentar e discutir essas propostas. Para uma análise mais detalhada sobre o tema, sugerimos o texto de Bracht (1999).

e metodologia de ensino. As demais abordagens não apresentam uma reflexão específica sobre a ginástica, apesar de o tema estar inserido nas discussões de forma implícita ou pontual, exatamente por se tratar de um dos conteúdos da área de Educação Física. Na abordagem crítico-superadora (Coletivo de Autores, 1992), a Educação Física é tratada como cultura corporal e apresenta como conteúdos o jogo, a ginástica, o esporte e a capoeira.

De acordo com o Coletivo de Autores (1992), a falta de instalações e de aparelhos específicos de ginástica, somada à tendência da esportivização, reflete alguns dos obstáculos para a prática da ginástica no contexto escolar. Ao destacar e analisar a ginástica como conteúdo da Educação Física, a obra mostra a importância desse conteúdo, decorrente de seu significado cultural como prática corporal.

> Assim, a presença da ginástica no programa se faz legítima, à medida que permite ao aluno a interpretação subjetiva das atividades ginásticas, através de um espaço amplo de liberdade para vivenciar as próprias ações corporais. No sentido da compreensão das relações sociais, a ginástica promove a prática das ações em grupo onde, nas exercitações como "balançar juntos" ou "saltar com os companheiros", concretiza-se a "coeducação", entendida como forma particular de elaborar/praticar formas de ação comuns para os dois sexos, criando um espaço aberto à colaboração entre eles para a crítica ao "sexismo" socialmente imposto. (Coletivo de Autores, 1992, p. 77-79)

Contudo, apesar de "novas" perspectivas para a área com o surgimento de novas abordagens pedagógicas, ainda permanece certo distanciamento da ginástica como conteúdo na Educação Física escolar.

Betti (1999) já havia alertado a respeito da hegemonia do esporte como conteúdo desenvolvido na Educação Física escolar e sobre o fato de outras modalidades como a ginástica serem raramente trabalhadas, apesar da presença desse conteúdo na formação acadêmica dos professores. Na visão de Venâncio e Carreiro (2005), o esporte ainda é o conteúdo mais trabalhado no contexto escolar, enquanto a ginástica tem pouco espaço nesse ambiente. Em estudo realizado por Beggiato e Silva (2007) sobre os conteúdos mais valorizados por alunos do ensino fundamental, os autores verificaram que o esporte permanece associado à imagem da Educação Física.

Entretanto, é importante notarmos que a ginástica, como prática regulamentada, faz parte, também, do conteúdo **esporte**. O equívoco está, justamente, no modo de abordagem desse conteúdo no contexto escolar, além do paradigma tradicional. Desse modo, buscando explorar as novas abordagens, a proposta deste texto está na perspectiva da motricidade humana.

É necessário frisar que o conteúdo **ginástica** está presente nos Parâmetros Curriculares Nacionais – PCN (Brasil, 1998) como parte da Educação Física escolar. O referido documento apresenta os conteúdos organizados em três blocos: esportes, jogos, lutas e ginásticas; atividades rítmicas e expressivas; conhecimentos sobre o corpo. Segundo o documento, "os três blocos articulam-se entre si, têm vários conteúdos em comum, mas guardam especificidades" (Brasil, 1998, p. 35).

Os PCN definem as ginásticas como:

> técnicas de trabalho corporal que, de modo geral, assumem um caráter individualizado com finalidades diversas [...] como preparação para outras modalidades, como relaxamento, para manutenção ou recuperação da saúde ou ainda de forma recreativa, competitiva e de convívio social. Envolvem ou não a utilização de materiais e aparelhos, podendo ocorrer em espaços fechados, ao ar livre e na água (Brasil, 1998, p. 37).

No entanto, apesar de a literatura específica da área e de documentos, como é o caso dos PCN (Brasil, 1998), apresentarem a ginástica como um importante conteúdo da Educação Física escolar, ainda existe resistência sobre o seu desenvolvimento no contexto das escolas. Acreditamos que outro olhar torna-se necessário para que a ginástica seja compreendida e valorizada no contexto educacional.

Desse modo, apresentamos como possibilidade para a valorização dos diferentes conteúdos da Educação Física escolar e da ginástica a compreensão do movimento como uma busca da evolução humana, ou seja, a motricidade como o caminho para a transcendência (Sérgio, 1989). É importante esclarecer que, ao optarmos pela motricidade humana para a análise da ginástica, não estamos depreciando outras perspectivas ou abordagens, mas entendemos que os pressupostos da motricidade humana permitem olhar o objeto (ginástica) de um lugar e uma posição diferentes, que consideramos mais adequados para esta análise.

Entendemos que determinado conhecimento é valorizado por apresentar elementos que possibilitem transformação e evolução, não apenas em relação aos aspectos motores, mas também no que diz respeito às possibilidades de relações pessoais e profissionais, significados culturais e sociais.

Apresentar outras possibilidades de movimento aos alunos nas aulas de Educação Física não deve apenas proporcionar novas técnicas, mas também possibilitar a percepção de novas sensações não percebidas ou não experimentadas anteriormente.

A **motricidade humana** pode ser uma possibilidade para compreendermos esses novos significados. Ela é apresentada por Sérgio (1989, p. 48) como parte das ciências humanas e é definida pelo autor como "a ciência da compreensão e da explicação das condutas motoras".

Para compreendermos a teoria da motricidade humana, é importante entender antes as relações que existem entre **ser humano**, **transcendência** e **motricidade**. Para Sérgio (1989, p. 44-45),

> O homem é matéria [...] sempre em vias de se completar; porque o homem não deixa de sentir, com uma força que traz em si mesma a evidência, o sentimento da incompletude e, com igual intensidade, um consequente anseio de transcender-se ou de confundir-se

> com a transcendência; porque o homem transcende-se, inova e verdadeiramente projeta, agindo e re-agindo, com intencionalidade e criatividade, isto é, como sujeito da práxis (a categoria do possível é sua e de mais nenhum outro animal); porque o viver humanamente implica uma convivência e uma consciência sociais; porque é pela motricidade que o homem manifesta a sua cognoscibilidade em ato, manifesta o sentido da sua corporeidade e a raiz sensível do inteligível [...] o Homem como um ser aberto à transcendência e, como tal, um ser práxico que, na totalidade sociopolítica e pela motricidade, a persegue.

Outro elemento fundamental para a compreensão da motricidade humana é a **intencionalidade operante**. Para compreendermos melhor o conceito, Sérgio (1989, p. 41-42) apresenta as ideias de Merleau-Ponty sobre o "corpo-próprio":

> O corpo-próprio é um envolvimento indiscernível do interior e do exterior, sempre aberto ao mundo por uma intencionalidade operante, por um saber que se define pela situação do corpo frente a uma tarefa e não pela sua posição objetivamente determinada em relação a outras posições ou coordenadas exteriores [...]. Trata-se de uma intencionalidade motora, não sinônima de adaptação mecânica ao espetáculo do mundo.

Vista dessa forma, é com a motricidade que a Educação Física se constitui. Betti (2005, p. 1) esclarece esse argumento ao explicar o seguinte:

> É a exercitação intencionada, e em geral sistemática, da motricidade humana [...] que foi construindo, ao longo da história, as formas culturalmente codificadas que hoje conhecemos como esporte, ginásticas, dança etc., as quais constituem os meios e conteúdos que a Educação Física (que não surgiu previamente a estas formas) articula a partir de diferentes intencionalidades pedagógicas.

Merleau-Ponty (1999) entende que toda expressão humana é gestual, e os gestos produzem significações que se investem, repentinamente, "de um *sentido figurado* e o significam fora de nós", no plano da intersubjetividade (Merleau-Ponty, 1999, p. 263, citado por Betti et al., 2007, p. 43 , grifo do original).

De acordo com Betti et al. (2007, p. 44), "É na transcendência, no fluxo da temporalidade, que podemos confirmar a pertinência, ou não, das nossas intuições; portanto não existe a coisa 'em si', o que existe são relações que possibilitam as significações ou ressignificações sobre algo no mundo".

Tais conceitos da motricidade humana permitem a superação da visão exclusivamente técnica que tradicionalmente marcou o ensino da Educação Física escolar. Ao entendermos que o movimento humano depende das relações com o outro, com o mundo e com o ambiente no qual o indivíduo está inserido, é possível que proporcionemos aos alunos novos conhecimentos por meio da motricidade e de suas diferentes possibilidades, como a ginástica.

A visão de uma prática apenas mecânica sem que sejam consideradas as relações sociais e culturais pode ser superada por meio de atividades que levem o aluno a vivenciar novos significados para aquilo que realizar em termos de movimento. Essa ressignificação permitirá que ele evolua para algo melhor em todos os seus aspectos, ou seja, motores, cognitivos, sociais e culturais.

O movimento humano é a própria transcendência, pois, pela atualidade da percepção, coberto por uma intencionalidade, o indivíduo parte em direção ao futuro, à criação e à expressão. Sobre esse assunto, Merleau-Ponty (citado por Betti et al., 2007, p. 43) afirma que "Perceber é, a partir do passado, que não me é totalmente conhecido (*corpo habitual*), e apoiado na materialidade do presente (*corpo atual*), lançar-se ao futuro, que não me é totalmente previsível (*corpo perceptivo*)." A partir desses conceitos, conclui Müller (2001, citado por Betti et al., 2007, p. 43): "Portanto, o corpo perceptivo é virtual, nós percebemos como uma possibilidade futura; sou sempre corpo atual, mas dirigido por hábitos que retomo de maneira expressiva pela motricidade."

Assim, a prática da ginástica no ambiente escolar deve estar pautada no movimento intencional (intencionalidade operante) que ultrapasse os aspectos mecânicos e possibilite ao aluno estabelecer relações com o outro, com o mundo e com o contexto que o cerca.

Catunda (2009-2010, p. 88) apresenta uma reflexão sobre a possibilidade do movimento intencional e manifesta-se do seguinte modo:

> O professor deverá compreender os saberes produzidos na Educação Física, utilizando os conhecimentos da biomecânica somente como referência de segurança para a execução dos movimentos. Os gestos a serem apreendidos apresentados já como modelo pronto preestabelecido deverão ser observados como informação para que os alunos busquem sua maneira de realizá-los. Será o aluno a identificar, assim, um modo autônomo de sua ação nas aulas, pois serão identificados como sujeitos capazes de autocriação, partindo de um movimento consciente e percebendo sua capacidade no momento da realização da atividade.

A ginástica como conteúdo integrante da Educação Física escolar abrange vários conhecimentos e articula-se com os demais conteúdos, pois, pela amplitude e diversidade dos movimentos que a compõem, abrange tanto os esportes quanto o conteúdo que dá o seu nome, *ginástica*. No entanto, faz-se necessário esclarecermos as dimensões da ginástica como suporte aos conteúdos a serem trabalhados pelos professores de Educação Física.

Conforme indicamos anteriormente, a ginástica, como prática regulamentada, faz parte do conteúdo **esporte** e apresenta as seguintes modalidades: ginástica artística masculina, ginástica artística feminina, ginástica rítmica, ginástica de trampolim, ginástica acrobática, ginástica para todos, entre outras. Portanto, com base na perspectiva da teoria da motricidade humana, serão apresentadas algumas das possibilidades pedagógicas da ginástica no contexto escolar.

Tomando por base essa perspectiva teórica, no contexto escolar o termo *Educação Física* deve ser substituído por *Educação Motora* (EM), pois se entende que

> ninguém escapa à ação educativa e que a educação processa-se no corpo todo e não só "*na cabeça de alunos*". A EM seria assim, uma experiência profundamente humana e deixaria de ser a mera transmissão de conteúdos programados rigidamente com antecedência, preparados para diferentes estágios do desenvolvimento físico humano. (Barreto; Zoboli, 2009-2010, p. 120), grifo do original)

Cada uma das modalidades de ginástica que mencionamos tem suas especificidades em relação a histórico, fundamentos básicos, regras, técnicas, táticas e características gerais. As possibilidades da ginástica devem ser apresentadas e vivenciadas pelos alunos com as devidas adaptações em relação a local, materiais e aparelhos. Os limites e as potencialidades dos praticantes devem ser considerados e respeitados, para que, assim, os alunos tenham a oportunidade de exploração de seus conhecimentos sobre o corpo. "Se trabalhamos com pessoas (e não só com **físicos**) é evidente que é ao nível do **humano** que a impropriamente denominada Educação Física e ainda o Desporto se situam e onde decorrem." (Cunha, 2009-2010, p. 14, grifos do original).

As atividades ginásticas, quando relacionadas com outras disciplinas do currículo escolar, contribuem significativamente no processo de ensino-aprendizagem. Visam, também, à imitação ou reprodução de situações habituais dentro do espaço ginástico, levando em consideração o grupo no qual o aluno está inserido, para que assim ele possa construir sua própria compreensão e suas interações sociais, pois "O ritmo padronizado e uníssono da prática de atividades físicas cede lugar ao respeito, ao ritmo próprio executado pelos participantes da EM" (Barreto; Zoboli, 2009-2010, p. 121).

A ginástica como conteúdo do currículo escolar deve contemplar exercícios globais, preconizando a execução e mantendo o desempenho* em segundo plano. Com isso, torna-se uma prática muito acessível e prazerosa, com a presença de contínuos desafios e de ações e situações em posições incomuns vivenciadas pelos alunos. Os movimentos solicitados motivam a participação e promovem o domínio de elementos afetivos, como a emoção, a atenção, a concentração e o medo**. Assim, "A busca frenética do rendimento esportivo e da aptidão física da EF [Educação Física] cede lugar para a prática prazerosa e lúdica da EM." (Barreto; Zoboli, 2009-2010, p. 121)

O ambiente de desafios interfere na tomada de decisões, na autoconfiança, no instinto de autopreservação, na capacidade de resolução de problemas em que o movimento é o objeto de resolução. Além disso, segundo os PCN (Brasil, 1998), a vivência da ginástica permite aos alunos a descoberta e o reconhecimento de possibilidades e limitações de movimentos, bem como o papel de cada um no grupo em que está inserido.

De acordo com Hostal (1982, citado por Bassani; Silva, 2012, p. 7), "A ginástica [...] ensina [o aluno] a enfrentar progressivamente, a partir de situações seguras, outras mais perigosas, a lutar para vencer sozinho a dificuldade do problema proposto, a superar e a sentir o prazer de sair-se vitorioso". É a afirmação própria e a da vontade de empreender a educação das qualidades de coragem, vontade e audácia.

Esses elementos afetivos são manifestados pelos alunos por meio de vivências diversificadas, que também promovem o desenvolvimento da consciência corporal. Por meio da diversidade e do caráter estimulante, os exercícios de ginástica representam

* *Desempenho* aqui se refere ao rendimento técnico-desportivo, "em segundo plano", pois entendemos que, primeiramente, os alunos devem estar motivados a aprender uma nova prática, e deter-se na *performance* dos gestos técnicos num primeiro momento pode causar desinteresse.

** A referência sobre o medo tem caráter importante no que diz respeito a controle e superação, mas também surge a intenção de que os mais novos sejam alertados sobre as precauções que devem ser tomadas em determinadas situações.

uma verdadeira ajuda aos alunos, no sentido de possibilitar que eles sejam capazes de se inserir mais adequadamente no mundo, conquistando realizações pessoais e modificações de comportamento. Mas, para tanto, os objetivos devem ser bem determinados, a fim de que proporcionem aos alunos vivências de sucesso.

O professor deve estar sempre atento para o quanto pode e deve exigir de seus alunos, para que tais vivências sejam bem sucedidas, entendendo primeiramente que é importante considerar aquilo que o aluno **faz** e, num segundo momento, preocupar-se com o **como** e **para que** faz. Segundo Barreto e Zoboli (2009-2010, p. 121, grifos do original), "lutar por uma EM é lutar pelo princípio de uma aprendizagem humana e humanizante, em sua complexidade estrutural, entendendo o homem um ser biopsicossocial. Seria esta uma preocupação com **o que fazer** e **para que fazer**".

Principalmente na escola, mesmo na forma individual, podemos considerar a ginástica como coletiva, partindo do pressuposto de que, em uma aula de Educação Física, as relações interpessoais estão ou devem estar presentes o tempo todo (Leguet, 1987).

No formato em grupos, as relações também se tornam mais próximas, principalmente porque as atividades promovem situações de interdependência e autonomia. Ao promovermos atividades de natureza moral*, estamos condicionando os alunos a uma prática diferenciada e que se tornará usual na escola. Quando nós, professores, direcionarmos o olhar dos alunos para que percebam o outro como ser humano, eles saberão agir de forma a serem aceitos no grupo em que estão inseridos.

Considerando a importância da aplicação das atividades ginásticas na escola, surge o seguinte questionamento: Como aplicar atividades de ginástica na escola de forma motivadora, no sentido de atender às necessidades atuais de ensino-aprendizagem?

* Entendemos por *atividades de natureza moral* aquelas que possibilitam o desenvolvimento do espírito de equipe, da solidariedade, do respeito, da justiça, da empatia etc.

Assim, sugerimos uma metodologia fundamentada em circuitos ginásticos, que consistem na distribuição das atividades a serem trabalhadas em áreas específicas chamadas de *estações* ou *zonas*. Cada estação deve conter uma atividade específica, mas o circuito ginástico pode conter atividades de diversas naturezas ginásticas. A quantidade de estações pode variar conforme o número de alunos e o espaço físico disponível (Marinho et al., 2007).

O professor deve preocupar-se com o nível de dificuldade das atividades, a fim de atender às necessidades dos alunos com menos desenvoltura e, ao mesmo tempo, proporcionar situações desafiadoras aos mais habilidosos. "O conhecimento (e a motricidade revela-o radicalmente) não é um puro exercício da razão, mas uma relação entre a razão e a vida, entre o corpo e o mundo" (Cunha, 2009-2010, p. 15).

Para as turmas de alunos mais irrequietos, o circuito deve ser elaborado com um número maior de estações, para que eles fiquem o mínimo de tempo em espera.

Inicialmente, o circuito deve ser realizado no sentido horário ou anti-horário ou apresentar indicações da sequência de estações. Após algumas aulas, os alunos estarão familiarizados com a sistemática, porém, sempre que alterações forem feitas, os alunos deverão ser orientados sobre as modificações.

A forma de iniciar as atividades no circuito ginástico depende da quantidade de alunos participantes. Como geralmente as turmas de alunos são numerosas, sugerimos a formação de grupos de quatro a seis alunos por estação. Esses alunos, ordenadamente, podem realizar determinado movimento seguidamente, até que o professor sinalize, ao mesmo tempo, para todos os grupos, a mudança de uma estação para outra, ou seja, a transição. Outra possibilidade seria a seguinte: após a execução do sinal de início, o primeiro aluno de cada grupo realiza uma vez a atividade na estação e, em seguida, vai para a próxima estação, e assim sucessivamente, realizando várias voltas no circuito.

A forma de trabalho que descrevemos tem como finalidade permitir uma análise das relações possíveis enquanto a dinâmica dos circuitos acontece, o que estabelece referenciais e possibilidades de práticas pedagógicas que, muitas vezes, são pouco exploradas nas aulas de Educação Física.

O caráter do trabalho com circuitos, por ser essencialmente flexível, promove a autonomia do grupo. O professor, ao orientar os alunos divididos em pequenos grupos, propicia interações mais significativas e promove a observação entre os colegas ao permitir que cada um, tanto o executante quanto o observador, possa agir, criar, mostrar, ajudar, avaliar e organizar (Leguet, 1987). Assim, cada uma dessas ações refletirá no desenvolvimento dos conteúdos e na formação afetiva e social dos alunos, ou seja, "O ato mecânico, de cunho cartesiano no trabalho corporal da EF cede lugar para o ato da corporeidade consciente da EM" (Barreto; Zoboli, 2009-2010, p. 121).

> A motricidade humana, ou seja, o corpo em ato, é um espaço de signos e donde emergem a carne, o sangue, o desejo, o prazer, a paixão, a rebeldia, emoções e sentimentos do mais variado tipo. E tudo isto visando à transcendência, ou à superação. Mas, porque é transcendência, a conduta motora (a ação) acrescenta alguma coisa ao Mundo, através do inesperado, do novo, do insólito. (Cunha, 2009-2010, p. 18)

Enfim, o que propusemos aqui é que a ginástica, de acordo com suas diversas finalidades e com base nos aspectos da motricidade humana, deve ser um conteúdo valorizado nas aulas de Educação Física, não apenas por seus aspectos técnicos e biológicos, mas também por permitir novas possibilidades aos alunos, que a vivenciarão – e, como consequência, vivenciarão a Educação Física, ou EM, como prefere Cunha (1989) – como um conteúdo com significados para sua formação humana.

Referências

BARRETO, S. J.; ZOBOLI, F. Motricidade humana no século XXI: contribuições de Manuel Sérgio para sua compreensão. **Fiep Bulletin**, v. 79, n. 1, p. 112-126, 2009-2010.

BASSANI, A. F. de M.; SILVA, C. C. da. **A inserção da ginástica de solo no ambiente escolar e a verificação do impacto sobre as qualidades físicas**. Disponível em: <http://www.diaadiaeducacao.pr.gov.br/portals/pde/arquivos/2245-8.pdf>. Acesso em: 7 ago. 2012.

BEGGIATO, C. L.; SILVA, S. A. P. S. Educação Física escolar no ciclo II do ensino fundamental: aspectos valorizados pelos alunos. **Motriz**, Rio Claro, v. 13, n. 2, supl. 1, p. S29-S35, maio/ago. 2007.

BETTI, I. C. R. Esporte na escola: mas é só isso, professor? **Motriz**, Rio Claro, v. 1, n. 1, p. 25-31, jun. 1999.

BETTI, M. Sobre teoria e prática: manifesto pela redescoberta da Educação Física. **EFDeportes.com Revista Digital**, Buenos Aires, ano 10, n. 91, dez. 2005.

BETTI, M. et al. Por uma didática da possibilidade: implicações da fenomenologia de Merleau-Ponty para a Educação Física. **Revista Brasileira de Ciências do Esporte**, Campinas, v. 28, n. 2, p. 39-53, jan. 2007.

BRASIL. Ministério da Educação. Secretaria de Educação Fundamental. **Parâmetros Curriculares Nacionais**: Educação Física. Brasília, 1998. v. 7. Disponível em: <http://portal.mec.gov.br/seb/arquivos/pdf/livro07.pdf>. Acesso em: 18 dez. 2012.

BRACHT, V. A constituição das teorias pedagógicas da Educação Física. **Cadernos Cedes**, Campinas, ano 19, n. 48, p. 69-88, ago. 1999.

CATUNDA, R. Motricidade humana: um olhar sobre o corpo na Educação Física escolar. **Fiep Bulletin**, v. 79, n. 1, p. 86-90, 2009-2010.

COLETIVO DE AUTORES. **Metodologia do ensino de Educação Física**. São Paulo: Cortez, 1992.

CUNHA, M. S. V. **Educação Física ou ciência da motricidade humana?** Campinas: Papirus, 1989.

____. O desporto e a motricidade humana. **Fiep Bulletin**, v. 79, n. 1, p. 7-21, 2009-2010.

FIGUEIREDO, J. F.; HUNGER, D. A. C. F. A relevância do conhecimento histórico das ginásticas na formação e atuação do profissional de Educação Física. **Motriz**, Rio Claro, v. 16, n. 1, p. 189-198, jan./mar. 2010.

HOSTAL, P. **Ginástica em aparelhos**: espaldar, banco, plinto, corda – ensino primário. São Paulo: Manole, 1982.

LEGUET, J. **As ações motoras em ginástica esportiva**. São Paulo: Manole, 1987.

MARINHO, H. R. B. et al. **Pedagogia do movimento**: universo lúdico e psicomotricidade. 2. ed. Curitiba: Ibpex, 2007.

MERLEAU-PONTY, M. **Fenomenologia da percepção**. 2. ed. São Paulo: M. Fontes, 1999.

SOARES, C. L. **Educação Física**: raízes europeias e Brasil. Campinas: Autores Associados, 2004.

____. **Imagens da educação no corpo**: estudo a partir da ginástica francesa no século XIX. Campinas: Autores Associados, 2002.

VENÂNCIO, S.; CARREIRO, E. A. Ginástica. In: DARIDO, S. C.; RANGEL, I. C. A. (Coord.). **Educação Física na escola**: implicações para a prática pedagógica. Rio de Janeiro: Guanabara Koogan, 2005. p. 227-243.

Os esportes individuais na Educação Física escolar: o atletismo e algumas possibilidades de ensino*

Clóvis Marcelo Sedorko

A realização do trabalho pedagógico com os esportes individuais no ambiente escolar pode ser fundamental para o desenvolvimento dos alunos, na medida em que exige destes um comportamento diferenciado durante sua prática em comparação com aquele solicitado nos esportes coletivos. Sentimentos como insegurança, medo e nervosismo devem ser administrados individualmente, de maneira a contribuir para que os alunos desenvolvam a personalidade e competências como autoconfiança, autonomia e liderança,

* Este texto origina-se de algumas reflexões acumuladas ao longo da realização do Curso de Especialização em Esporte Escolar, da Universidade Estadual de Ponta Grossa (UEPG), no qual foi possível compreender e conferir novas possibilidades de desenvolvimento dos esportes individuais na Educação Física escolar.

facilitando a tomada de decisões e o enfrentamento das pressões, que serão constantes no decorrer da vida.

Entre diversas alternativas de abordagem de modalidades individuais na Educação Física escolar (EFE), encontra-se o atletismo, considerado um esporte de base, precursor das demais modalidades desportivas, "devido a suas características de trabalhar as habilidades naturais do homem como o correr, saltar e arremessar" (Sedorko; Distefano, 2012). Por ter regras mais simples, que normalmente são repetidas em suas diferentes provas, o atletismo pode ser considerado o desporto mais acessível para a iniciação esportiva de qualquer estudante.

O aprendizado do atletismo pode oferecer a todos os alunos, principalmente às crianças, "a oportunidade de descobrir pelo menos um tipo de aptidão esportiva" (Sedorko; Distefano, 2012). Trata-se de um esporte constituído de movimentos naturais aperfeiçoados (correr, saltar, lançar), o que facilita sua aprendizagem. Assim, sua prática não fica impossibilitada pela carência de infraestrutura esportiva, em razão da facilidade de adaptações de materiais e espaços físicos (Kirsck; Koch; Oro, 1984).

No entanto, apesar de ser considerado um conteúdo clássico da Educação Física (EF), Matthiesen (2005, 2007) ressalta que o atletismo ainda é pouco explorado no Brasil, sobretudo no meio escolar, no qual grande parte dos profissionais da área praticamente ignora essa modalidade. A autora discute alguns impasses que poderiam tentar justificar essa situação, tais como a falta de espaços e materiais adequados, a formação profissional deficiente e o desinteresse dos alunos e dos professores pela modalidade. Diante desse quadro, muitos estudos vêm surgindo na literatura especializada, no que concerne ao atletismo e à sua utilização como conteúdo da EFE, na busca pela apuração de possíveis dificuldades e limitações para sua abordagem no âmbito da escola (Kirsch; Koch; Oro, 1984; Matthiesen, 2005, 2007; Justino; Rodrigues, 2012;

Mendonça; Costa, 2009; Furbino et al., 2010; Sedorko; Silva, 2011; Bomfim, 2011; Melo et al., 2011).

Nesse contexto, o objetivo deste estudo é realizar uma breve discussão e reflexão sobre a utilização de modalidades individuais pela EFE, enfatizando o atletismo, com o intuito de contribuir para a maior difusão desses conhecimentos.

4.1 A Educação Física escolar em discussão

Nos últimos anos, os debates em relação à EF vêm ganhando destaque, sendo amplamente abordados por diversos autores. No entanto, para Mendonça e Costa (2009), o foco de estudo dessas discussões está relacionado, na maioria das vezes, aos objetivos e às metodologias dessa disciplina no ambiente escolar. Os autores lembram que, no decorrer da história da EF, muitos pensamentos relativos à área surgiram e foram sugeridos para a sociedade, com embasamento em diferentes matrizes teóricas, na tentativa de encontrar o método mais apropriado para a EFE, enquanto as discussões relacionadas aos conteúdos para as aulas da disciplina acabaram ficando em segundo plano.

Historicamente, é possível perceber que a EFE, na condição de componente curricular na escola, apresentou diferentes finalidades e, mesmo nos dias atuais, parece não existir uma proposta predominante. De acordo com Darido (2001, 2003a), a EF, em sua origem, esteve centrada na preocupação com os hábitos de higiene e saúde, sendo caracterizada como **higienista**, a qual adotava os métodos ginásticos franceses e suecos como referências. Em seguida, surgiu o modelo **militarista**, em que os objetivos estavam baseados na formação de indivíduos fortes e saudáveis, capazes de defender a pátria em caso de guerras com outros países.

O modelo **esportivista** se estabeleceu durante o governo militar, a partir da década de 1960, convertendo a EF na escola como sinônimo de esporte. Nessa concepção, os conteúdos relacionados aos esportes eram abordados com vistas ao aprimoramento físico e à identificação de possíveis talentos esportivos para representar o país em competições internacionais. Sua prática tinha, portanto, um caráter excludente. Segundo Castellani Filho (1994), durante esse período, o esporte foi um elemento importante para o governo, pois tinha inclusive a tarefa de desviar a atenção da população brasileira do ambiente coercitivo vivenciado durante a ditadura militar.

No fim da década de 1970 e início de 1980, o Brasil começou a vivenciar um período de grandes transformações políticas. Com o enfraquecimento do regime ditatorial, ocorreu a abertura para a democracia e, paralelamente, surgiram novas correntes pedagógicas para a educação e a EF (Castellani Filho, 1994; Alves, 2003; Darido, 2001, 2003a; Darido; Rangel, 2005). Tal época foi caracterizada como um momento de mudanças, pois os conteúdos, os objetivos e os métodos de ensino começaram a ser debatidos nos diferentes currículos educacionais. No âmbito da EF, novas tendências pedagógicas apareceram, com o intento de legitimar e ressignificar o papel dessa disciplina na escola. Entre as diversas abordagens sugeridas, podemos citar: psicomotricidade, desenvolvimentista, construtivista, crítico-superadora e crítico-emancipatória, além da saúde renovada e dos Parâmetros Curriculares Nacionais – PCN (Darido, 2003a).

Para Darido (2003a), todas essas abordagens representam importantes avanços para a área da EF. A autora discute os aspectos mais relevantes de cada uma dessas concepções e, em relação aos PCN, lembra que estes se apresentam de forma bastante eclética, abarcando diferentes possibilidades para o desenvolvimento da EF na escola.

Os PCN apresentam os conteúdos da EF divididos em três blocos de conhecimentos. No primeiro bloco, aparecem os esportes, os jogos, as lutas e as ginásticas. No segundo bloco, estão as atividades rítmicas e expressivas e, no terceiro, os conhecimentos sobre o corpo (Brasil, 1998).

Para Finck (2010), os PCN propõem uma ampliação dos conteúdos a serem trabalhados nas aulas de EF, porém, apesar disso, a autora ressalta que o esporte continua sendo o conteúdo mais desenvolvido, principalmente nos anos finais do ensino fundamental e no ensino médio.

> Betti (1999) relata que apesar do esporte ser o meio mais utilizado na difusão do movimento corporal nas escolas, somente algumas modalidades esportivas são utilizadas, normalmente as coletivas como o futebol, voleibol e basquetebol, sendo que modalidades individuais como o atletismo por exemplo, raramente são apresentadas aos escolares. A autora conclui elencando diversas hipóteses para a não utilização de outras modalidades esportivas no contexto escolar, entre as quais: a ausência de materiais, falta de espaço e motivação, comodismo dos professores e falta de aceitação destes conteúdos pela sociedade. (Sedorko; Distefano, 2012)

Apesar das inúmeras possibilidades de conhecimentos a serem desenvolvidos nas aulas de EF, Mendonça e Costa (2009, citados por Sedorko; Silva, 2011) lamentam a inexistência de uma divisão adequada desses conteúdos em relação às diferentes fases de escolarização da educação básica. Segundo os autores, esse fato contribui para que os conteúdos da EF sejam transmitidos de forma desordenada e incoerente, pois o direcionamento das aulas fica ao encargo de cada professor e de seu planejamento específico, prejudicando, desse modo, a compreensão desses conhecimentos pelos alunos de maneira sistematizada.

A sistematização dos conhecimentos em EF é um dos temas em constante discussão entre os profissionais da área (Rosário; Darido, 2005; Impolcetto et al., 2007), evidenciando a ausência ou inexistência de programas curriculares devidamente definidos e organizados. É comum, em outras áreas de conhecimento, a presença de aspectos históricos tradicionais na organização do currículo escolar, como na Matemática, em que podemos notar uma estruturação muita antiga de seus saberes (Valente, 2000). Já na EF, poucos autores se posicionam em relação à organização dos conteúdos dessa disciplina (Freire; Scaglia, 2003; Gallardo; Oliveira; Aravena, 1998; Darido, 2003b; Darido; Rangel, 2005; Palma; Oliveira; Palma, 2008).

Kunz (1994) acredita que a elaboração de um programa mínimo para a EF, com uma hierarquia de complexidade e objetivos bem definidos para cada série de ensino, seria fundamental para resolver a "bagunça" interna presente nesse meio. Segundo o autor, é o professor quem decide, com base em alguns fatores, como o seu bom ou mau humor, o que vai ensinar. Ele pode escolher conteúdos idênticos para a quinta série do ensino fundamental e a segunda série do ensino médio e, se assim preferir, a complexidade no ensino também pode ser igual nas duas situações. De acordo com Kunz (1994, p. 151), o mesmo não acontece nas demais disciplinas. Por exemplo, em Matemática, Geografia ou Português, os alunos não indagam o professor sobre o que irão fazer nas aulas, como geralmente ocorre em uma aula de EF.

Oliveira (2004), ao apresentar uma possibilidade de estruturação da EF, conclui que estudo e esforço são fundamentais para adequar a organização dos conteúdos da área. Caso contrário, pouco se avançará no sentido de legitimar essa disciplina no âmbito educacional.

Em contrapartida, Daolio (citado por Rosário; Darido, 2005) acredita que pode ser um equívoco estruturar um currículo fechado e inflexível para todas as escolas, pois é necessário considerar os aspectos culturais e o contexto em que elas estão inseridas. No entanto, a autora observa a necessidade de planejamento, quando determinados conteúdos são apresentados como referência e não como "única verdade". Na opinião de Daolio, os conteúdos devem constantemente ser atualizados, debatidos e construídos com a participação dos alunos, bem como devem estar relacionados com o projeto político-pedagógico da escola e com o contexto no qual serão inseridos e desenvolvidos.

4.2 Os esportes individuais na Educação Física escolar

Existem inúmeros esportes individuais possíveis de serem desenvolvidos nas aulas de EF. Assim, a abordagem de modalidades diferentes daquelas consideradas "tradicionais" pode favorecer o conhecimento e a comparação reflexiva dos alunos em relação às diferenças entre os países e as culturas em que tais esportes se originaram.

Entre os conteúdos da EF apresentados pelos PCN (Brasil, 1998), no primeiro bloco de conhecimentos encontram-se as lutas, com diversas possibilidades de abordagem, como a capoeira, o judô, o karatê e o *taekwondo*. Apesar de não estar determinado nos referidos documentos oficiais quais modalidades de luta são as mais indicadas para a EFE, de modo geral a capoeira parece ser a mais acessível, pois, além de ser considerada uma arte marcial genuinamente brasileira, não necessita de espaços específicos ou roupas especiais. A capoeira apresenta movimentos centrados na música, no ritmo e na dança, característica que lhe confere grande poder de socialização, aumentando a autoestima de qualquer praticante; além disso, é reconhecida como patrimônio cultural brasileiro (Midlej, 2008).

As ginásticas e os esportes também são conteúdos sugeridos nos PCN (Brasil, 1998) como possibilidades para a EF na escola. Contudo, para o Coletivo de Autores (1992), no contexto da EFE, a ginástica foi sendo historicamente construída com base em determinados modelos, especialmente o europeu. Durante o governo militar, a partir da década de 1960, o caráter esportivista da EF apresentou características marcantes, que influenciaram a formação dos profissionais da área. Dessa forma, muitos professores abordaram a ginástica com base nesses modelos, ou então optaram pela sua exclusão, alegando a ausência de instalações e equipamentos adequados. Isso impossibilitou a distinção entre a ginástica em si e as modalidades gímnicas de competição, como a artística, a olímpica e a rítmica, causando certa elitização de sua prática.

Em contrapartida, Ayoub (citado por Seron et al., 2007), considera a ginástica um importante meio de promover divertimento e integração entre seus praticantes. Para a autora, no âmbito escolar, o fator competição não necessita ser o foco principal, pois a prática da ginástica favorece também a criatividade e a liberdade de expressão, facilitando a socialização e o trabalho em grupo, principalmente na elaboração de coreografias. Segundo Souza (1997), a ginástica pode ser classificada da seguinte forma: de competição, de condicionamento físico, de conscientização corporal, fisioterápica e de demonstração. Embora pertençam ao mesmo núcleo inicial, esses tipos de ginástica podem apresentar finalidades diferenciadas, de acordo com seus variados aspectos.

Os esportes de raquetes, como o tênis, o *badminton*, o *squash* e o tênis de mesa, são outros exemplos de esportes individuais que podem ser aproveitados pela EFE. Essas modalidades exigem habilidades motoras pouco exploradas no ambiente escolar, como as técnicas de rebater, que auxiliam o desenvolvimento da coordenação motora, a resistência, a agilidade, a discriminação visual e a percepção espaçotemporal (Guaranha, 2009).

Entre essas modalidades de raquetes, o tênis de mesa parece ser a mais popular, pois grande parte das escolas brasileiras apresenta ao menos uma mesa para a prática desse esporte. No entanto, com algumas adaptações dos recursos materiais (bolinhas de borracha, raquetes de madeira e redes com cordas ou elásticos), é possível abordar também as demais modalidades desse gênero, contribuindo para o aumento da cultura corporal dos escolares.

A natação também se enquadra no eixo **esporte** dos PCN (Brasil, 1998), sendo uma modalidade individual muito indicada para a prevenção e o tratamento de doenças como bronquite e asma, pois sua prática contribui para o aumento do consumo de oxigênio, resultando na melhora da mecânica respiratória (Duchini; Ferracioli; Ferracioli, 2010). Atividades aquáticas também contribuem para o desenvolvimento de habilidades psicomotoras e da capacidade cardiorrespiratória, além de melhorar o tônus e a coordenação geral do organismo. Entretanto, no âmbito escolar, a abordagem da natação se torna muito difícil, em virtude da ausência de espaços próprios, principalmente em escolas públicas.

Modalidades como o boliche, a bocha e o bolão são também alternativas de esportes individuais possíveis de serem desenvolvidos na escola. Além da facilidade de adaptações em seus implementos, essas modalidades apresentam atividades que exigem menor esforço físico dos praticantes, facilitando a participação de indivíduos com diferentes perfis.

Podemos constatar que todas essas modalidades mencionadas, somadas ao atletismo, formam um variado leque de opções para a utilização do conteúdo esporte na EFE. Todavia, o que se percebe, de modo geral, é o predomínio dos esportes coletivos nas aulas, pois eles detêm maior prestígio nacional, seja pela característica lúdica inerente a essas modalidades, seja pela presença da bola como recurso principal para o desenvolvimento de suas ações, seja pela influência da mídia, principalmente a televisiva.

Na cultura popular, o Brasil é o país do futebol, o esporte de massa, fato que influencia para que ele seja, muitas vezes, o conteúdo mais desejado da aula de EF. Aliado a essa condição, é importante destacar, ainda, a intensa exploração da mídia em relação a esse e a outros esportes coletivos, como o vôlei, de modo que se torna difícil convencer os alunos de que outros tipos de esporte também podem ser abordados. Esses aspectos contribuem minimamente para o entendimento do porquê da pouca ou nenhuma abordagem das modalidades individuais nas aulas de EF, sobretudo do atletismo, embora este seja considerado por muitos o esporte mais acessível para a iniciação esportiva na escola.

4.3 Atletismo na escola: barreiras e obstáculos para sua difusão*

Diversos estudos que abordam o desenvolvimento do atletismo como conteúdo da EFE evidenciam a falta de materiais e/ou espaço físico adequado nas escolas como os maiores obstáculos para a não difusão desse conhecimento nas unidades de ensino (Noll; Suñé; Oppermann, 2008; Furbino et al., 2010; Sedorko; Silva, 2011; Bomfim, 2011; Melo et al., 2011).

Os dados obtidos por Noll, Suñé e Oppermann (2008) revelam que, além da ausência de materiais e espaços físicos, a falta de apoio da Secretaria de Educação, do mesmo modo, dificulta o desenvolvimento do atletismo nas escolas de Teutônia (RS), pois, apesar de oferecer uma competição para os alunos, as escolas não recebem ajuda financeira.

Furbino et al. (2010, citados por Sedorko; Distefano, 2012) destacam que "Mesmo em instituições particulares, onde geralmente existem melhores condições em instalações e equipamentos esportivos, os professores justificam a não utilização do atletismo devido à falta de infraestrutura em relação a materiais e locais adequados".

Segundo Melo et al. (2011), entre os problemas que dificultam o desenvolvimento do atletismo em escolas da cidade do Rio de Janeiro estão a falta de infraestrutura e também de materiais

* Trechos desta seção foram retirados e adaptados de Sedorko e Distefano (2012).

específicos, os quais representam 65% das indicações e são os itens mais evidenciados pelos professores.

Resultados semelhantes foram encontrados nas pesquisas de Bomfim (2011), em que 87% dos entrevistados revelaram apresentar dificuldades no ensino desse esporte em virtude da inexistência de espaços físicos e implementos adequados.

Para Kunz (citado por Bomfim, 2011), problemas relacionados à infraestrutura e a materiais podem ter relação com a formação profissional do educador. O autor lembra que na formação inicial (na graduação), para a prática do atletismo, os professores formadores utilizam equipamentos diferentes daqueles existentes nas escolas, o que não permite que os futuros professores obtenham preparação para atuarem em conformidade com a realidade escolar.

Em entrevista realizada com docentes de Educação Física de 19 escolas de Ipatinga (MG), Justino e Rodrigues (2012) relataram que mais de 36% deles encontram problemas para ensinar o atletismo na escolaem razão da própria falta de conhecimento desse conteúdo.

No estudo de Netto e Pimentel (2008), envolvendo professores de 25 escolas do Núcleo Regional de Educação de Cianorte (PR), foi possível constatar que os profissionais da área necessitam se atualizar e buscar novas metodologias e práticas para o ensino do atletismo, pois, segundo os autores, poucos são os professores que trabalham esse conteúdo em suas aulas de uma maneira sistematizada. Dessa forma, podemos concluir que o conhecimento insuficiente dos docentes em relação ao atletismo também contribui para a pouca difusão desse esporte no contexto escolar.

Sedorko e Silva (2011), ao investigarem o desenvolvimento do atletismo como conteúdo da EFE nas escolas estaduais da cidade de Ponta Grossa (PR), concluíram que a qualidade do ensino-aprendizagem dessa modalidade deve ser repensada, pois, apesar de a maioria dos professores trabalhar esse esporte nas aulas, boa parte dos alunos não sabe reconhecer esse conteúdo e a maioria encontra dificuldade em explicar como se pratica uma prova dessa modalidade.

Para os autores, essa divergência entre o que foi ensinado pelo professor e o aprendido pelo aluno ocorre em virtude da não especificidade na abordagem desse esporte. Muitas vezes, os docentes aplicam atividades que utilizam corridas e saltos e acreditam que dessa forma estão trabalhando com provas do atletismo. No entanto, as crianças e os adolescentes que participam dessas atividades geralmente não conseguem relacioná-las às modalidades do atletismo.

O raciocínio de Betti (1999, p. 26-27) ilustra bem esse fato:

> Se o aprendizado dos esportes restringir-se ao processo ensino-aprendizado de técnicas, gestos automatizados, onde somente o professor-técnico as conhece e domina, ou seja, seu Sentido/Significado é compreendido somente pelo professor e ao aluno cabe executá-las da melhor forma, não será possível um questionamento sobre esta prática, a qual pode parecer "natural".

Perceba que, diante desse quadro, a formação do profissional de EF parece também se constituir em um problema para o não ensino desse esporte, pois é comum que seja identificado um elevado número de acadêmicos que têm o primeiro contato com o atletismo apenas na graduação. Segundo Matthiesen (2007, p. 17), "para exagerar bem [...] é na universidade que ele aprenderá que o martelo é um implemento totalmente diferente da ferramenta em si e que o disco não toca".

No trabalho de Calvo (2005), foi possível verificar que a maioria dos estudantes do curso de Educação Física tem o primeiro contato com o atletismo durante a sua formação inicial, ou seja, apenas no ensino superior.

Matthiesen (2007) evidencia que existe o risco de que nem mesmo na universidade o aluno aprenda atletismo de fato, seja por não ser obrigatório cursar essa disciplina durante o período de formação, seja porque existem realmente sérias deficiências em seu ensino nos cursos de Educação Física, nos quais, muitas vezes, determinados conteúdos, como as corridas e os saltos, são priorizados, enquanto outros, como os lançamentos e a marcha atlética, são deixados de lado. De acordo com Gomes (2008), o fato de as universidades, por diversas vezes, não oferecerem um ensino do atletismo com possibilidades concretas de abordagem no âmbito da escola também contribui para que o professor exclua esse conteúdo da EFE.

Para Kirsch, Koch e Oro (1984), as justificativas levantadas para a não exploração do atletismo na EFE, no que se refere à falta de materiais e espaço físico adequado nas escolas, na verdade indicam que o problema básico do atletismo brasileiro é mais de natureza cultural e educacional do que social e econômica, pois se percebe que o brasileiro não observa no esporte (nesse caso, o atletismo) um valor cultural, na medida em que relaciona cultura com expressão de intelecto e esporte com jogo de bola.

> Como explicar, de outra maneira, que o atletismo, tecnicamente descomplicado, extensivamente ensinado nas escolas de todos os sistemas e níveis, [...] adaptável a qualquer área livre, não alcança maior iniciativa de uma população que não pode ou não tem onde se associar a clubes esportivos, mas vai à escola e encontra meios de adquirir equipamento para jogar bola. (Kirsck; Koch; Oro, 1984, p. 4)

Essa constatação demonstra que as barreiras existentes para a difusão do atletismo como conteúdo da cultura corporal na EF não são fáceis de transpor, sendo necessária uma reorganização das propostas didáticas para o ensino do atletismo no Brasil, levando-se em consideração os aspectos culturais passíveis de mudanças.

Para Kirsch, Koch e Oro (1984), essa reformulação deve ser interessante e atraente, capaz de criar uma atmosfera motivadora e favorável, para indicar novos valores e rumos para o desenvolvimento do atletismo. Ao contrário, pouco contribui um acervo com livros requintados, ilustrativos e com detalhada metodologia, se a abordagem desse esporte se der de forma desconexa do contexto social e dos valores esperados pelo brasileiro nas atividades esportivas.

4.4 A importância do atletismo na Educação Física escolar e algumas possibilidades pedagógicas

Segundo Jonath et al. (citado por Oliveira, 2006), os exercícios de atletismo se apresentam como um importante meio para melhorar a capacidade de rendimento físico geral, desenvolvendo qualidades físicas básicas, como força, resistência, velocidade, flexibilidade e agilidade. De acordo com Schmolinski (1982), a prática desse esporte pode aperfeiçoar a coordenação geral do organismo, resultando na melhora da condição física e na capacidade de realizar as tarefas diárias. Já Ozolin e Markov (1991) afirmam que o atletismo, além de contribuir para o desenvolvimento motor das crianças, é também utilizado por algumas políticas de governos para aperfeiçoar a forma física da população e fortalecer sua saúde, preparando-a para o trabalho e a defesa da pátria.

No âmbito escolar, o atletismo pode ser de fundamental importância, em decorrência de suas características que requerem capacidades e habilidades consideradas como base para o desenvolvimento de outros esportes (Bragada, 2000).

A iniciação ao atletismo, conforme Kirsch, Koch e Oro (1984), é observada como um conjunto de habilidades específicas que compõem o começo do processo de ensino-aprendizagem e que, em seguida, evoluem para um correto caminhar, correr, saltar e lançar, presente no atletismo de rendimento. Para esses autores, esse processo representa a transição das atividades básicas do estágio de padrões gerais para o de formas grossas dos movimentos convencionais do atletismo.

As corridas, os saltos, os lançamentos e os arremessos são habilidades físicas presentes em quase todas as modalidades esportivas. Dessa forma, Kirsch, Koch e Oro (1984) entendem que os movimentos atléticos, em si, não são desinteressantes; o que pode torná-los não atraentes seria sua interpretação e sua sistematização didática quando vinculadas ao atletismo convencional.

Em virtude da pouca exploração do atletismo nas escolas, grande parte dos alunos não usufrui da construção dos conhecimentos e do debate sobre esse esporte. Entre as diversas possibilidades pedagógicas dessa modalidade na EFE, também podemos destacar como importante a abordagem dos aspectos históricos, fisiológicos, políticos e antropológicos.

A origem do atletismo é fascinante. Seu surgimento está relacionado ao do próprio homem, confundindo-se muitas vezes com a mitologia. A discussão dos aspectos históricos com os alunos pode ser de grande valia, pois temas relacionados à influência cultural desse esporte podem ser abordados, como a figura do Discóbolo de Míron e suas representações e significados*.

Em relação aos fatores fisiológicos, é possível enriquecer as aulas com debates sobre os benefícios da atividade física para a saúde, levantando questões a respeito da obesidade, do desenvolvimento muscular, da frequência respiratória e dos batimentos cardíacos.

* Estátua grega de bronze, esculpida por Míron no século V a.C., que representa um atleta pronto para lançar o disco nos jogos esportivos da Grécia antiga. A reprodução detalhada da musculatura revela um amplo conhecimento da anatomia masculina e traduz a natureza do movimento. Foi escolhido o símbolo da Educação Física, por retratar a força e o dinamismo característicos dessa profissão (Fernandes, 1978; Confef, 2002).

No que se refere aos fatores políticos e antropológicos, é possível propiciar aos alunos reflexões sobre temas relacionados à utilização do esporte como veículo publicitário de alguns países e de seus regimes políticos (como os Jogos Olímpicos de Berlim, em 1936, e o período da Guerra Fria), além de favorecer a discussão e a compreensão sobre o uso de substâncias químicas (*doping*) nos esportes de rendimento e o papel da mídia em todo esse processo.

De acordo com Gomes (2008), para possibilitar a inserção do atletismo no conteúdo pedagógico da EF e sua utilização nas escolas, é necessário que observemos suas dimensões conceituais, procedimentais e atitudinais (Brasil, 1998). A dimensão conceitual está relacionada com "o que se deve saber"; a procedimental, com "o que se deve saber fazer"; e a atitudinal, ao "como se deve ser". Nesse contexto, Gomes (2008) sugere a inclusão de alguns objetivos e conteúdos para a abordagem do atletismo na escola.

Na dimensão conceitual, o referido autor aponta os seguintes objetivos: reconhecer a origem das provas do atletismo e as mudanças histórico-culturais ocorridas ao longo dos tempos; discutir o corpo humano durante o movimento, abordando conceitos básicos de biodinâmica ou comparando o contexto esportivo e as mudanças necessárias para inseri-lo no ambiente escolar; e debater questões como a influência da mídia no imaginário social.

Em relação à dimensão procedimental, os objetivos sugeridos por Gomes (2008) são: inserir a aprendizagem de algumas modalidades básicas do atletismo; relacionar sua prática às atividades corporais; saber efetuar e adaptar os movimentos; e organizar competições esportivas, ou também participar delas.

Em relação à dimensão atitudinal, segundo Gomes (2008), seriam estabelecidos os seguintes objetivos para o desenvolvimento do atletismo: relacionar o atletismo aos valores, no sentido de ressignificar sua prática no contexto educacional; buscar reconhecer e valorizar atitudes de respeito mútuo; resolver problemas por intermédio do diálogo, em vez da violência; e favorecer uma melhor compreensão do corpo em sua complexidade, buscando uma prática esportiva mais consciente.

Considerando essas três dimensões do ensino, a autora acredita que o professor de EF tem condições de propiciar aos seus alunos a aprendizagem dos conteúdos do atletismo por meio da vivência, de debates, de leituras e reflexões, que contribuem para formar cidadãos integrados e embasados em aspectos mais amplos da cultura corporal (Gomes, 2008, p. 7).

Com base nas contribuições desses autores, podemos afirmar que, apesar das dificuldades existentes para o não desenvolvimento do atletismo no âmbito escolar, muitos deles defendem e justificam a abordagem desse esporte, sugerindo alternativas diversas em seus tratamentos pedagógicos. Kunz (1994), Betti (1999) e Matthiesen (2005), reconhecendo a pouca difusão desse esporte na EFE, defendem uma transformação na abordagem dessa modalidade, ressaltando a importância de adaptações nas regras e nos implementos, de modo a adequá-los ao ambiente escolar.

Segundo Kunz (1994), ao ser sugerida uma transformação didático-pedagógica do esporte, a intenção não é alterar o significado dos movimentos desse esporte (por exemplo, em uma corrida de velocidade o objetivo é ser o mais rápido), mas considerar que os sentidos individual e coletivo podem mudar. Para o autor, outros sentidos podem ser buscados; por exemplo, nas corridas, é possível reduzir o tempo em duplas, trios ou grupos, favorecendo, dessa forma, a participação de todos os alunos, independentemente de suas limitações físicas e técnicas.

Oliveira (2006) entende ser fundamental que as condições do ensino do atletismo sejam adequadas de acordo com a realidade de cada escola, para que seu aprendizado efetivamente aconteça na EF. A adaptação de implementos alternativos se apresenta como um importante facilitador no ensino desse esporte, podendo o professor incluir os próprios alunos na elaboração desses materiais.

Entre as diversas possibilidades de adaptações, podemos destacar as seguintes:

- um cabo de vassoura pode ser usado para a confecção de bastões para as corridas de revezamentos e nos lançamentos de dardo. Quando apoiados em cadeiras, os cabos podem também servir de barreiras para a corrida com barreiras;
- caixas e bancos de madeira podem ser facilmente utilizados pelo professor e pelos alunos nas corridas com obstáculos;
- para os lançamentos e arremessos, é possível confeccionar bolas de meia com serragem ou areia, para serem arremessadas em alvos como pneus ou bambolês;
- um martelo pode ser feito com garrafas PET (politereftalato de etileno) ou sacos plásticos com areia, para ser lançado por cima de elásticos dispostos em diferentes alturas.

Demais materiais, exercícios, atividades e jogos podem ser elaborados de acordo com o conhecimento e a criatividade de professores e alunos. A abordagem do atletismo por meio de jogos e brincadeiras, com ênfase nos aspectos lúdicos, pode torná-lo uma modalidade mais atrativa e agradável nas escolas, contribuindo para a ampliação da cultura esportiva dos alunos (Oliveira, 2006).

Considerações finais

A utilização de modalidades esportivas individuais variadas na EFE, além de favorecer o aperfeiçoamento das habilidades motoras dos alunos, pode contribuir para o desenvolvimento da autonomia e da autoconfiança destes, pois normalmente a prática desses esportes está relacionada a um adequado preparo psicológico do praticante e à capacidade deste de se autossuperar e acreditar em si mesmo.

Especificamente em relação ao atletismo, entendemos que este seja o esporte mais acessível ao ensino nas escolas, em razão de suas características que envolvem habilidades naturais de fácil execução, como o correr, o saltar e o lançar. Além da facilidade de adaptações de materiais, de espaços físicos e de suas regras, esse esporte possibilita a todos os praticantes a oportunidade de vivenciar momentos de êxito nas atividades, pois permite descobrir ao menos uma forma de aptidão esportiva, uma vez que, em função de sua diversidade de provas, haverá sempre uma delas que poderá corresponder a determinado perfil de aluno.

Como principais obstáculos para a difusão do atletismo no contexto escolar, percebemos questões relacionadas às indefinições na sistematização dos conteúdos curriculares da EF, bem como problemas de infraestrutura e falta de materiais adequados nas escolas.

No que se refere à sistematização dos conhecimentos, concordamos com Kunz (1994), que defende uma organização curricular para a EF, pois acreditamos que, desse modo, será possível legitimá-la no contexto educacional, justificando-a e igualando seu grau de importância ao das demais disciplinas.

Quanto às questões relacionadas à falta de materiais adequados para o ensino do atletismo, lembramos que a Constituição Federal brasileira (Brasil, 1988) define como atribuição do Estado a obrigação de fornecer condições para que ocorra o ensino-aprendizagem nas escolas. No entanto, na ausência de materiais específicos, o professor deve buscar, em um primeiro momento, a confecção de materiais alternativos para atender aos alunos e, posteriormente, lutar para que sejam adquiridos materiais adequados, pois, de acordo com Betti (1999), se o docente ficar "de braços cruzados" até a aposentadoria, esse quadro jamais será alterado.

Referências

ALVES, W. F. Educação Física e as ideias pedagógicas no Brasil: uma breve análise das concepções que embalaram o século XX e suas repercussões na formação do professor. **EFDeportes.com Revista Digital**, Buenos Aires, ano 9, n. 61, jun. 2003. Disponível em: <http://www.efdeportes.com/efd61/brasil.htm>. Acesso em: 29 mar. 2011.

BETTI, I. C. R. Esporte na escola: mas é só isso, professor? **Motriz**, Rio Claro, v. 1, n. 1, p. 25-31, jun. 1999.

BOMFIM, A. B. C. O atletismo como conteúdo na Educação Física escolar: um olhar dos docentes no município de Boa Vista, RR. **EFDeportes.com Revista Digital**, Buenos Aires, ano 15, n. 152, 2011. Disponível em: <http://www.efdeportes.com/efd152/o-atletismo-como-conteudo-na-educacao-fisica-escolar.htm>. Acesso em: 29 mar. 2011.

BRAGADA, J. O atletismo na escola: proposta programática para abordagem dos lançamentos "leves". **Revista de Educação Física e Desporto**, v. 17, n. 99, jun./jul. 2000.

BRASIL. Constituição (1988). **Diário Oficial da União**, Brasília, DF, 5 out. 1988. Disponível em: <http://www.senado.gov.br/legislacao/const/con1988/CON1988_05.10.1988/CON1988.pdf>. Acesso em: 14 maio 2013.

BRASIL. Ministério da Educação. Secretaria de Educação Fundamental. **Parâmetros Curriculares Nacionais**: Educação Física. Brasília, 1998. v. 7. Disponível em: <http://portal.mec.gov.br/seb/arquivos/pdf/livro07.pdf>. Acesso em: 18 dez. 2012.

CALVO, A. P. **O atletismo como conteúdo da Educação Física escolar**: pesquisa com universitários da UNESP – Rio Claro em 2004. Trabalho de Conclusão de Curso (Graduação em Educação Física) – Universidade Estadual Paulista, Rio Claro, 2005.

CASTELLANI FILHO, L. **Educação Física no Brasil**: a história que não se conta. Campinas: Papirus, 1994.

COLETIVO DE AUTORES. **Metodologia do ensino de Educação Física**. São Paulo: Cortez, 1992.

CONFEF – Conselho Federal de Educação Física. Resolução n. 49, de 10 de dezembro de 2002. **Diário Oficial da União**, Brasília, 27 dez. 2002. Disponível em: <http://www.confef.org.br/extra/resolucoes/conteudo.asp?cd_resol=87>. Acesso em: 12 ago. 2011.

DARIDO, S. C. Buscando indícios para a sistematização de conteúdos da Educação Física de 1ª a 4ª séries do ensino fundamental. In: SEMINÁRIO DE EDUCAÇÃO FÍSICA ESCOLAR, 7., São Paulo, 2003. **Anais...** São Paulo: Eefeusp, 2003a.

_____. **Educação Física na escola**: questões e reflexões. Rio de Janeiro: Guanabara Koogan, 2003b.

_____. Os conteúdos da Educação Física escolar: influências, tendências, dificuldades e possibilidades. **Perspectivas em Educação Física escolar**, Niterói, v. 2, n. 1, p. 5-25, 2001. Disponível em: <http://boletimef.org/biblioteca/81/Darido-Artigo>. Acesso em: 19 jun. 2011.

DARIDO, S. C. et al. A construção de um livro didático na Educação Física escolar: discussão, apresentação e análise. In: PINHO, S. Z.; SAGLIETTI, J. R. C. **Núcleos de ensino da Unesp – Edição 2008**. São Paulo: Cultura Acadêmica, 2008. p. 387-409. Disponível em: <http://www.cbce.org.br/cd/resumos/162.pdf>. Acesso em: 29 mar. 2011.

DARIDO, S. C.; RANGEL, I. C. A. (Coord.). **Educação Física na escola**: implicações para a prática pedagógica. Rio de Janeiro: Guanabara Koogan, 2005.

DUCHINI, R.; FERRACIOLI, I, J. C.; FERRACIOLI, M. C. Benefícios que as atividades físicas proporcionam aos asmáticos. **EFDeportes.com Revista Digital**, Buenos Aires, ano 15, n. 145, 2010. Disponível em: <http://www.efdeportes.com/efd145/atividades-fisicas-proporcionam-aos-asmaticos.htm>. Acesso em: 21 ago. 2011.

FERNANDES, J. L. **Atletismo**: arremessos. São Paulo: EPU; Edusp, 1978.

FINCK, S. C. M. **A Educação Física e o esporte na escola**: cotidiano, saberes e formação. Curitiba: Ibpex, 2010.

FREIRE, J. B.; SCAGLIA, A. J. **Educação como prática corporal**. São Paulo: Scipione, 2003.

FURBINO, A. P. A. et al. A importância do atletismo como conteúdo da Educação Física escolar. In: CONGRESSO CENTRO-OESTE DE CIÊNCIAS DO ESPORTE, 4., Brasília, 2010. **Anais...** Brasília: Condoce, 2010. Disponível em: <http://www.rbceonline.org.br/congressos/index.php/4concoce/4concoce/paper/viewFile/2537/1201>. Acesso em: 19 jun. 2011.

GALLARDO, J. S. P.; OLIVEIRA, A. A. B.; ARAVENA, C. J. O. **Didática de Educação Física**: a criança em movimento. São Paulo: FTD, 1998.

GOMES, C. L. J. **O atletismo como conteúdo pedagógico e formativo**. Londrina: Programa de Desenvolvimento Educacional – PDE, 2008.

GUARANHA, V. Utilização de esportes com raquete nas aulas de Educação Física. **Revista Educação Física**, ano 9, n. 34, dez. 2009. Disponível em: <http://www.confef.org.br/extra/revistaef/show.asp?id=3829>. Acesso em: 21 ago. 2011.

IMPOLCETTO, F. M. et al. Educação Física no ensino fundamental e médio: a sistematização dos conteúdos na perspectiva de docentes universitários e sistematização dos conteúdos da Educação Física. **Revista Mackenzie de Educação Física e Esporte**, São Paulo, v. 6, n. 1, p. 89-109, 2007.

JUSTINO, E. O.; RODRIGUES, W. Atletismo na escola: é possível? **Educacaofisica.org**, 9 abr. 2012. Disponível em: <http://www.educacaofisica.org/wp/atletismo-na-escola-e-possivel>. Acesso em: 19 dez 2012.

KIRSCK, A.; KOCH, K.; ORO, U. **Antologia do atletismo**: metodologia para iniciação em escolas e clubes. Rio de Janeiro: Ao Livro Técnico, 1984.

KUNZ, E. **Transformação didático-pedagógica do esporte**. Ijuí: Ed. da Unijuí, 1994.

MATTHIESEN, S. Q. **Atletismo se aprende na escola**. Jundiaí: Fontoura, 2005.

_____. **Atletismo**: teoria e prática. Rio de Janeiro: Guanabara Koogan, 2007.

MIDLEJ, R. Capoeira vira patrimônio cultural do Brasil. **O Globo**, 15 jul. 2008. Disponível em: <http://oglobo.globo.com/cultura/mat/2008/07/15/ capoeira_vira_patrimonio_cultural_do_brasil-547266329.asp>. Acesso em: 20 dez. 2012.

MELO, R. A. et al. Atletismo escolar: visão dos professores de Educação Física que atuam em escolas de ensino fundamental. **EFDeportes.com Revista Digital**, Buenos Aires, n. 156, 2011. Disponível em: <http://www.efdeportes.com/efd156/atletismo-escolar-visao-dos-professores.htm>. Acesso em: 25 maio 2011.

MENDONÇA, B. C. A.; COSTA, E. S. O atletismo enquanto conteúdo das aulas de Educação Física nas escolas públicas no estado de Sergipe. **Revista Campus**, Paripiranga, v. 2, n. 3, p. 22-30, 2009.

NETTO, R. S.; PIMENTEL, G. G. A. **O ensino do atletismo nas aulas de Educação Física**. 2008. Disponível em: <http://diaadiaeducacao.pr.gov.br/portals/pde/arquivos/ 804-4.pdf>. Acesso em: 19 dez. 2012.

NOLL, M.; SUÑÉ, F.; OPPERMANN, R. O desenvolvimento do atletismo nas escolas de Teutônia, RS: um estudo exploratório. **EFDeportes.com Revista Digital**, Buenos Aires, ano 13, n. 121, 2008. Disponível em: <http://www.efdeportes.com/efd121/o-desenvolvimento-do-atletismo-nas-escolas-de-teutonia.htm>. Acesso em: 29 mar. 2011.

OLIVEIRA, A. A. B. Planejando a Educação Física escolar. In: VIEIRA, J. L. L. (Org.). **Educação Física e esportes**: estudos e proposições. Maringá: Eduem, 2004. p. 25-56.

OLIVEIRA, M. C. M. **Atletismo escolar**: uma proposta de ensino na educação infantil. Rio de Janeiro: Sprint, 2006.

OZOLIN, N. G.; MARKOV, D. P. **Atletismo**. Ciudad de la Habana: Editorial Científico-Técnica, 1991. Tomo 1.

PALMA, A. P. T. V.; OLIVEIRA, A. A. B.; PALMA, J. A. V. **Educação Física e a organização curricular**: educação infantil e ensino fundamental. Londrina: Eduel, 2008.

ROSÁRIO, L. F. R.; DARIDO, S. C. A sistematização dos conteúdos da Educação Física na escola: a perspectiva dos professores experientes. **Motriz**, Rio Claro, v. 11, n. 3, p. 167-178, set./dez. 2005.

SCHMOLINSKI, G. **Atletismo**. Lisboa: Estampa, 1982.

SEDORKO, C. M.; DISTEFANO, F. O atletismo no contexto escolar: possibilidades didáticas no 2° ciclo do ensino fundamental. **EFDeportes.com Revista Digital**, Buenos Aires, ano 16, n. 165, 2012. Disponível em: <http://www.efdeportes.com/efd165/o-atletismo-no-contexto-escolar-possibilidades-didaticas.htm>. Acesso em: 7 ago. 2012.

SEDORKO, C. M.; SILVA, A. I. da. Atletismo como conteúdo das aulas de Educação Física em escolas estaduais do município de Ponta Grossa. In: CONGRESSO INTERNACIONAL DE EDUCAÇÃO, 3., Ponta Grossa, 2011. **Anais...** Ponta Grossa: Ciepg, 2011. Disponível em: <http://www.isapg.com.br/2011/ciepg/download.php?id=19>. Acesso em: 18 dez. 2011.

SERON, T. D. et al. A ginástica na Educação Física escolar e o ensino aberto. **Revista da Educação Física/UEM**, Maringá, v. 18, n. 2, p. 115-125, 2. sem. 2007. Disponível em: <http://periodicos.uem.br/ojs/index.php/RevEducFis/article/view/3268/2334>. Acesso em: 20 ago. 2011.

SOUZA, E. P. M. **Ginástica geral**: uma área do conhecimento da Educação Física. Tese (Doutorado em Educação Física) – Universidade Estadual de Campinas, Campinas, 1997.

VALENTE, W. R. Positivismo e matemática escolar dos livros didáticos no advento da República. **Cadernos de Pesquisa**, São Paulo, n. 109, p. 201-212, mar. 2000.

O esporte na escola: reflexões necessárias e possibilidades para a mediação do seu ensino

Silvia Christina Madrid Finck
Marcelo José Taques
Lisiane de Paula Ripka

Diante das diversas manifestações do esporte como fenômeno polissêmico, nosso intuito neste texto é identificá-lo como elemento multicultural na qualidade de conteúdo a ser desenvolvido nas aulas de Educação Física (EF), elemento esse que, de acordo com Stigger (2001, p. 69), "expressaria uma diversidade de manifestações, além daquela que tem maior visibilidade social, o esporte de rendimento". Essas manifestações ocorrem de forma vinculada ao contexto cultural em que o esporte é praticado, assim como às características de seus praticantes.

Nesse sentido, é possível que o esporte possa ser identificado como um conteúdo heterogêneo, pois tem suas especificidades de acordo com o meio cultural em que é desenvolvido e vivenciado. Dessa forma, sem o objetivo de esgotar a temática, fazemos um recorte limitado ao ensino do esporte no âmbito escolar, buscando desvelar elementos que possam subsidiar as possibilidades de caracterização e intervenção desse saber no contexto educacional.

Parte dos professores de EF busca por estratégias teórico-metodológicas que possam auxiliar na práxis pedagógica efetivada na escola. Assim, temos aqui o propósito de possibilitar algumas análises sobre a atual discussão relacionada ao esporte na escola* e suas possibilidades de intervenção nas aulas de EF, buscando contextualizar o referencial sobre o tema com as formas metodológicas de ensino que os professores podem estar desenvolvendo nas aulas. Nesse sentido, buscamos fornecer subsídios para a ação docente que contribuam para atender às necessidades educacionais dos alunos.

"O esporte é um dos principais fenômenos sociais, culturais, econômicos e políticos [na atualidade], causador de instigantes debates principalmente no [campo acadêmico], [...] sendo [...] um dos temas mais abordados por pesquisadores" (Taques, 2011b, p. 63). Nessa linha de raciocínio sobre o esporte na escola, é necessário compreendermos os aspectos metodológicos que têm sido desenvolvidos tanto na área de EF como em diversas outras áreas do conhecimento, buscando fornecer propostas que possam atender às exigências do quadro atual de ensino (Oliveira, 1997).

Com base no exposto, como pressuposto básico deste estudo, questionamos: As diversas propostas metodológicas historicamente desenvolvidas auxiliam o trabalho docente em relação ao ensino do esporte na escola? Essas propostas possibilitam ao professor criar novas formas para o desenvolvimento dos saberes sobre o esporte no contexto escolar?

Acreditamos que, para uma intervenção mais efetiva, são necessárias mudanças nas estratégias de ação, alterações que possibilitem pensar em uma escola que contribua para a educação

* Neste texto, a intenção é enfatizar o esporte na escola, ou seja, que seu desenvolvimento ocorra de acordo com as necessidades e a realidade escolar.

de sujeitos críticos e autônomos e, ainda, que lhes proporcione acesso ao conhecimento de forma reflexiva e criativa.

Nessa perspectiva de análise, evidenciamos algumas interrogações a respeito dos pressupostos metodológicos para o ensino. Logo, podemos corroborar o pensamento de Oliveira (1997, citado por Taques; Honorato, 2009, p. 2), que destaca:

> a falta de preparo [...] [dos] professores para o enfrentamento de novas estratégias metodológicas; a falta de interesse [dos professores] em estimular novas abordagens metodológicas; a condição de refratário diante do conhecimento que os docentes assumem no ensino; entre outros, são fatores que podem estar impedindo [grande parte dos] professores de colocar em prática novas abordagens [para o desenvolvimento] de conteúdos [...] [no] âmbito escolar.

Diante dessas questões, é fundamental pensarmos sobre novas possibilidades para o ensino, em específico, nesse recorte sobre o ensino do esporte na escola. A EF é uma área de conhecimento e, como disciplina, compõe o currículo escolar. Dessa forma, deve contribuir para que os alunos possam refletir e ampliar suas ações, pois a falta de um trabalho pedagógico ampliado compromete a visão deles sobre a leitura do contexto e da realidade. Trata-se de uma interdisciplinaridade, que leva o aluno a constatar, a interpretar, a compreender e a explicar a realidade social complexa (Coletivo de Autores, 1992).

Nossa intenção é desencadear algumas reflexões acerca do referencial teórico sobre o tema e sobre as possibilidades de caracterização do esporte na escola, no sentido de que sejam pensados elementos diferenciados para a abordagem metodológica desse fenômeno, a fim de que tal diferenciação componha os conteúdos da EF, contribuindo, assim, tanto para a formação quanto para a intervenção do professor de EF na escola.

Na sequência, apresentaremos uma análise sobre o ensino do esporte voltado para um conhecimento de valor educativo, que contribua para o desenvolvimento criativo e reflexivo dos alunos no processo de ensino-aprendizagem. Assim, evidenciamos que o professor deve considerar, no fazer pedagógico, a cultura e a história de vida dos alunos, com a finalidade de levá-los a refletir sobre suas ações. O grande desafio da EF na escola é o de promover ações e mudanças que possibilitem aos jovens uma reflexão crítica sobre o quadro social contemporâneo, principalmente sobre os modelos transmitidos pelos meios de comunicação de massa. Desse modo, "busca-se [...], como princípio básico, o predomínio dos significados e dos valores de nossas práticas corporais historicamente construídas tendo por finalidade a reflexão crítica dos alunos e a transformação social." (Taques, 2011a, p. 6)

5.1 A (des)caracterização do esporte na escola: elementos conservadores para o ensino

O esporte apresenta várias possibilidades de manifestação, as quais estão relacionadas, principalmente, como lazer, rendimento e educação, mas seu caráter hegemônico, relacionado a padrões de desempenho, gera conflitos e polêmicas na comunidade acadêmica da área de EF. No entanto, nossa intenção é "buscar responder algumas interrogações a respeito da (des)caracterização do esporte enquanto conteúdo da EF" (Taques, 2011b, p. 63).

Ao tratarmos de questões polêmicas que envolvem o esporte, especificamente no contexto escolar, é importante fazermos algumas considerações pertinentes sobre o conteúdo da EFE veiculado a uma perspectiva crítica do fenômeno esportivo.

Percebemos que há uma busca por estratégias de ação que podem auxiliar no processo de intervenção na escola. Assim, procuramos instigar reflexões sobre alguns elementos que (des) caracterizam o esporte como conteúdo curricular, no intuito de possibilitar que o aluno amplie sua visão sobre o sistema esportivo, pois, conforme Bracht (1997, p. 81), "o sistema esportivo é um parceiro dos governos federais, que oferece como retorno, basicamente, um produto simbólico que é o prestígio/reconhecimento internacional com repercussões internas de caráter legitimador e, secundariamente, um retorno econômico" Assim,

> Diante desse quadro apresentado por Bracht (1997), percebemos que, em muitos contextos, a Educação Física na escola vem desempenhando bem a parceria com o modelo de esporte predominante em nossa sociedade por meio do sistema esportivo, uma vez que seu desenvolvimento na escola estabelece parâmetros relacionados à aptidão e capacitação física, viabilizando o alto rendimento ou ensinando como conteúdos exclusivos os esportes considerados de maior impacto na sociedade. Portanto, devemos (re) inventar o esporte na escola, pois de acordo com Bracht e Almeida (2003, p. 98), "[...] o esporte escolar só faz sentido se for pedagogizado, ou seja, submetido aos códigos da escola. Em termos mais concretos, isso significa que não basta, para a realização da função da escola, que o esporte seja aprendido e praticado nos seus espaços, é preciso também que o esporte escolar instrumentalize o indivíduo a compreender o fenômeno esportivo". (Finck; Taques, 2011, p. 3911-3912)

Podemos observar que, em muitas ações, a metodologia apresentada para o ensino do esporte na escola segue certo ranço da pedagogia tecnicista, na qual o objetivo seria o aprimoramento da técnica e do gesto esportivo de acordo com um padrão de movimento, havendo, ainda, a busca por uma melhoria do condicionamento físico do indivíduo na perspectiva do rendimento. Por outro lado, muitas vezes o professor deixa a critério dos alunos a decisão sobre o que, quando e como fazer na aula, limitando, assim, o desenvolvimento e o aprendizado sobre o esporte (Finck, 1995, 2010).

Tal encaminhamento metodológico revela que, muitas vezes, na formação inicial, os professores não adquirem os conhecimentos necessários para desenvolver o esporte numa perspectiva pedagógica, o que limita, portanto, a abordagem desse conteúdo em uma dimensão apenas orientada pelas técnicas (Finck, 2010). Esses resquícios paradigmáticos da aptidão/capacitação física, além de estarem presentes nas ações dos professores, constam na legislação, como podemos observar a seguir, no trecho da Lei nº 10.793, de 1º de dezembro de 2003, que altera a redação do art. 26, parágrafo 3º, da Lei de Diretrizes e Bases da Educação Nacional – LDBEN – Lei nº 9.394/1996 (Brasil, 1996):

> A Educação Física, integrada à proposta pedagógica da escola, é componente curricular obrigatório da educação básica, sendo sua prática facultativa ao aluno:
>
> I – que cumpra jornada de trabalho igual ou superior a seis horas;
>
> II – maior de trinta anos de idade;
>
> III – que estiver prestando serviço militar inicial ou que, em situação similar, estiver obrigado à prática da Educação Física;
>
> IV – amparado pelo Decreto-Lei nº 1.044, de 21 de outubro de 1969;
>
> V – (vetado);
>
> VI – que tenha prole.

A LDBEN de 1996 (Brasil, 1996) coloca a EF como componente curricular, entendido neste estudo como "a forma de organização do conteúdo de ensino em cada fase, nível ou série [hoje chamado ano], compreendendo aquilo sobre o qual versa o ensino, ou em torno do que se organiza o processo de ensino-aprendizagem" (Saviani, 1994, p. 116). Esse fato "exigiu um novo pensar dos professores, pesquisadores e estudantes, pois se a EF é componente do currículo, porque ser facultativa* para alguns alunos?" (Taques; Honorato, 2009, p. 6). Podemos perceber que na lei há resquícios

* Vale ressaltar que é facultativa ao aluno apenas a prática de atividade física, e não a participação na disciplina em si.

de "uma visão ultrapassada da Educação Física, ela é caracterizada pela ideia de capacitação física, a qual visa diferenciar o indivíduo apto do não apto para a realização das práticas corporais." (Taques; Honorato, 2009, p. 6)

Nesse sentido, Finck (2010, p. 21) assim se manifesta:

> Percebemos que, de certa forma, retrocedemos, pois o texto da "nova lei" é muito semelhante àquele da antiga Lei n° 5.692/1971, na qual os alunos eram dispensados da prática da Educação Física em situações quase que idênticas a estas já mencionadas. Ao possibilitar que a prática da Educação Física seja facultativa para uma parcela significativa dos alunos, a lei preconiza justamente o contrário do que é veiculado pelos meios de comunicação e validado pela classe médica e científica, que vem a ser a necessidade de toda pessoa, independentemente de idade, realizar atividade física e/ou esportiva de forma regular em benefício de sua saúde e em busca de uma melhor qualidade de vida. Portanto, aos alunos é dado "suporte legal" para que iniciem uma vida sedentária ainda na escola.

Justificamos também a necessidade de se construírem parâmetros significativos que incluam debates sobre o esporte como saber escolarizado, tema que vem mobilizando vários profissionais no intuito de compreender os equívocos que esse conhecimento gera na escola.

> A princípio parece haver um paradoxo, pois ao mesmo tempo em que o conteúdo esporte é aquele que os alunos mais incorporam no cotidiano escolar, é também, muitas vezes, o que mais os exclui nas aulas. Isso ocorre devido a alguns mal entendidos [...] que se cristalizam na escola, os quais advogam a ideia de que: quem critica o esporte é contra o esporte; tratar criticamente o esporte nas aulas de EF é ser contra a técnica esportiva; a crítica da pedagogia crítica da EF era destinada ao rendimento enquanto tal, e que a este contrapunha, em posição diametralmente oposta, o lúdico;

> tratar criticamente do esporte na escola é abandonar o movimento em favor da reflexão. (Bracht, 2000, citado por Taques, 2011b, p. 65)

Esses elementos são causadores de polêmicas e estão presentes na escola em muitos contextos, descaracterizando o esporte como conteúdo que tem vários significados e valores educativos. Contudo, vale ressaltarmos que a crítica é contra a forma como o esporte muitas vezes é desenvolvido na escola, pois, por um lado, são priorizados aspectos como a competição exacerbada, a supervalorização da vitória, da técnica e do rendimento e, por outro, o professor praticamente se isenta do processo de ensino e aprendizagem, deixando sob a responsabilidade dos alunos o desenvolvimento das aulas (Finck, 1995, 2010).

Assim, torna-se necessária uma nova postura diante do ensino do esporte, para que possíveis transformações e mudanças possam surgir à luz desse conhecimento na escola. Tratar criticamente do esporte na escola não implica a questão da contradição de sua existência ou permanência na escola, pois ele é essencial para a disciplina de EF e "nossa defesa não é por sua abolição das aulas, mas sim por um trato pedagógico do esporte – analisando o tipo de educação veiculado por uma ou outra forma de manifestação esportiva – para que se torne educativo numa determinada perspectiva (crítica) de educação." (Bracht; Almeida, 2003, p. 97)

Evidenciamos um segundo equívoco que também pode estar interferindo no processo de ensino-aprendizagem do esporte: a técnica esportiva. Como já citamos, o esporte pode ser compreendido como um fenômeno polissêmico, pois apresenta várias formas de manifestação e tem características específicas de acordo com o contexto em que se faz presente.

Dessa forma, consideramos a escola uma instituição com caráter democrático de ensino, que tem uma população com diferentes características e habilidades; a intervenção pedagógica não pode se restringir exclusivamente ao ensino das técnicas do esporte, as quais, sem dúvida, são importantes, porém esse não deve ser o único conhecimento a ser desenvolvido pelo professor. Antes de qualquer intervenção pedagógica, é necessário elaborar um planejamento, organizar o trabalho pedagógico. Logo, é fundamental que as características dos alunos sejam identificadas, bem como suas capacidades e necessidades, criando-se, assim, meios para um ensino de qualidade. O processo de ensino exige reflexão, conhecimento e criatividade, no sentido de buscarmos uma transformação didático-pedagógica do ensino do esporte (Kunz, 2003), para que a proposta de intervenção não se caracterize como uma aprendizagem parcial, mecânica e conservadora.

Considerando-se o esporte como patrimônio cultural, de acordo com Bracht (2000), o trabalho em relação às técnicas esportivas deve ser repensado. Nossa intenção não é a defesa da não aprendizagem dessas destrezas nas aulas, e sim a busca do desenvolvimento de ações que possam refletir em novas propostas de ensino, subordinadas a novos objetivos, construídos coletivamente no âmbito da escola, para um novo esporte/jogo* que terá características próprias desta.

O próximo elemento de nossa discussão diz respeito ao debate sobre o esporte de rendimento/alto nível e o esporte educacional/lúdico. Vale ressaltarmos que a ideia não é contrapor um saber ao outro, e sim desvelar elementos que possam contribuir para as duas formas culturais de expressão corporal por meio do esporte. Pensando no esporte como um conteúdo heterogêneo, devemos refletir sobre as diversas possibilidades de atuação, considerando que em cada contexto e cultura ele tem suas objetividades e legitimações. Assim, torna-se necessário olharmos além da

* Diante desse contexto, fazemos um breve recorte do conteúdo **jogo** relacionado ao esporte da escola, pois, nessa perspectiva, buscam-se o caráter lúdico e algumas estratégias de ação que podem contribuir para a transformação de regras, do espaço e do número de participantes, pensando-se no ensino da técnica com outra postura e nos sentidos.

perspectiva de monocultura* e usufruirmos do movimento no esporte com as mais variadas possibilidades de transformação no contexto escolar.

Diante desse processo didático-pedagógico, há outro questionamento a respeito da sobrepujança da reflexão contra o movimento humano no esporte. Analisando essa circunstância, buscamos refletir sobre uma possibilidade de aproximação dos elementos do esporte** para uma caracterização desse conteúdo no cotidiano escolar. É preciso organizar o trabalho pedagógico com o intuito de que, por meio do movimento, possa existir a reflexão, pois, de certa forma, a expressão do corpo é uma linguagem que traz consigo vários significados, comportamentos e valores indispensáveis para o processo de ensino e aprendizagem na escola. O que não pode existir nesse contexto é uma compreensão equivocada de prevalência de questões sociológicas e filosóficas sobre as expressões e linguagens da cultura corporal do esporte. Buscamos, então, uma complementação/articulação desses dois elementos para uma objetivação e uma compreensão mais amplas dos alunos sobre esse fenômeno presente na escola.

* Segundo Stigger (2001, p. 69), o termo *monocultura* expressaria uma única maneira de esporte, independentemente dos locais em que fosse praticado, assim como as características, os interesses e as motivações únicas de seus praticantes.

** De acordo com o Coletivo de Autores (1992, p. 41), os elementos do esporte seriam os elementos técnicos e táticos que se relacionam com outras determinações, como espaços físicos, materiais, processos pedagógicos, relações sociais (posição que cada qual ocupa no esporte e como cada jogador se relaciona com o outro – cooperando ou explorando) com as instituições sociais (normas, campeonatos).

5.2 (Re)pensando o esporte na escola: em busca da caracterização desse fenômeno com base em uma intervenção polissêmica*

Manifestamos, neste momento do estudo, certa preocupação com a necessidade de mudança e transformação do esporte como conteúdo escolar, no intuito de evidenciar, com base nas discussões anteriores, uma nova configuração metodológica para o processo de ensino e aprendizagem.

Nessa perspectiva de (re)pensarmos o ensino do esporte, vale destacar que a nossa intenção é apresentar uma discussão que transmita o caráter de valor educativo desse conteúdo, sem refutar, porém, o conhecimento dos alunos sobre outras formas de manifestações esportivas. Desse modo, buscamos uma possível aproximação entre as diferentes manifestações desse fenômeno no processo de ensino e aprendizagem, tendo por base uma proposta progressista de intervenção. Nessa linha de análise, de acordo com Bracht e Almeida (2003, p. 98),

> o esporte escolar só faz sentido se for pedagogizado, ou seja, submetido aos códigos da escola. Em termos mais concretos, isso significa que não basta, para a realização da função da escola, que o esporte seja aprendido e praticado nos seus espaços, é preciso também que o esporte escolar instrumentalize o indivíduo a compreender o fenômeno esportivo.

Considerando o teor dessa reflexão, pretendemos apontar subsídios para a ação docente que possam contribuir para suprir as novas necessidades educacionais geradas por essas posições distintas de como ensinar o esporte, justificando, assim, a prática deste no contexto escolar por meio de uma análise teórico-prática. Segundo Tojal (1995, p. 18), tal análise pode ser

* Alguns trechos desta seção foram extraídos e adaptados de Taques (2011b).

definida, em relação à teoria, como um "conjunto de conhecimentos sistematizados que se propõe explicar a ocorrência de determinados fenômenos de acontecimentos"; já em relação à prática, seria um "conhecimento aplicado resultante de um saber advindo de um conjunto de conhecimentos sistematizados sobre determinados fenômenos".

Aparentemente, a teoria se caracteriza pela ciência, ou seja, pelo conhecimento científico, e a prática pela aplicação desse conhecimento, mas é importante evidenciarmos que essas diferenças existem somente em conceitos, pois ambas se referem ao conhecimento, seja ele experimentado ou não.

Por meio dessa relação teórico-prática, é possível uma compreensão sobre as manifestações do esporte em seus diversos contextos, com objetivos e prerrogativas. No entanto, para esse entendimento, é necessária a mediação do professor, pois, apesar de o esporte ter propósitos distintos em seus diversos contextos, tais propósitos têm uma relação recíproca com o análogo sentido e valor em se tratando de conhecimento histórico. Diante dessa mediação docente, de acordo com Finck (2010, p. 91),

> O professor deve ter clara a diferença e não confundir esporte na escola (aula de Educação Física) e equipe escolar (treinamento esportivo); ambos podem e devem ser incentivados, mas são momentos diferenciados. Entende-se que no primeiro momento o esporte é conteúdo curricular da Educação Física, e no segundo passa a ser instrumento alternativo educacional e de *marketing*.

Podemos perceber que, nesse processo de intervenção, a intenção é diferenciar esses dois contextos durante as vivências e experiências desenvolvidas, porém, quando se trata de conhecimento ou saber científico, torna-se necessário proporcionar aos alunos essa aprendizagem, no sentido de ampliar-lhes a visão em relação ao esporte como um fenômeno social polissêmico.

Nesse sentido, buscando uma compreensão mais ampla das manifestações do esporte, além do caráter prático, corroborando o entendimento de Soares, Taffarel e Escobar (citados por Finck, 2010, p. 96), acreditamos que

> ensinar um esporte, enquanto conteúdo escolar, implica considerar desde os seus fundamentos básicos, os seus métodos de treinamento, o seu "jogar" propriamente dito, até o seu enraizamento social e histórico, passando é claro pela sua significação cultural enquanto fenômeno de massas em nossos dias. Desse modo, o futebol, o voleibol, o basquetebol ou outra modalidade esportiva, deixam de ter um caráter apenas prático e passam a ter um caráter histórico e social. O aluno nas aulas de Educação Física saberá não apenas praticar uma determinada modalidade esportiva, mas, também, o que é praticar uma modalidade esportiva num mundo que transformou isso em profissão.

Portanto, buscamos elementos diferenciados para o ensino do esporte, pois se entende que esse conteúdo, "nas aulas de Educação Física, deve ser tematizado de forma ampla e lúdica, sendo contextualizado numa perspectiva crítica e participativa" (Finck, 2010, p. 96), assumindo, assim, características próprias do conteúdo da EFE. Freire (2000, p. 94) contribui apontando alguns princípios que, segundo ele, são fundamentais e deveriam ser seguidos pelo professor para o desenvolvimento de uma pedagogia do esporte:

> Ensinar esporte a todos – desenvolver competências para ensinar todas as pessoas, não apenas aquelas que julgamos ser mais talentosas [...].
>
> Ensinar esporte bem a todos – não basta ensinar de qualquer jeito, mas sim com a preocupação de que o praticante aprenda bem o esporte a que se dedica;
>
> Ensinar mais que esporte a todos – [...] O aluno que aprende esporte tem o direito de ser informado, de teorizar sobre o esporte e viver um processo metodológico que lhe permita levar ao plano da reflexão suas práticas;
>
> E ensinar a gostar do esporte – As práticas devem ser dinâmicas, alegres, livres, de acordo com as características típicas de uma

> criança ou de um adolescente. As práticas mecânicas, rotineiras e monótonas acabam por ensinar a não gostar do esporte.

Ainda segundo Freire (2000), o professor deveria dispor do patrimônio lúdico das crianças, das brincadeiras, adaptando-as para a aprendizagem dos esportes. Nessa direção, Finck (2010, p. 95) afirma que:

> Alguns elementos e características do jogo podem ser utilizados na tematização do esporte na escola, entre eles a ludicidade (esporte escolar lúdico), a alegria (esporte escolar alegre), o prazer (esporte escolar prazeroso), a competição (competir com o adversário/companheiro), a tensão (resultado incerto e de solução difícil, mas competitivo e apaixonante).

Em virtude da reflexão de Finck (2010), acreditamos que todo cuidado é necessário para que o esporte não seja excludente e para que as aulas de EF não se configurem numa "esportivização". É preciso haver embasamento teórico na aplicação de qualquer prática esportiva, sendo que o professor não deve dar ênfase somente aos gestos técnicos – que, sem dúvida, são fundamentais como elementos dos esportes, mas não podem ser a única preocupação do docente. Isso porque, de acordo com Bracht e Almeida (2003, p. 97-98),

> promover a alfabetização esportiva vai muito além da aprendizagem de destrezas; o exercício da plena cidadania no plano da cultura corporal de movimentos e, especificamente, no plano do esporte, exige o desenvolvimento de competências que vão além dessas habilidades e que abranjam também a capacidade de situar histórica e socialmente essa prática humana, de perceber e analisar os valores que a orientam, os benefícios e os prejuízos de uma ou outra forma da prática esportiva.

Acreditamos que essas são algumas considerações relevantes e consistentes para o processo ensino-aprendizagem do esporte, as quais podem e devem ser balizadas de acordo com a realidade de cada escola.

Esses são alguns dos motivos que levam à busca de um aprofundamento nas investigações, indo além das críticas, pois a EF, como área de conhecimento, carece de uma identidade acadêmica e profissional justificável socialmente, com o propósito de valorizar o esporte na qualidade de conteúdo curricular, capaz de auxiliar em uma possível mudança de comportamento dos alunos, visando à transformação da realidade na qual estão inseridos.

Para esse enfrentamento, o esporte deve ser pensado sociologicamente, de forma crítica e criativa, porém sem a desvalorização do movimento. "Crítico porque, afastada a crítica, só resta inércia e submissão. Criativo porque, sem a criatividade, tornamo-nos apenas reprodutores de ideias e problemáticas que não são as nossas, mas de outros tempos e lugares, ou de outras competências" (Betti, 2001, p. 168).

Nesse contexto, cabe, por meio de um estudo crítico, contribuirmos para que novas discussões possam ser desenvolvidas à luz do conhecimento do esporte, no intuito de atender às necessidades dos alunos e, ainda, subsidiar e trazer propostas para a intervenção e formação de professores nos âmbitos escolar e acadêmico.

Desse modo, na sequência apresentaremos um projeto desenvolvido em uma escola do município de Palmeira (PR) para alunos do ensino médio e que teve como foco a abordagem do esporte em uma perspectiva crítico-emancipatória (Kunz, 2004).

5.3 A abordagem crítico-emancipatória como possibilidade metodológica para o ensino do esporte nas aulas de Educação Física

No exercício da docência, percebemos que ocorre o afastamento de um número significativo de alunos do ensino médio das aulas de EF, principalmente quando o conteúdo desenvolvido é o esporte.

Muitas vezes, só os alunos "atletas" querem protagonizar o momento da aula, que, na verdade, é, ou deveria ser, para todos. Esse fato acaba afastando e prejudicando um número considerável de alunos, principalmente aqueles que mais necessitam de atividades físicas e que têm apenas os momentos das aulas de EF para praticá-las.

O acesso ao conhecimento é um direito de todos os alunos; dessa forma, a aula é o momento pedagógico principal na escola, no qual ocorre o processo de ensino-aprendizagem. Portanto, todos devem participar efetivamente desse processo, e não apenas um grupo elitizado de alunos, que, muitas vezes, além das aulas, participam também de equipes esportivas representativas da escola em competições.

Cabe ao professor organizar as aulas em um contexto que viabilize as descobertas de seus alunos por meio de suas próprias experiências, permitindo, assim, a participação com sucesso em atividades que estimulem o movimento no esporte.

Nesse sentido, o desenvolvimento do esporte nas aulas de EF, numa abordagem crítico-emancipatória (Kunz, 2004), visa, principalmente, que o aluno, pela experimentação e pela vivência de diferentes movimentos, supere seus próprios limites por meio da aprendizagem que possibilita uma vivência que viabiliza o aprender a fazer; da criatividade, que proporciona alternativas que apontam para a solução de problemas. Assim, acreditamos que o esporte, ao ser discutido nas aulas de EF, de acordo com a referida abordagem, pode contribuir para a construção da autonomia dos alunos.

Partindo do princípio de que é inconcebível o desenvolvimento de aulas em que o professor se limita a deixar os alunos praticando uma atividade física ou esportiva sem orientação, destacamos que há uma série de possibilidades metodológicas que podem ser desenvolvidas para pensarmos a EF em suas dimensões esportivas, formativas e pedagógicas.

Podemos perceber que uma parcela significativa de alunos do ensino médio não participa muito das aulas quando o assunto é esporte. Geralmente, tais alunos não dominam bem os fundamentos de algumas modalidades esportivas, fato que contribui para que eles se excluam do processo de ensino-aprendizagem, uma vez que não querem correr riscos de insucesso perante situações em que se sentem inseguros em relação à realização das atividades.

Os alunos precisam ter segurança em relação ao que será realizado em aula, para não serem colocados diante de situações que, na visão deles, são, muitas vezes, constrangedoras, pois na fase de desenvolvimento em que se encontram, a adolescência, a aprovação do grupo é muito importante. O desenvolvimento de atividades e exercícios nas aulas de EF deve ter um caráter desafiador que motive os alunos à sua prática, mas essas atividades também devem ser organizadas de maneira diversificada em relação ao grau de dificuldade, para que todos tenham possibilidades de vivenciar e aprender mais sobre o esporte.

Todo esse aprendizado visa contribuir para o processo de formação dos alunos, pois, na vida, eles terão de enfrentar situações conflitantes, problemáticas e desafiadoras, tanto no âmbito profissional quanto no social e no familiar.

O aprendizado e a vivência do esporte nas aulas de EF devem apresentar situações pedagógicas nas quais o conflito, a superação, o desafio, o lúdico e o prazer estejam presentes, devendo ser evidenciados como elementos determinantes no processo de ensino e aprendizagem dos conhecimentos esportivos.

O esporte é um fenômeno social e também patrimônio cultural da humanidade e, na escola, deve ser abordado como um conhecimento da cultura corporal de movimento, tornando-se, assim, extremamente relevante nas aulas de EF.

Nessa direção, as aulas de EF devem ser planejadas e organizadas de acordo com um encaminhamento metodológico que inclua todos os alunos. Outro aspecto importante a ser considerado pelo professor, nessa abordagem, é a diversidade de conhecimentos que devem ser desenvolvidos nas aulas, pois, quanto mais o aluno puder aprender e vivenciar, maior será a possibilidade de escolha para a prática de atividades físicas e esportivas nas suas horas livres, tornando-se um sujeito social mais seguro de si. A EF deve ser pensada de uma forma democrática, que dê ênfase à participação.

Devemos divulgar e explorar a educação pelo esporte com base em uma metodologia que venha a suplantar a forma tradicional que se caracteriza pela busca por talentos e recordes. É preciso que os alunos tenham liberdade de expressar seus movimentos e sentimentos, independentemente de terem ou não habilidades específicas para a prática de determinados esportes. Dessa forma, o trabalho do professor será direcionado para o estabelecimento da autonomia e da plena utilização social do esporte com finalidades educativas.

No ambiente escolar, portanto, o esporte deve ser tratado pedagogicamente, visando ao desenvolvimento de uma postura crítica nos alunos, ampliando o conhecimento deles, favorecendo atitudes que os levem a um envolvimento real na construção de políticas culturais de esporte que beneficiem a todos.

> As manifestações da cultura e dos conhecimentos produzidos para além da escola vão depender, em termos, das decisões do coletivo da escola – do professor principalmente – no processo de seleção, organização e sistematização dos conhecimentos e dos conteúdos. Existe na sala de aula uma certa autonomia dos professores e estudantes, assim como existe uma certa autonomia do coletivo da escola. São nestes espaços do trabalho pedagógico que se configuram as possibilidades metodológicas, ou seja, as possibilidades do caminho a ser trilhado para ensinar algo e para que os estudantes aprendam algo. (Alcântara, 2007)

Segundo as Diretrizes Curriculares de Educação Física para a Educação Básica – DCE (Paraná, 2006, p. 33), "o esporte individual e coletivo é uma atividade teórico-prática e um fenômeno social. Em suas várias manifestações e abordagens, pode contribuir para aprimorar a saúde, bem como integrar os sujeitos em suas relações sociais". Desde muito novas, as pessoas entram em contato com o esporte, embora, por diversas razões, ele não seja igual para todos. Para Assis (2005, p. 6), "É sobretudo, embora não exclusivamente, na escola que se estabelece uma relação especial com o esporte, afinal, é ali que o conhecimento produzido pelo homem é pedagogizado e tratado metodologicamente para que o aluno venha a aprendê-lo ou apreendê-lo".

Assim, refletindo sobre as questões pedagógicas do esporte e considerando as situações que se apresentam no contexto das aulas de EF para o ensino médio, optamos por fazer um relato sobre o desenvolvimento de um projeto escolar de intervenção que tem como objeto de estudo o esporte numa abordagem crítico-emancipatória (Kunz, 2004).

O projeto de intervenção* foi realizado numa escola pública, em 2009, no município de Palmeira (PR), por meio do Programa de Desenvolvimento Educacional (PDE) do Estado Paraná, para todas as turmas dos primeiros anos (1ª série) do ensino médio do período noturno, nas quais a professora responsável pelo desenvolvimento do projeto atua como docente.

A opção pelo desenvolvimento do projeto de acordo com a abordagem metodológica crítico-emancipatória (Kunz, 2004) ocorreu pelo fato de percebermos que as questões relacionadas à prática pedagógica do esporte na escola precisam ser repensadas e revistas. Na abordagem em questão, encontramos suporte teórico-metodológico para o desenvolvimento do esporte nas aulas de EF sob uma concepção crítica, sendo este seu principal objetivo.

* O projeto em questão foi desenvolvido pela coautora Lisiane de Paula Ripka, sob a orientação da coautora Silvia Christina Madrid Finck. A opção dos autores foi pelo relato do projeto neste texto, visto que trata do desenvolvimento do esporte na escola numa perspectiva educacional.

Nessa perspectiva, apontamos estratégias para ampliar a participação e o envolvimento dos alunos do ensino médio nessas aulas.

No projeto, foram priorizadas situações pedagógicas desencadeadas pelo envolvimento dos alunos na busca de estratégias para solucionar a temática problematizadora apresentada pelo professor.

Em um primeiro momento, foi realizada a identificação da população e da amostra que participaria do estudo. Em seguida, foi realizada a coleta de dados propriamente dita, para a qual utilizamos um questionário com perguntas fechadas e abertas, incluindo vários aspectos, desde a identificação, como nome, idade e sexo, até as questões norteadoras que deram suporte a esse estudo.

Na abordagem crítico-emancipatória, as estratégias didáticas para o ensino principiam por uma sequência denominada *transcendência de limites*, na qual o aluno é confrontado com a realidade do ensino e seu conteúdo especial, baseado em graus de dificuldades, sendo eles:

> • a forma direta de "transcender limites", no sentido da manipulação direta da realidade pelo simples explorar e experimentar possibilidades e propriedades dos objetos, bem como as próprias possibilidades e capacidades e, ainda, vivenciar possibilidades comunicativas, descobrir e experimentar relações socioemocionais novas, entre outras;
>
> • a forma aprendida no âmbito das possibilidades de "transcender limites" pela imagem, pelo esquematismo, pela apresentação verbal de situações do movimento e do jogo e que o aluno reflexivamente deverá acompanhar, executar e propor soluções;
>
> • a forma criativa ou inventiva de uma "'transcendência de limites", em que a partir das duas formas anteriores da representação de um saber, o aluno se torna capaz de, "definida uma situação", criar/inventar movimentos e jogos com sentido para aquela situação. (Kunz, 2004, p. 123)

Assim, a forma de ensinar pela "transcendência de limites", segundo Kunz (2004, p. 123-124), deve atuar concretamente sobre o aluno, possibilitando:

- que os alunos descubram, pela própria experiência manipulativa, as formas e os meios para uma participação bem-sucedida em atividades de movimentos e jogos;
- que os alunos sejam capazes de manifestar pela linguagem ou pela representação cênica, o que experimentaram e o que aprenderam, numa forma de exposição que todos possam entender;
- por último, que os alunos aprendam a perguntar e questionar sobre suas aprendizagens e descobertas, com a finalidade de entender o significado cultural dessa aprendizagem, seu valor prático e descobrir, também, o que ainda não sabem ou aprenderam.

Desse modo, desenvolvemos o projeto em questão na escola, tendo como suporte teórico-científico esse enfoque metodológico apontado por Kunz (2004).

Iniciamos nossas atividades primeiramente expondo para a direção da escola o trabalho que seria desenvolvido, seus objetivos, a metodologia proposta e para quais turmas seria executado, ficando, assim, direção e equipe pedagógica cientes dos procedimentos adotados.

Em seguida, realizamos a explicação e a exposição do tema e dos objetivos do trabalho para os alunos, a fim de dar-lhes ciência de que participariam de um projeto de estudos no âmbito do governo estadual, cuja finalidade seria a busca de um encaminhamento metodológico diferenciado para o desenvolvimento do esporte nas aulas de EF.

O encaminhamento pedagógico do trabalho teve início por meio de uma aula teórica ministrada em cada turma, na qual foi utilizado o Monitor Educacional (TV Pendrive) para a apresentação de *slides* com sugestões para o trabalho. Optamos pelo desenvolvimento da modalidade esportiva do basquetebol em forma de cursos. Fizemos a apresentação do programa para discussão e reconhecimento da modalidade em questão. A aula despertou bastante interesse nos alunos, pois debatemos sobre algumas questões relacionadas ao esporte, a fim de possibilitar uma visão mais ampla desse fenômeno, abordando o esporte praticado pelos alunos na escola, o esporte que "entra" na escola por meio da mídia e o esporte de alto nível.

Dando sequência às estratégias de ações do projeto, aplicamos aos alunos um questionário com perguntas fechadas e abertas, com o objetivo de obter respostas para as seguintes questões: Qual a importância que os alunos atribuem às aulas de EF? Por que às vezes não participam das aulas de EF? Como gostariam que fossem essas aulas? O questionário foi respondido por 45 estudantes dos primeiros anos (1º série) noturnos do ensino médio da escola. Os resultados foram considerados para a obtenção de subsídios para a análise da problemática apontada no projeto.

Posteriormente, desenvolvemos a atividade do segundo dia da primeira semana, em que a temática foi **a prática do jogo de basquetebol da forma como os alunos o identificam no contexto escolar**. Para tanto, foi realizada a análise da relação desses jogos com as atividades do mundo vivido e, respectivamente, do mundo de movimentos e jogos de cada um dos alunos.

Na continuidade do curso, no primeiro dia da segunda semana, foi realizada uma aula teórica na qual foi feita uma **análise sobre a evolução do basquetebol** desde a sua criação, os primeiros praticantes, a inclusão dos negros no basquete profissional americano, os principais aspectos do esporte até a atualidade. Ao fim da aula, os alunos elaboraram, no quadro, um painel com uma síntese construída por eles referente a regras, elementos constitutivos e materiais e espaço físico para desenvolver essa modalidade esportiva. No segundo dia da segunda semana, trabalhamos com **o jogo**, aplicando as sugestões elencadas pelos alunos na aula anterior. Essa ação teve como objetivos ampliar o conhecimento dos alunos sobre o esporte e desenvolver uma visão crítica acerca deste.

Na etapa seguinte do trabalho, as ações se deram por meio do desenvolvimento do curso em forma de encenação do jogo. No primeiro dia da terceira semana, os alunos fizeram **a encenação dos fundamentos básicos do basquetebol**; no segundo dia, foi proposta a **encenação de uma atividade coletiva** em que os alunos deveriam resolver uma situação problema, como a recuperação de bolas no rebote.

No primeiro dia da quarta semana, foi feita a encenação em relação aos posicionamentos de ataque e defesa em jogos coletivos; também foi realizada a análise da aplicação e da necessidade de tais posicionamentos. Até esse ponto, todos os alunos presentes participaram de todas as atividades, embora apresentassem certa resistência no momento de fazer as análises. Já no segundo dia da quarta semana, ao desenvolvermos a encenação de um treinamento de basquetebol para jogos oficiais, houve mais resistência e alguns alunos se recusaram a participar. Ao fim da aula, analisamos as exigências de treinamento e o debate foi muito proveitoso, pois os alunos conseguiram fazer a relação do que foi trabalhado no início das aulas, comparando aspectos do esporte de rendimento com o esporte praticado na escola.

No primeiro dia da quinta semana, realizamos a **encenação final do basquetebol**. Os alunos foram separados em grupos e, por livre escolha, fizeram as apresentações e a análise dos jogos de que mais gostaram. As atividades propostas nessa etapa do trabalho foram direcionadas no sentido de proporcionar aos alunos a manifestação, por meio da linguagem ou pela representação cênica, daquilo que experimentaram e aprenderam. Na sequência ao enfoque metodológico, os alunos foram orientados **a resolverem situações problema** de forma inventiva, buscando soluções criativas. No segundo dia de aula da quinta semana, passamos para o encaminhamento final: **Como organizar os jogos**

de basquetebol interaula*? Definimos com cada turma a divisão das equipes, os organizadores, o sistema de jogo, a arbitragem, a duração das partidas e a premiação.

Na sexta semana de curso, o primeiro dia foi dedicado à **organização do campeonato interaula**, conforme definições acertadas na aula anterior. As aulas seguintes, a segunda da sexta semana e as duas primeiras da sétima semana, foram utilizadas para a **realização das competições**.

No desenvolvimento das aulas, procuramos estimular nos alunos uma visão crítica do esporte e sua relação com a "vida vivida". Nesse sentido, optamos pela apresentação do filme *Coach Carter: treino para a vida* (2005), com o objetivo de despertar nos estudantes a noção sobre a importância das vitórias que derivam do estudo, da realização das tarefas escolares, da presença e da participação em sala de aula e da superação dos obstáculos presentes não só no esporte, mas também na vida. Esses aspectos podem ser percebidos no enredo do filme. Para a exibição, foram utilizadas três aulas; os alunos receberam um roteiro próprio para realizarem sua análise, a qual foi precedida de discussões entre eles e finalizada com a síntese individual elaborada por escrito e entregue na aula seguinte. Esse trabalho não foi realizado pelos discentes durante o horário de aula, mas como atividade extraclasse. Na aula seguinte, após a entrega dos trabalhos escritos, realizou-se um debate, no qual foram comparadas as situações exibidas no filme com aquelas vivenciadas e percebidas em nossa realidade escolar. Além disso, foram destacadas as relações entre professores e alunos e demais segmentos da escola e da sociedade, assim como a valorização da EF no cotidiano escolar e na vida acadêmica.

* *Interaula* refere-se à realização de jogos competitivos na forma de torneio/campeonato, os quais são disputados, durante as aulas de Educação Física, entre os alunos de cada turma.

Finalizando o projeto, foi feita a **avaliação da proposta de intervenção**. Nessa ação, solicitamos aos alunos a elaboração de um texto sobre a modalidade desenvolvida, obedecendo ao seguinte roteiro: O que você aprendeu sobre o esporte? Do que você mais gostou? Do que não gostou? Como foi a participação da turma? Quais as principais dificuldades que você percebeu no desenvolvimento das aulas?

Após a leitura dos textos, concluímos que os alunos relacionaram a prática de esportes a benefícios à saúde e puderam entender melhor os fundamentos e as regras do basquetebol; além disso, o trabalho em equipe motivou a turma, principalmente para os jogos.

Os alunos demonstraram gostar mais de se organizar e jogar em forma de competição, assim como da forma como foram trabalhados os fundamentos, do esporte, além de afirmarem que preferem aulas práticas, embora tenham achado o filme muito interessante. Os estudantes informaram que não gostaram da não participação de alguns colegas em certas atividades e das aulas realizadas na sala. Quanto à participação da turma, a maioria dos alunos classificou como boa, principalmente quando organizaram as competições.

Entre as dificuldades descritas pelos alunos, a que mais chamou a atenção é o fato de considerarem a turma muito desorganizada. Segundo eles, perdia-se muito tempo até que conseguissem realizar as atividades. Considerando que as turmas nas quais desenvolvemos o projeto são as que apresentam maiores índices de indisciplina no período noturno, percebemos que, ao desenvolvermos o esporte de acordo com a abordagem crítico-emancipatória, propiciamos aos alunos uma participação mais ativa e responsável no processo ensino-aprendizagem, contribuindo, assim, para sua formação.

Considerações finais

Durante o desenvolvimento do projeto, percebemos que a maioria dos alunos ainda vê a Educação Física como uma disciplina essencialmente prática, pois apresentam relutância quando são convidados a participar de debates sobre o que está sendo desenvolvido nas aulas. No entanto, apesar dessa dificuldade, com muita cautela, procuramos incutir nos alunos o gosto por novas descobertas, fazendo-os perceber que praticar um esporte não é apenas "jogar bola", mas que, como conhecimento, deve ser entendido e vivenciado em suas múltiplas possibilidades, para que dele possam usufruir em diversas situações e momentos da vida, como praticantes e/ou expectadores.

> Diante desses pressupostos sobre o esporte [e sua (des)caracterização na escola], podemos compreender suas diversas possibilidades de ensino por meio de uma perspectiva crítica, que possa ir além do desenvolvimento de seus elementos técnicos e táticos. O processo de trabalho docente é intencional, deve ser refletido, compromissado, planejado e sistematizado, considerando também o contexto e a realidade dos alunos no intuito de desenvolver uma cultura escolar que inclua um conhecimento amplo sobre o esporte. (Finck; Taques, 2011, p. 3914)

Finalizando, as discussões sobre o esporte precisam ser realizadas de forma organizada e comprometida pela comunidade acadêmica – agentes praticantes e não praticantes –, com o intuito de que defendam a ideia de ruptura e não a de reprodução. As aulas de Educação Física necessitam ter um encaminhamento metodológico em uma perspectiva transformadora. O ensino do esporte, nessa visão, deve assumir um caráter político-pedagógico que constitui o redimensionamento de uma abordagem crítica e politizada durante seu processo.

Referências

ALCÂNTARA, J. E. D. Educação Física e o esporte: transformações pedagógicas e metodológicas de ensino no âmbito escolar. **Webartigos**, 26 set. 2007. Disponível em: <http://www.webartigos.com/articles/2292/1/educaccedilatildeo-fiacutesica-e-o-esporte-transformaccedilotildees-pedagoacutegicas-e-metodoloacutegicas-de-ensino-no-acircmbito-escolar/pagina1.html>. Acesso em: 18 dez. 2012.

ASSIS, S. O. **Reinventando o esporte**: possibilidades da prática pedagógica. 2. ed. Campinas: Autores Associados, 2005.

BETTI, M. **A janela de vidro**: esporte, televisão e Educação Física. Campinas: Papirus, 1998.

____. Educação Física e Sociologia: novas e velhas questões no contexto brasileiro. In: CARVALHO, Y. M. de; RUBIO, K. (Org.). **Educação Física e ciências humanas**. São Paulo: Hucitec, 2001, p. 155-169.

____. **Educação Física e sociedade**. São Paulo: Movimento, 1991.

BRACHT, V. **Educação Física e aprendizagem social**. Porto Alegre: Magister, 1992.

____. Esporte na escola e esporte de rendimento. **Movimento**, Porto Alegre, v. 6, n. 12, p. 14-24, jan./jun. 2000.

____. **Sociologia crítica do esporte**: uma introdução. Vitória: Ed. da Ufes, Centro de Educação Física e Desportos, 1997.

BRACHT, V. et al. **Pesquisa em ação**: Educação Física na escola. 2. ed. Ijuí: Ed. da Unijuí, 2005.

BRACHT, V.; ALMEIDA, F. Q. A política de esporte escolar no Brasil: a pseudovalorização da Educação Física. **Revista Brasileira de Ciências do Esporte**, Campinas, v. 24, n. 3, p. 87-101, 2003.

BRASIL. Lei n. 9.394, de 20 de dezembro de 1996. **Diário Oficial da União**, Poder Legislativo, Brasília, 23 dez. 1996. Disponível em: <http://www.planalto.gov.br/ccivil_03/leis/L9394.htm>. Acesso em: 18 dez. 2012.

_____. Lei n. 10.793, de 1° de dezembro de 2003. **Diário Oficial da União**, Poder Legislativo, Brasília, 2 dez. 2003. Disponível em: <http://http://www81.dataprev.gov.br/sislex/paginas/42/2003/10793.htm>. Acesso em: 18 jan. 2012.

CASPERSEN, C. J.; POWELL, K. E.; CHRISTENSON, G. M. Physical Activity, Exercise, and Physical Fitness: Definitions and Distinctions for Health-Relates Research. **Public Health Reports**, Rockville, v. 100, n. 2, p. 172-179, 1985.

COACH Carter: treino para a vida. Direção: Thomas Carter. EUA: Paramount Pictures, 2005. 136 min.

COLETIVO DE AUTORES. **Metodologia do ensino de Educação Física**. São Paulo: Cortez, 1992.

DARIDO, S. C.; RANGEL, I. C. A. (Coord.). **Educação Física na escola**: implicações para a prática pedagógica. Rio de Janeiro: Guanabara Koogan, 2005.

FINCK, S. C. M. **A Educação Física e o esporte na escola**: cotidiano, saberes e formação. Curitiba: Ibpex, 2010.

_____. **A Educação Física e o esporte na escola pública em Ponta Grossa PR (Brasil) no ensino fundamental no terceiro e quarto ciclos**: análise do cotidiano do professor e perspectivas de mudanças no ensino. Tese (Doutorado em Educação) – Universidade de Leon, Leon, 2006.

_____. **Educação Física e esporte**: uma visão na escola pública. 135 f. Dissertação (Mestrado em Educação) – Universidade Metodista de Piracicaba, Piracicaba, 1995.

FINCK, S. C. M.; TAQUES, M. J. O esporte na perspectiva da cultura corporal: aproximações para a sua (re)invenção no contexto escolar. In: CONGRESSO NACIONAL DE EDUCAÇÃO, 10., 2011, Curitiba. **Anais...** Curitiba: Educere/ PUCPR, 2011. Disponível em: <http://educere.bruc.com.br/CD2011/pdf/5486_2858.pdf>. Acesso em: 8 ago. 2012.

FREIRE, J. B. Pedagogia do esporte. In: MOREIRA, W. W.; SIMÕES, R. (Org.). **Fenômeno esportivo no início de um novo milênio**. Piracicaba: Ed. da Unimep, 2000. p. 91-95.

KUNZ, E. **Transformação didático-pedagógica do esporte**. 5. ed. Ijuí: Ed. da Unijuí, 2003.

_____. **Transformação didático-pedagógica do esporte**. 6. ed. Ijuí: Ed. da Unijuí, 2004.

OLIVEIRA, A. A. B. Metodologias emergentes no ensino da Educação Física. **Revista da Educação Física/UEM**, Maringá, v. 1, n. 8, p. 21-27, 1997.

PARANÁ. Secretaria de Estado da Educação. Superintendência da Educação. **Diretrizes Curriculares de Educação Física para a Educação Básica**. Curitiba: Seed/PR, 2006.

_____. Secretaria de Estado da Educação. Departamento de Educação Básica. **Diretrizes Curriculares da Educação Básica**: Educação Física. Curitiba: Seed/PR, 2008.

SAVIANI, N. **Saber escolar, currículo e didática**: problemas da unidade conteúdo/método no processo pedagógico. Campinas: Autores Associados, 1994.

STIGGER, M. P. Relações entre o esporte de rendimento e o esporte na escola. **Movimento**, v. 7, n. 14, p. 67-86, 2001.

TAQUES, M. J. Educação Física: representações dos professores aplicados aos saberes no cotidiano escolar para o ensino médio. **VOOS Revista Polidisciplinar Eletrônica da Faculdade Guairacá**, v. 3, p. 4-20, jul. 2011a. Disponível em: <http://www.revistavoos.com.br/seer/index.php/voos/article/download/69/139>. Acesso em: 8 ago. 2012.

TAQUES, M. J. O esporte enquanto conteúdo escolar: saberes e intervenção. **Trivium: Revista Eletrônica Multidisciplinar**, Pitanga, v. 2, n. 1, p. 62-76, jan./jun. 2011b. Disponível em: <http://www.ucpparana.edu.br/trivium/edicoes/n1v2/esporte_enquanto_conteudo_taques.pdf>. Acesso em: 8 ago. 2012.

TAQUES, M. J.; HONORATO, I. C. R. Educação Física: representações dos professores aplicados aos saberes no cotidiano escolar para o ensino médio. In: CONGRESSO NORTE PARANAENSE DE EDUCAÇÃO FÍSICA ESCOLAR, 4., 2009, Londrina. **Anais...** Londrina: Conpef/UEL, 2009. Disponível em: <http://www.uel.br/eventos/conpef/conpef4/trabalhos/comunicacaooralartigo/artigocomoral19.pdf>. Acesso em: 8 ago. 2012.

TOJAL, J. B. G. A dicotomia teoria/prática na Educação Física.In: SEMANA DE EDUCAÇÃO FÍSICA, 3., 1995, São Paulo. **Anais...** São Paulo: Universidade São Judas Tadeu, 1995. p.17-21.

06

As lutas: uma proposta para a sistematização pedagógica do *karatê-dô**

William Lopes da Silveira
Gonçalo Cassins Moreira do Carmo

A produção teórico-científica da área da Educação Física (EF), em grande parte, nas últimas décadas, está voltada para a organização dos conteúdos e para o modo de estruturar pedagogicamente os saberes da Educação Física escolar (EFE). Esse assunto é abordado nos Parâmetros Curriculares Nacionais – PCN (Brasil, 1998) e, especificamente no Estado do Paraná, nas Diretrizes Curriculares da Educação Básica: Educação Física – DCE (Paraná, 2008). Este texto tem o objetivo de resgatar, nesses documentos educacionais oficiais, o que é indicado para o desenvolvimento dos conhecimentos referentes às lutas e, com base nessa argumentação, sistematizar

* Este artigo resulta de reflexões que contribuíram para a elaboração do trabalho de conclusão de curso de graduação em Educação Física (Universidade Estadual de Ponta Grossa – UEPG) de William Lopes da Silveira (2009).

pedagogicamente o *karatê-dô** como uma prática pertinente ao meio escolar.

O Livro Didático Público de Educação Física – LDPEF (Paraná, 2006) apresenta as lutas como um dos conteúdos estruturantes da disciplina e evidencia que tal conhecimento não é comumente desenvolvido nas aulas de EF na escola. Entendemos que, sendo as lutas um dos conhecimentos da cultura corporal, assim como outros saberes (jogos, esporte, ginástica e dança), elas devem ser desenvolvidas no contexto escolar.

Dessa forma, buscamos justificar o tratamento científico da temática em questão seguindo as notas de relevância de Salomon (1979), que são apresentadas da seguinte forma: a operativa, quando a pesquisa produz novos conhecimentos; a contemporânea, que se refere à necessidade para o momento atual; e a humana, que representa a utilidade do conhecimento desenvolvido por meio da pesquisa para o homem. Assim, ao discorrermos sobre as lutas, especificamente sobre o *karatê-dô*, podemos propiciar novos conhecimentos tanto sobre essa modalidade quanto sobre as demais, pois elas podem ser consideradas um conteúdo específico e relevante para a EFE. Isso contribui para a perspectiva educacional do esporte, promovendo, além do desenvolvimento de habilidades no plano motor, o respeito, a disciplina e o controle de atitudes agressivas, como formas de prevenir a violência entre os estudantes.

O presente estudo refere-se a uma pesquisa bibliográfica na qual primeiramente discutimos como o tema das lutas é tratado na qualidade de conhecimento da EFE nos documentos educacionais oficiais (Brasil, 1998; Paraná, 2006; Paraná, 2008) e, na sequência, apontamos algumas possibilidades para a sistematização pedagógica do *karatê-dô*.

* Também denominado simplesmente *karatê* ou, especificamente no Brasil, *caratê*. A tradução literal da conjunção dos termos *kara* ("vazio"), *te* ("mão") e *dô* ("caminho") é "caminho das mãos vazias". Utilizaremos a denominação *karatê-dô*, por apresentar maior fidelidade às suas origens.

6.1 Os Parâmetros Curriculares Nacionais (PCN)

Como documento oficial para subsidiar a educação em âmbito nacional, temos os PCN (Brasil, 1998, p. 15), que

> trazem uma proposta que procura democratizar, humanizar e diversificar a prática pedagógica da área, buscando ampliar, de uma visão apenas biológica, para um trabalho que incorpore as dimensões afetivas, cognitivas e socioculturais dos alunos. Incorpora, de forma organizada, as principais questões que o professor deve considerar no desenvolvimento de seu trabalho, subsidiando as discussões, os planejamentos e as avaliações da prática de Educação Física.

Os PCN (Brasil, 1998, p. 15) apontam uma síntese dos princípios para o desenvolvimento da EF na escola no ensino fundamental, "localiza as principais tendências pedagógicas e desenvolve a concepção na área, situando-a como produção cultural". O referido documento trata das contribuições para a formação da cidadania, sugere possíveis interfaces com os temas transversais*, discute a natureza e a especificidade do processo de ensino e aprendizagem e indica os objetivos gerais para o ensino da EFE.

O documento apresenta os objetivos, os conteúdos e os critérios de avaliação, além de indicar as categorias de conhecimento, organizando e explicitando os possíveis enfoques da ação do professor. Contempla, também, os aspectos didáticos gerais e específicos da prática pedagógica em EF que podem auxiliar nas questões do cotidiano das salas de aula e servem como ponto de partida para as reflexões e discussões sobre tais práticas (Brasil, 1998).

* Os temas transversais devem ser abordados por todas as disciplinas na escola, a fim de que sejam considerados no contexto escolar os assuntos que envolvem problemas sociais e a maneira de tratá-los. O objetivo de tal abordagem é contribuir para a formação integral do aluno, no intuito de que este possa exercer sua cidadania de forma plena. Como temas, são sugeridos: ética, saúde, meio ambiente, pluralidade cultural, orientação sexual, trabalho e consumo.

Os PCN (Brasil, 1998) contribuem para a sistematização dos objetivos, dos conteúdos e de suas categorias, dos processos de ensino e aprendizagem e da avaliação, considerando os princípios da inclusão e da diversidade. O primeiro princípio tem por objetivo incluir o aluno na cultura corporal*, por meio da participação e da reflexão. Já o princípio da diversidade direciona para a construção de processos de ensino e aprendizagem que orientem a escolha de objetivos e conteúdos, ampliando as relações entre os conhecimentos da cultura corporal e os sujeitos da aprendizagem: o professor e o aluno.

Os conteúdos são divididos nas categorias **conceitual** (fatos, conceitos e princípios), **procedimental** (fazer) e **atitudinal** (normas, valores e atitudes). As categorias conceitual e procedimental têm como objeto o fazer, o compreender e o sentir por meio do corpo, incluem os processos de aprendizagem, organização e avaliação. Já a categoria atitudinal apresenta-se como objeto de ensinar e aprender e aponta para a necessidade da vivência no cotidiano escolar. Segundo os PCN (Brasil, 1998, p. 45), esses aspectos

> Apontam para uma valorização dos procedimentos sem restringi-los ao universo das habilidades motoras e dos fundamentos dos esportes, incluindo procedimentos de organização, sistematização de informações, aperfeiçoamento, entre outros. Aos conteúdos conceituais de regras, táticas e alguns dados históricos factuais de modalidades somam-se reflexões sobre os conceitos de ética, estética, desempenho, satisfação, eficiência, entre outros. E, finalmente, os conteúdos de natureza atitudinal são explicitados como objeto de ensino e aprendizagem e propostos como vivências concretas pelo aluno, o que viabiliza a construção de uma postura de responsabilidade perante si e o outro.

* Configurada como temas ou formas de atividades, particularmente corporais, historicamente acumulados e socialmente transmitidos. Essas produções culturais incluem o jogo, o esporte, a dança, a ginástica e a lutas.

A sistematização pedagógica dos conteúdos é elaborada com a organização destes em três "blocos" e evidencia objetos de ensino e aprendizagem, os quais devem ser trabalhados de acordo com as possibilidades de cada contexto escolar. É uma forma de dispor o conjunto de conhecimentos a serem abordados, segundo seus diferentes enfoques, sendo eles: esportes, jogos, lutas e ginásticas; atividades rítmicas e expressivas; conhecimentos sobre o corpo (Brasil, 1998, p. 68). Esses três blocos articulam-se entre si, têm conteúdos em comum, mas também apresentam especificidades.

De acordo com os PCN (1998, p. 70), as "delimitações utilizadas [...] têm o intuito de tornar viável ao professor e à escola operacionalizar e sistematizar os conteúdos da forma mais abrangente, diversificada e articulada possível", incluindo as informações históricas sobre as origens, as características, a valorização e a apreciação da prática corporal.

O bloco de conhecimentos sobre o corpo trata dos "conhecimentos e conquistas individuais que subsidiam as práticas corporais dos outros dois blocos, e [...] [proporciona] recursos para o [...] [aluno] gerenciar sua atividade corporal de forma autônoma" (Telles, 2008, p. 26).

Como explicitam os PCN (Brasil, 1998, p. 71), entendemos que

> todas as práticas corporais da cultura corporal de movimento, mais ou menos explicitamente, possuem expressividade e ritmo. Em relação à expressão, essas práticas se constituem em códigos simbólicos, por meio dos quais a vivência individual do ser humano, em interação com os valores e conceitos do ambiente sociocultural, produz a possibilidade de comunicação por gestos e posturas, [além do ritmo, que é um] ajuste com referência no espaço e no tempo. Este bloco [...] inclui as manifestações [...] que têm como característica comum a intenção explícita de expressão e comunicação por meio dos gestos na presença de ritmos, sons e da música na construção da expressão corporal. Trata-se especificamente das danças, mímicas e brincadeiras cantadas.

Com esta pesquisa, buscamos uma sistematização para o *karatê-dô*, considerado uma arte marcial, como conteúdo da EFE inserido no bloco de esportes, jogos, lutas e ginásticas, para o qual será dado nosso enfoque. Nos PCN (Brasil, 1998, p. 70), as lutas são definidas da seguinte forma:

> são disputas em que o(s) oponente(s) deve(m) ser subjugado(s), com técnicas e estratégias de desequilíbrio, contusão, imobilização ou exclusão de um determinado espaço na combinação de ações de ataque e defesa [...]. Podem ser citados como exemplos de lutas desde as brincadeiras de cabo de guerra e braço de ferro até as práticas mais complexas da capoeira, do judô e do caratê.

A organização dos conteúdos nos PCN é sugerida e vinculada a conceitos, procedimentos e atitudes, segundo os quais apresentamos as lutas.

Na categoria atitudinal são apresentadas as normas, que são as regras de comportamento do ambiente sociocultural no qual o aluno está inserido, os valores referentes às ideias sobre condutas e as atitudes, que seriam as formas de o indivíduo expressar tais ideias. Assim, a aprendizagem da prática da cultura corporal que não considerar a categoria atitudinal provavelmente se tornará uma simples apresentação e repetição de técnicas.

As categorias conceitual e procedimental estão distribuídas nas especificidades de cada bloco. Os conceitos constituem as generalizações, as deduções, as informações e as sistematizações do ambiente sociocultural, e os procedimentos expressam o saber-fazer, envolvendo decisões e ações ordenadas.

Os conceitos e procedimentos que constam para as lutas envolvem a compreensão das relações nos aspectos históricos e sociais, a participação no contexto escolar de forma recreativa e competitiva e a aquisição e o aperfeiçoamento de habilidades específicas desse conteúdo. Com o objetivo de acrescentar o que se deseja ressaltar nessa prática, soma-se ao que foi tratado anteriormente a ideia de que os aspectos histórico-sociais das lutas devem direcionar a compreensão do aluno para questões que envolvem o ato de lutar (por que, com quem, contra quem ou contra o que lutar). No aprendizado e na vivência das lutas nas aulas de EF, o professor deve considerar o contexto escolar, levar os alunos a apreciar as lutas e refletir sobre elas e a mídia, analisar suas práticas e as questões relacionadas à violência.

Em conformidade com os PCN (Brasil, 1998, p. 97), evidenciamos que a construção do gesto nas lutas deve ocorrer por meio de

- vivência de situações que envolvam perceber, relacionar e desenvolver as capacidades físicas e habilidades motoras presentes nas lutas praticadas na atualidade (capoeira, caratê, judô etc.);
- vivência de situações em que seja necessário compreender e utilizar as técnicas para resoluções de problemas em situações de luta (técnica e tática individual aplicadas aos fundamentos de ataque e defesa);
- vivência de atividades que envolvam as lutas, dentro do contexto escolar, de forma recreativa e competitiva.

Essas são as principais características evidenciadas nos PCN em relação à definição, à função, aos objetivos e à forma de tratamento das **lutas**. Desse modo, destacamos o *karatê-dô* como possibilidade pedagógica para as aulas de EFE.

6.2 As Diretrizes Curriculares da Educação Básica: Educação Física (DCE)

Para viabilizar um projeto mais amplo de educação no Estado do Paraná, foram elaboradas as DCE (Paraná, 2008, p. 49), que apresentam os fundamentos teórico-metodológicos de uma proposta de inserção da EF na escola por meio de seu objeto de estudo e de ensino, a cultura corporal, garantindo aos alunos

> acesso ao conhecimento e à reflexão crítica das inúmeras manifestações ou práticas corporais historicamente produzidas pela

> humanidade, na busca de contribuir com um ideal mais amplo de formação de um ser humano crítico e reflexivo, reconhecendo-se como sujeito, que é produto, mas também agente histórico, político, social e cultural.

As DCE (Paraná, 2008, p. 62) definem seus conteúdos estruturantes como "os conhecimentos de grande amplitude, conceitos ou práticas que identificam e organizam os campos de estudos de uma disciplina escolar, considerados fundamentais para compreender seu objeto de estudo/ensino", os quais são constituídos historicamente e legitimados nas relações sociais.

Para a EF, foram propostos como conteúdos estruturantes o esporte, os jogos e as brincadeiras, a ginástica, as lutas e a dança, que são tratados

> sob uma abordagem que contempla os fundamentos da disciplina, em articulação com aspectos políticos, históricos, sociais, econômicos, culturais, bem como elementos da subjetividade representados na valorização do trabalho coletivo, na convivência com as diferenças, na formação social crítica e autônoma. (Paraná, 2008, p. 62-63)

De acordo com as DCE (Paraná, 2008, p. 68), as lutas devem "fazer parte do contexto escolar, pois se constituem das mais variadas formas de conhecimento da cultura humana, historicamente produzidas e repletas de simbologias".

No desenvolvimento desse conteúdo, o professor deve "valorizar conhecimentos que permitam identificar valores culturais, conforme o tempo e o lugar onde as lutas foram ou são praticadas" (Paraná, 2008, p. 68), procurando, ainda, esclarecer as funções das lutas e apresentar as transformações pelas quais passaram.

Segundo as DCE (Paraná, 2008, p. 69), as lutas não podem ser resumidas apenas à execução de técnicas, as quais são importantes e devem ser transmitidas, mas como um conhecimento historicamente construído,

> pois os alunos devem ter acesso ao conhecimento que foi historicamente construído. O desenvolvimento de tal conteúdo pode propiciar além do trabalho corporal, a aquisição de valores e princípios essenciais para a formação do ser humano, como, por exemplo: cooperação, solidariedade, o autocontrole emocional, o entendimento da filosofia que geralmente acompanha sua prática e, acima de tudo, o respeito pelo outro, pois sem ele a atividade não se realizará.

As lutas devem ser vivenciadas de maneira crítica e consciente. As DCE apontam os jogos de oposição como uma das possibilidades para se trabalhar as lutas na escola. O objetivo desse tipo de jogo é vencer o companheiro de maneira lúdica, preservando, assim, a integridade física dos alunos. Os jogos de oposição podem aproximar os participantes, mantendo-os em contato direto (corpo a corpo) ou a distância, como no *karatê-dô*, ou, até mesmo, utilizando-se um instrumento mediador.

Como exemplo de trabalho fundamentado nas DCE (Paraná, 2008), temos o LDPEF (Paraná, 2006), que se refere ao material pedagógico produzido por professores de EF da rede pública de ensino na organização dos conteúdos estruturantes, de acordo com os pressupostos da cultura corporal. O LDPEF (Paraná, 2006, p. 10) "tem por objetivo principal desenvolver uma abordagem histórica de como, por que e a partir de que interesses o conhecimento que compõe o campo de estudos desta disciplina foi produzido e validado". O LDPEF também visa subsidiar a prática docente dos professores com reflexões sobre a teoria e a prática da área de Educação Física. Os conteúdos estruturantes são apresentados considerando-se os seus aspectos técnicos, táticos, históricos, sociais, políticos e culturais, possibilitando a compreensão e a crítica das propostas para a EF

Entendemos que tanto as DCE (Paraná, 2008) quanto os PCN (Brasil, 1998) têm a cultura corporal como seu objeto de estudo e de ensino, sendo este o principal ponto em comum entre os referidos documentos, além de apontarem como caminho para desenvolver as metodologias de ensino os aspectos históricos, sociais, filosóficos e técnicos, os quais devem "atender por meio das práticas corporais na escola, conceitos, categorias e explicações científicas reconhecendo a estrutura e a gênese da cultura corporal, bem como condições para construí-la a partir da escola" (Paraná, 2008, p. 70).

Assim, veremos a seguir o conceito de *cultura corporal*, antes de propormos uma abordagem pedagógica de ensino do *karatê-dô* com base nos documentos educacionais oficiais aqui apresentados.

6.3 A Educação Física escolar na perspectiva da cultura corporal

A EF como disciplina trata, pedagogicamente, de uma área de conhecimento denominada *cultura corporal*, a qual está "configurada com temas ou formas de atividades, particularmente corporais" (Coletivo de Autores, 1992, p. 62). Para os autores citados, o "homem se apropria da cultura corporal dispondo sua intencionalidade para o lúdico, o artístico, o agonístico, o estético ou outros, que são representações, ideias, conceitos produzidos pela consciência social" (Coletivo de Autores, 1992, p. 62).

Para os PCN (Brasil, 1998, p. 28), "Derivaram daí conhecimentos e representações que se transformam ao longo do tempo. Ressignificadas, suas intencionalidades, formas de expressão e sistematização constituem o que se pode chamar de cultura corporal de movimento".

Entre as produções dessa cultura corporal de movimento estão o jogo, o esporte, a dança, a ginástica e as lutas, os quais foram incorporados pela EF como objetos de ação e reflexão, que representam corporalmente diversos aspectos da cultura humana.

A proposta dos PCN (Brasil, 1998, p. 29)

> aborda os conteúdos da Educação Física como expressão de produções culturais, como conhecimentos historicamente acumulados e socialmente transmitidos.
>
> Portanto, entende-se a Educação Física como uma área de conhecimento da cultura corporal de movimento e a Educação Física escolar como uma disciplina que introduz e integra o aluno na cultura corporal de movimento, formando o cidadão que vai produzi-la, reproduzi-la e transformá-la, instrumentalizando-o para usufruir dos jogos, dos esportes, das danças, das lutas e das ginásticas em benefício do exercício crítico da cidadania e da melhoria da qualidade de vida.

As DCE (Paraná, 2008) apontam a cultura corporal como objeto de estudo e ensino da EF que deve ter sua ação pedagógica voltada para "desenvolver uma reflexão pedagógica sobre o acervo de formas de representação do mundo que o homem tem produzido no decorrer da história, exteriorizadas pela expressão corporal: jogos, danças, lutas, exercícios ginásticos, esporte" (Coletivo de Autores, 1992, p. 38). "Trata-se, portanto, de localizar em cada uma dessas modalidades (jogo, esporte, dança, ginástica e luta) seus benefícios humanos e suas possibilidades de utilização como instrumentos de comunicação, expressão de sentimentos e emoções, de lazer e de manutenção e melhoria da saúde" (Brasil, 1998, p. 29).

A EFE deve dar oportunidades a todos os alunos para que desenvolvam suas potencialidades, de forma democrática e não seletiva, visando ao seu aprimoramento como seres humanos, proporcionando o acesso às práticas da cultura corporal e oferecendo uma base motora adequada para que estas possam ser desenvolvidas de acordo com as possibilidades de cada contexto (Brasil, 1998).

6.4 Uma proposta de sistematização pedagógica para o *karatê-dô*

O conteúdo **lutas** é, sem dúvida, o que enfrenta um maior entrave para seu desenvolvimento na escola, pois, além das dificuldades aqui discutidas, a literatura sobre o tema é ainda restrita. Nesse sentido, acreditamos que trabalhar as lutas como conhecimento da cultura corporal, nas três dimensões (conceitual, atitudinal, procedimental) indicadas pelos PCN (Brasil, 1998), pode se configurar em uma oportunidade singular para pensarmos em ações pedagógicas sobre o tema.

6.4.1 Categoria conceitual

Nesta categoria serão apresentados aspectos históricos e sociais que envolvem o *karatê-dô*, tendo como objetivo proporcionar ao aluno reflexões sobre as relações dessa arte marcial com o seu ambiente sociocultural de origem, o porquê de seu surgimento, o significado de seu nome e as transformações pelas quais passou.

A arte marcial conhecida como *karatê-dô* tem a sua origem no Japão, especificamente na ilha de Okinawa, na qual foi elaborada como uma luta com as mãos livres, sem armas – e, por isso, significa "caminho das mãos vazias" (Lautert et al., 2005). Segundo Torres (2006), as técnicas de lutas já estavam presentes em Okinawa antes do século XV, e Jocélis (2004) afirma que foi a partir desse século que começaram a denominar de *Te* (mão, em japonês) os estilos de lutas que havia na ilha. Com o intercâmbio cultural entre os povos orientais, o *Te* se desenvolveu com influências vindas, principalmente, da China, originando, assim, o *karatê-dô*.

Neste ponto, é importante expormos um pouco sobre a Okinawa do século XV, para poder relacionar melhor os fatos que levaram ao surgimento do *karatê-dô*.

Segundo Torres (2006), Okinawa é a maior ilha da cadeia Ryu-Kyu, situada a leste da China e ao norte do Japão. O local foi palco de diversas guerras civis e tribais e também um centro de inúmeras rotas comerciais, o que tornou essa ilha um ponto de encontro de povos, culturas e artes marciais asiáticas.

Para Lautert et al. (2005), as ilhas Ryu-Kyu mantinham relações comerciais com a província de Funkien, na China, e provavelmente foi dessa fonte que o *kenpo* (boxe) chinês foi introduzido nas ilhas. Acredita-se, então, que o *karatê-dô* atual seja a evolução das formas de lutas que já existiam em Okinawa, como o boxe chinês. Sabe-se também que, naquela época, o Japão era constituído por feudos em guerra constante, havendo a ação de inúmeros assaltantes, o que motivava os japoneses a procurarem meios para se defenderem.

Além disso, Torres (2006) explica que, na metade do século XV, o governo de Okinawa determinou a proibição do uso de armas e o treinamento de artes marciais pelo povo da ilha, com o objetivo de evitar revoltas populares. Para se defender, a população praticava em segredo o *karatê-dô*; assim, os adeptos tiveram de treinar sozinhos e, por isso, desenvolveram as formas de lutas denominadas *kata*, tendo até mesmo incorporado seus movimentos nas danças folclóricas locais para confundir inspetores do governo.

Torres (2006) conta que o grande organizador do karatê-dô foi Ginchin Funakoshi (então líder da Sociedade Okinawa de Artes Marciais), o qual, em 1906, época em que não havia mais segredo sobre a prática de lutas, comandou uma grande demonstração em Okinawa. Tal demonstração obteve sucesso e serviu de abertura para outras apresentações públicas, além de fazer com que o ministério da educação chinês autorizasse a prática de lutas nas escolas da ilha.

Em 1922, Ginchin Funakoshi fez uma demonstração em Tóquio, capital do Japão, e foi, então, convidado a ensinar o *karatê-dô* nessa cidade. Assim, em 1930, Funakoshi adota o sistema de graduação de faixas coloridas e pretas do judô. Em decorrência da guerra do Japão contra a China, em 1932, Funakoshi muda o sentido da palavra *karatê*, que de "mãos chinesas" passou a significar "mãos vazias". Após alguns debates em Okinawa, em que estiveram presentes vários mestres de artes marciais japonesas, houve aceitação geral dessa mudança de significado (Torres, 2006). Dessa forma, as artes marciais praticadas em Okinawa passaram a ser conhecidas como *karatê-dô*.

6.4.2 Categoria atitudinal

No âmbito da categoria atitudinal serão tratados os aspectos filosóficos do *karatê-dô*, os quais envolvem as atitudes em diferentes contextos, as normas de comportamento e os valores éticos, estabelecidos pelo fundamento filosófico dessa arte marcial.

Jocélis (2004) entende o *karatê-dô* como uma forma de proporcionar a formação de um caráter reto e uma personalidade forte, por meio de seus ensinamentos filosóficos, com o objetivo de tornar o aluno autoconfiante e equilibrado.

De acordo com o mesmo autor, os objetivos do *karatê-dô* são definidos pela filosofia *budô* japonesa, a qual tem como princípio a busca pelo aperfeiçoamento pessoal, bem como a harmonização do meio onde o praticante está inserido. As técnicas do *budô* têm sua essência na conquista da estabilidade e da autoconfiança com base na prática corporal. Assim, o *karatê-dô* não tem como objetivo sobrepujar o outro fisicamente, mas canalizar ou anular a agressividade. Funakoshi (citado por Jocélis, 2004) afirma que no *karatê-dô* não existe atitude ofensiva. Isso mostra claramente que essa arte marcial busca, por meio do controle da agressividade, a prevenção da violência. As normas estabelecidas pelo *karatê-dô* formam um conjunto filosófico denominado *dojo kun* (Torres, 2006), que é definido por cinco fundamentos, explicitados seguir:

1. O praticante deve esforçar-se para a formação do caráter – construção do caráter e aperfeiçoamento por meio da

repetição de técnicas. Com essa prática, surgirá a autoconfiança e, assim, será possível superar problemas pessoais.

2. Fidelidade ao verdadeiro caminho da razão – "o [...] [aluno] deve sempre ser fiel [...] ao seu professor [...] e ele será recompensado com novos ensinamentos e a confiança do sensei, que lhe proporcionará mais sabedoria, fruto da confiança mútua do relacionamento aluno/sensei [professor]" (Clube de Karate União, 2012).
3. O aluno deve criar o intuito de esforço – a dedicação completa e os esforços demonstrados pelo aluno devem ser em caráter de doação, e não superficialmente, o que irá gerar maior disposição do professor em relação a ele.
4. Respeito acima de tudo – o respeito para com o seu semelhante é um item fundamental. Para Funakoshi (citado por Jocélis, 2004), a cortesia é essencial no ambiente escolar. O aluno, o professor e todos, de forma geral, devem demonstrar respeito em todos os seus atos, por menores que sejam, em qualquer lugar e circunstância (Clube de Karate União, 2012).
5. Repressão do espírito de agressão – o aluno deve ter sábia noção de que deve usar a sua força somente para fins justos, sem exibição incorreta de suas potencialidades. A expressão do mestre Funakoshi, "*Karatê-dô ni senti nashi*" (citado por Jocélis, 2004), explica claramente o objetivo do *karatê-dô*, ou seja, conter o espírito de agressão.

Assim, segundo Torres (2006), esse contexto filosófico evidencia o valor do respeito que o praticante do *karatê-dô* tem para com os demais seres humanos, levando-o a um controle da agressividade.

6.4.3 Categoria procedimental

Os aspectos técnicos são relacionados aos procedimentos, que têm como objeto o fazer, o compreender e o sentir do praticante pelo corpo, envolvendo decisões e ações de forma ordenada, de maneira a adquirir habilidades específicas desse conteúdo.

O *karatê-dô* como arte marcial provém de técnicas de defesa pessoal desenvolvidas há séculos, não podendo, assim, ser deixado de lado o seu trato pedagógico. A prática do *karatê-dô* é dividida em três partes: o *kihon*, o *kata* e o *kumite*.

O *kihon*, para Souza (2008), compreende os fundamentos, em que se procura aperfeiçoar as bases (posturas de pernas), as defesas, os socos e os chutes por meio da repetição de movimentos, para o desenvolvimento da coordenação motora. Para Jocélis (2004), é nessa etapa que se desenvolvem, além de uma base firme, a velocidade e a força nos golpes e, principalmente, a concentração, pois o aluno deve direcionar toda a sua atenção à execução do movimento.

O *kata*, de acordo com Nakayama (2003, citado por Souza, 2008), é uma luta imaginária contra dois ou mais oponentes, na qual se simulam movimentos em uma determinada sequência de ataques e defesas. Jocélis (2004) afirma que os exercícios coreografados representam a essência do *karatê-dô*, fase em que o aluno tem contato com a tradição e as técnicas ancestrais dessa arte marcial. Ao executar um *kata*, por exemplo, o aluno vai desenvolver a memorização de sequências de ataques e defesas, a respiração, a capacidade de concentração, a força e a velocidade dos movimentos, bem como o entendimento de suas funções. Essa luta visa, ainda, ao desenvolvimento de bases firmes, de força e explosão muscular, de agilidade, de contração muscular e de respiração; daí se conclui que o *kata* não se constitui apenas em movimentos sem sentido ou meras lutas simuladas, pois tem objetivos claramente determinados, além de reunir a coreografia e a beleza do *karatê-dô*.

O *kumite* é a luta na qual são utilizados todos os movimentos do *kihon* e do *kata* de forma dinâmica; o aluno, em constante movimentação, deve usar os braços e as pernas para atacar, defender e contra-atacar (Souza, 2008). Essa luta pode ser praticada em diferentes níveis de dificuldade. Lautert et al. (2005) caracterizam o *kumite* como uma luta entre dois oponentes que tentam tocar o adversário com golpes, mas sem feri-lo.

6.5 Restrições e possibilidades quanto ao desenvolvimento das lutas no contexto escolar

Segundo o LDPEF (Paraná, 2006, p. 154), "As lutas sempre estiveram presentes na história da humanidade nas atitudes ligadas às técnicas de ataque e de defesa; e vinculadas à instituição militar, além de serem consideradas, por alguns povos, como sabedoria de vida". Mas, no próprio LDPEF, afirma-se que o tema **lutas** não é comumente desenvolvido na EFE. Nesse sentido, Nascimento e Almeida (2008) concordam e apontam a falta de vivência em lutas e a preocupação com a violência como as principais justificativas dos professores para o fato de esse tema não ser desenvolvido na escola.

> As lutas, assim como os demais conteúdos, devem ser abordadas de maneira reflexiva, direcionada a propósitos mais abrangentes do que somente desenvolver capacidades e potencialidades físicas. Dessa forma, os alunos precisam perceber e vivenciar essa manifestação corporal de maneira crítica e consciente, procurando, sempre que possível, estabelecer relações com a sociedade em que vive [sic]. (Paraná, 2008, p. 69)

Em relação às restrições da prática das lutas, Nascimento e Almeida (2008) entendem que não há a necessidade de o professor ter ampla experiência para trabalhar com esse conteúdo na EFE, desde que os objetivos não estejam relacionados à formação de atletas ou lutadores, mas à produção de conhecimentos nessa área.

Abordar as lutas nas categorias conceitual e atitudinal proporciona que o aluno se aproprie dos elementos constituintes dessa prática, como as origens históricas e sociais e os embasamentos filosóficos, o que pode ser feito pelos próprios alunos, por meio de trabalho de pesquisa, além da análise de vídeos. Já na categoria procedimental, podem ser desenvolvidos os jogos de lutas, também conhecidos como *lutas lúdicas*, que não envolvem nenhuma técnica específica, como o cabo de guerra, a briga de galo, a exclusão de espaço com ombro ou mãos, a conquista da quadra do oponente e a conquista de objetos com oposição (Nascimento; Almeida, 2008).

No que se refere à associação da violência com as lutas, qualquer atividade que não seja desenvolvida pedagogicamente pode criar situações violentas, pois a violência é um elemento que está inserido no cotidiano escolar. Olivier (citado por Nascimento; Almeida, 2008, p. 101) refere-se à violência como:

> "inerente às relações sociais", e a concebe como "[...] modos de expressão e de comunicação", que surgem em situações de conflito, de ameaças, de incerteza. O autor posiciona-se no sentido de que as atividades de luta na escola, sistematizadas e metodologicamente pensadas e conduzidas, servem como importantes elementos de estruturação motora, psico-afetiva e social, que ajudam "[...] a criança a gerir e a controlar a complexidade das relações violentas no interior do grupo social".

Isso nos indica que o tema **lutas** envolve, sim, a violência, mas de forma a trazer reflexões e mecanismos para prevenir e controlar a agressividade, pois é essa tendência humana que leva o indivíduo a cometer atos violentos.

Para explanarmos melhor o trabalho com lutas na escola, especificamente o *karatê-dô*, é interessante citar a pesquisa de Silva (2007), que faz uma investigação da prática educacional do *karatê-dô* em escolas que trabalham esse conteúdo, apontando para a importância educacional desse esporte e sustentando a sua presença na escola. Outra pesquisa sugere o desenvolvimento do *karatê-dô* em turmas escolares que não têm vivência nessa prática, buscando situar esse esporte como prática educacional (Silva, 2008).

Rangel (citado por Silva, 2007) propõe o *karatê-dô* como uma ciência que dá a cada momento um conhecimento novo do corpo, por meio dos movimentos de ataque e defesa executados. Sasaki (citado por Silva, 2007) afirma que, quando essa atividade é trabalhada com finalidade educativa, pode-se obter equilíbrio, tranquilidade física, mental e social.

Manoel (citado por Silva, 2007) afirma que a relevância do *karatê-dô*, como outras lutas, ocorre principalmente no plano motor, em que as capacidades físicas e motoras são amplamente solicitadas. As atividades motoras características das artes marciais proporcionam a conquista de habilidades diferentes no que diz respeito a locomoção, estabilização e manipulação. São atividades capazes de contribuir para a diminuição da agressividade, proporcionar autoconhecimento, promover a melhoria do autoconceito e permitir o conhecimento de outras culturas e conceitos sobre aprendizagem do movimento e através do movimento.

Para o Coletivo de Autores (1992), o desenvolvimento dos conhecimentos da cultura corporal nas escolas deve ser ampliado e adequado às condições socioeconômicas, regionais e culturais de cada realidade.

De acordo com Velte (citado por Silva, 2008, p. 2), o *karatê-dô* tem "embasamento filosófico na busca pelo equilíbrio do corpo, mente e espírito através do *budô*, o caminho através da vida que os japoneses compreendiam como o caminho para se chegar ao desenvolvimento espiritual por meio de uma prática marcial como o karatê-dô". Silva (2008, p. 2) define o *karatê-dô* como "uma luta benéfica para todas as idades e sua filosofia corresponde aos valores propostos pelas escolas, portanto, acreditamos que essa ferramenta é um conteúdo de ensino educativo e em fim pedagógico". Além disso, o referido autor considera o *karatê-dô* como um promovedor de respeito, socialização e confiança, sendo uma forma de conscientizar os alunos, com intuitos educativos e recreativos, sobre a prática das lutas na EFE.

O *karatê-dô* é uma prática corporal da cultura oriental que tem como característica, segundo Velte (citado por Silva, 2008, p. 2), "o embasamento filosófico que busca o equilíbrio do corpo, mente e espírito". Manoel (citado por Silva, 2007, p. 2) corrobora essa visão, quando afirma que "a relevância dessa atividade, como outras lutas, ocorre principalmente no plano motor, onde as capacidades físicas e motoras são amplamente solicitadas". Complementando, Silva (2007, p. 4) afirma que a prática do *karatê-dô* contribui para a diminuição da agressividade e é uma forma de socializar/promover o saber, pois "sua prática é viável, exequível na escola enquanto prática educacional". Ferreira (citado por Souza, 2008, p. 6) afirma que "as lutas lúdicas [...] ajudam na liberação da agressividade das crianças, além de serem trabalhados todos os fatores psicomotores nestas [sic] atividades". Para esse autor,

> as lutas trazem inúmeros benefícios [...], destacando, no aspecto motor, a lateralidade, o controle do tônus muscular, o equilíbrio, a coordenação global, a ideia de tempo e espaço e a noção de corpo; no aspecto cognitivo, a percepção, o raciocínio, a formulação de estratégias e a atenção, no aspecto afetivo-social, se observa [...] a perseverança, o respeito e a determinação, além de oferecer a criança desenvolver o sentido do tato, extravasar e controlar a agressividade, aumentar a responsabilidade, pois ajuda o aluno a cuidar da integridade do colega[...] (Ferreira, citado por Souza, 2008, p. 6-7).

Coforme Funakoshi (citado por Silva, 2008), a prática de lutas deve estar incluída na escola para ajudar a criança a superar suas limitações físicas. Nakayama (citado por Silva, 2008) confirma essa ideia ao afirmar que, por meio de tal prática, é possível dominar todos os movimentos corporais, além da combinação única de ações dos membros superiores com os inferiores.

De acordo com Nascimento e Almeida (2008) e Silva (2008), na categoria conceitual, deve ser exposto o histórico do *karatê-dô*, mencionando-se a sua origem, o seu desenvolvimento e os fatos sociais relacionados à sua prática. Na categoria atitudinal, a filosofia do *karatê-dô* deve receber destaque na busca pela prevenção de intenções violentas e desleais entre os alunos, levando-os a refletir sobre situações em que poderiam utilizar as atitudes de respeito e disciplina que são características desse esporte.

Na categoria procedimental, Silva (2008) realizou, durante o desenvolvimento de seu estudo, a aplicação prática das técnicas específicas do *karatê-dô*, seguindo o ensino do *kihon*. As técnicas eram explicadas e demonstradas para que, em seguida, os alunos realizassem os movimentos. Primeiro foram ensinadas as bases, utilizadas para que os alunos se movimentassem. Em seguida, as defesas foram executadas em posição normal e, depois, realizadas com o avanço nas bases. Os chutes foram realizados com movimentação normal (andando). Nessa sequência de ensino, poderiam ser acrescentados também os socos, como forma de aplicação das técnicas de defesa, e os chutes, que, após serem realizados em movimentação normal (andando), também deveriam ter sua movimentação nas bases.

As lutas podem também ser trabalhadas de maneira lúdica, propiciando que os alunos vivenciem as disputas em forma de brincadeiras. Os exemplos indicados por Silva (2008, p. 11) incluem: "luta dos polegares, luta do saci, luta de empurrar, luta dos pregadores, luta da esgrima, uga-uga, cheque-mate, luta do resgate, luta do equilíbrio, luta passar costas, luta do pescador". De acordo com Souza (2008), para o desenvolvimento do trabalho pedagógico com o *karatê-dô*, as lutas lúdicas podem ser utilizadas para que seja feita uma ligação gradual com técnicas mais específicas. Para o autor, o lúdico estimula fatores psicológicos (autoestima, confiança, relações interpessoais etc.), além de fatores físicos e sociais, ajudando no processo de aprendizagem do *karatê-dô*. Ferreira (citado por Souza, 2008, p. 6) explica que:

> as lutas lúdicas são sucesso em todos os níveis e que para os pequenos, as lutas dos animais (luta do sapo, luta do jacaré etc.) ou a luta do saci, ajudam na liberação da agressividade das crianças, além de serem trabalhados todos os fatores psicomotores nessas atividades. Segundo o mesmo autor, as lutas trazem inúmeros benefícios ao usuário, destacando-se, no aspecto motor, a lateralidade, o controle do tônus muscular, o equilíbrio, a coordenação global, a idéia de tempo e espaço e a noção de corpo; no aspecto cognitivo, a percepção, o raciocínio, a formulação de estratégias e a atenção; no aspecto afetivo social, se observam nos alunos alguns aspectos importantes, como a reação a determinadas atitudes, a posturas sociais, a perseverança, o respeito e a determinação [...]

Assim, fica claro que é possível ao professor trabalhar com as categorias conceituais e atitudinais mesmo que não tenha tido nenhuma vivência com lutas. Na categoria procedimental, o trabalho com as lutas lúdicas seria uma forma de o docente superar sua falta de experiência com o tema e também o ponto de partida adequado para aquele que já tem essa vivência. O que se necessita, então, é a sistematização de intervenções para uma abordagem pedagógica das lutas, que fazem parte dos conhecimentos da cultura corporal de movimento e constam nos documentos educacionais oficiais.

Considerações finais

Os documentos educacionais oficiais referentes à EFE – PCN (Brasil, 1998) e DCE (Paraná, 2008) – têm como objeto de ensino e aprendizagem a cultura corporal, considerada como o "acervo de formas de representação do mundo que o homem tem produzido no decorrer da história" (Coletivo de Autores, 1992, p. 38). Entre essas produções que foram incorporadas pela EF, o tema **lutas**, por meio do *karatê-dô*, desenvolvido de forma pedagógica, pode contribuir para a formação de um aluno crítico, que reflita sobre os aspectos dessa arte marcial, na busca pela compreensão de conceitos, atitudes e procedimentos. Afirmamos, então, que o *karatê-dô* deve fazer parte dos conhecimentos desenvolvidos nas aulas de EF, pois é indicado como uma das formas de abordar a cultura corporal, sendo uma prática pertinente por suas características de controle de atitudes agressivas, disciplina e respeito.

A sistematização pedagógica para o *karatê-dô*, baseada nos documentos educacionais oficiais e em estudos sobre o ensino desse conteúdo, aponta para a busca de um trabalho consciente, abordado nas categorias conceitual e atitudinal. Consideramos alguns elementos que constituem essa prática – como as origens históricas e sociais, com destaque para os embasamentos filosóficos –, buscando, assim, a prevenção da violência e o desenvolvimento das lutas lúdicas na categoria procedimental, como possibilidade para a falta de vivência do professor com essa arte marcial e, também, como forma de promover, gradativamente, uma aproximação, tanto do professor quanto do aluno, no que diz respeito a técnicas específicas de lutas.

Assim, fica claro que é possível ao professor abordar conhecimentos sobre as lutas nas categorias conceitual e atitudinal sem que tenha, necessariamente, uma vivência prévia com tal conteúdo. A categoria procedimental pode ser desenvolvida por meio de atividades lúdicas que envolvam oposição, as quais também podem propiciar ao aluno um aprofundamento técnico. Acreditamos, desse modo, que, com base no *karatê-dô*, a EFE pode promover o conhecimento de uma cultura diferente da vivenciada pelo aluno e proporcionar reflexões sobre questões relacionadas a agressividade e violência, aspectos tão presentes na sociedade, além de propiciar a construção de valores, como o respeito e a reflexão crítica.

A prática educativa aqui apontada é apenas uma das várias possibilidades pedagógicas para o trabalho com o *karatê-dô*; assim, defendemos a busca por abordagens adequadas a cada realidade escolar, superando-se as restrições que possam existir em cada contexto, para que o tema **lutas** seja desenvolvido sob uma perspectiva educacional nas aulas de EFE.

Referências

BRASIL. Ministério da Educação. Secretaria de Educação Fundamental. **Parâmetros Curriculares Nacionais**: Educação Física. Brasília, 1998. v. 7. Disponível em: <http://portal.mec.gov.br/seb/arquivos/pdf/livro07.pdf>. Acesso em: 18 dez. 2012.

CLUBE DE KARATE UNIÃO. **Princípios filosóficos do karate**. Aracaju. Disponível em: <http://clubedekarateuniao.blogspot.com.br/p/lema-do-karate.html>. Acesso em: 8 ago. 2012.

COLETIVO DE AUTORES. **Metodologia do ensino de Educação Física**. São Paulo: Cortez, 1992.

JOCÉLIS, Y. **Karate**. São Paulo: Escala, 2004.

JKA – Associação Sochin de Karate. **História do karate**. Disponível em: <http://associacaosochindekarate.wordpress.com/historia>. Acesso em: 8 ago. 2012.

LAUTERT, R. W. et al. As artes marciais no caminho do guerreiro: novas possibilidades para o karatê-dô. In: SILVA, A. M.; DAMIANI, I. R. (Org.). **Práticas corporais**. 3. ed. Florianópolis: Nauemblu Ciência e Arte, 2005. p. 135-161.

NASCIMENTO, P. R. B.; ALMEIDA, L. A tematização das lutas na Educação Física escolar: restrições e possibilidades. **Revista Movimento**, Porto Alegre, v. 13, n. 3, p. 91-110, set./dez. 2008.

PARANÁ. Secretaria de Estado da Educação. Departamento de Educação Básica. **Diretrizes Curriculares da Educação Básica**: Educação Física. Curitiba: Seed/PR, 2008.

_____. **Educação Física**: ensino médio. Curitiba: Seed/PR, 2006.

SALOMON, D. V. **Como fazer uma monografia**: elementos de metodologia do trabalho científico. 6. ed. Belo Horizonte: Interlivros, 1979.

SILVA, M. C. C. **Vivenciando o karatê na Educação Física**: um estudo de caso com alunos do ensino fundamental II de uma escola pública. 19 f. Trabalho de Conclusão de Curso (Graduação em Educação Física) – Universidade Estadual Vale do Acaraú, Caucaia, 2008.

SILVA, M. D. B. Karatê-dô na escola enquanto prática Educacional. In: ENCONTRO DE EDUCAÇÃO FÍSICA E ÁREAS AFINS, 2., 2007, Teresina. **Anais...** Teresina: UFPI, 2007. Disponível em: <http://ufpi.br/def/arquivos/file/KARATD%20NA%20ESCOLA%20ENQUNTO%20PRTICA%20EDUCACIONAL(1).pdf>. Acesso em: 27 jul. 2009.

SILVEIRA, W. L. **Sistematização pedagógica do karatê-dô com base em documentos educacionais oficiais**. 22 f. Trabalho de Conclusão de Curso (Licenciatura em Educação Física) – Universidade Estadual de Ponta Grossa, Telêmaco Borba, 2009.

SOUZA, C. P. S. **A importância dos jogos de luta na aprendizagem do karatê-dô**. 19 f. Trabalho de Conclusão de Curso (Graduação em Educação Física) – Universidade Estadual Vale do Acaraú, Caucaia, 2008.

TELLES, M. S. F. (Coord.). **Referencial Curricular do Ensino Fundamental**. Passo Fundo: Berthier; Prefeitura Municipal de Passo Fundo, Secretaria Municipal de Educação, 2008. Disponível em: <http://www.pmpf.rs.gov.br/servicos/geral/files/portal/proposta_EF.pdf>. Acesso em: 8 ago. 2012.

TORRES, J. A. M. **Karatê**: a arte das mãos vazias. São Paulo: On Line, 2006. (Coleção Artes Marciais, n. 1).

Parte II

Educação para a paz: aspectos conceituais necessários ao processo de reflexão na Educação Física escolar*

Nei Alberto Salles Filho
Rafael Trentin Scremin

A ideia de *Educação para a paz* (que trataremos por *EP* ao longo deste texto) ainda é considerada, pelo senso comum, e até mesmo por muitos professores, como algo apenas simbólico ou como sinônimo de formação de sujeitos para serem "boas pessoas". Essa forma equivocada de pensar acaba por prejudicar todo o processo de entendimento positivo e pedagógico sobre a EP, fazendo com que seja tomada por algo irrelevante ou menos importante no ambiente escolar. Nesse sentido, há uma contradição na própria forma de se compreender o tema, uma vez que as questões da violência são sobrevalorizadas na escola, mas sem que sejam

* Este texto resulta de reflexões e práticas realizadas no Núcleo de Estudos e Formação de Professores em Educação para a paz e Convivências (NEP/UEPG), por meio de trabalho direcionado à formação de professores.

buscadas alternativas pedagógicas, que estão contidas justamente no universo dos estudos da EP. Assim, apenas se denunciam as diversas violências escolares, mas não são pensadas alternativas pedagógicas concretas para seu enfrentamento.

Nesse cenário, apareceu e cresceu, nos últimos anos, a discussão sobre uma possível EP, entendida como um processo dinâmico, multidimensional, e não apenas como "alguma coisa legal" que pode ou não ser trabalhada no âmbito escolar. A EP é por si só a práxis escolar vista com um olhar mais humano, solidário e capacitado em relação aos conflitos e às violências que permeiam a escola. Para uma melhor compreensão de tal temática, dividimos este artigo em dimensões que são consideradas como pilares básicos para a estruturação e a permanência de uma EP na escola, sendo elas: a compreensão da distinção dos conceitos de *paz negativa* e *paz positiva*; a importância da mediação dos conflitos escolares de forma qualificada; o entendimento e o enfrentamento da violência em suas manifestações; e a relação da EP com a Educação Física escolar (EFE), apresentando algumas aproximações iniciais entre elas. Com essa estrutura, pretendemos contribuir para a reflexão sobre uma EP nos processos de formação de professores de Educação Física (EF), bem como sobre metodologia de ensino que aos poucos incorpore tais fundamentos, procurando rever e incorporar novos significados.

7.1 Educação para a paz: conceitos e contextos

Existem manifestações constantes em todo o mundo sob a "bandeira da paz" para acabar com as inúmeras formas de violência, motivadas por questões religiosas, políticas ou ideológicas. O fato é que os resultados dessas manifestações acabam não tendo muita repercussão na mobilização das pessoas. Os símbolos clássicos da paz, como a cor branca e a pomba da paz, figuram mais como promessas de início de ano do que como atitudes concretas de mobilização contra as diferentes violências cotidianas, inclusive nas escolas. Intolerância com as diferenças, individualismo crescente e falta de mudanças efetivas são fatores que causam dúvida sobre a efetividade das questões da paz.

A questão inicial aqui tratada não remete apenas aos acontecimentos sensacionalistas, utilizados de forma mais acentuada pela mídia, como as manifestações constantes no Oriente Médio, os tumultos urbanos na Europa ou a violência frequente em países africanos, mas também à luta constante das minorias, em relação aos direitos humanos, às injustiças e desigualdades sociais, que fomentam tanto a violência direta entre pessoas quanto a violência estrutural ou indireta, que afeta o equilíbrio das relações comunitárias e sociais. O fato é que o real significado da palavra *paz* e de sua abrangência ainda é mal compreendido pela maioria das pessoas, justamente por considerarem que paz é um conceito pronto, único, fechado e positivo.

De acordo com os estudos da EP, a paz apresenta dois significados, um numa concepção tradicional, que Callado (2004) chama de *paz negativa*, e outro numa concepção mais aprofundada, que o autor chama de *paz positiva*. Basicamente, a **paz negativa** é aquela idealizada, pensada sob a lógica da "harmonia interior", da paz ingênua, utópica, que até pode existir em pensamento, mas que objetivamente não encontra caminhos na complexa trama de relações sociais e problemas do século XXI. Já a **paz positiva** é aquela que coloca o sujeito como protagonista da paz em sua vida, nas suas atitudes, que prevê a complexidade, que entende que as relações humanas são marcadas por conflitos cotidianos e que considera a violência como algo a ser tratado e enfrentado de maneira crítica e proativa. Com base nessas definições, podemos compreender o porquê de muitas manifestações, eventos ou movimentos em favor da paz acabarem por diversas vezes fortalecendo uma paz com concepção negativa, fragilizando o real significado e camuflando os reais problemas, deixando uma sensação de que ela é apenas uma ideia distante de nossas próprias ações.

Nesse sentido, Jares (2002, p. 122) argumenta que a paz negativa apresenta a seguinte característica: "A paz é essencialmente um conceito negativo, ao ser definido como ausência de conflito bélico ou como estado de não guerra". Ainda para o autor, "a concepção tradicional de paz dominante é um conceito limitado quase que exclusivamente ao sentido de pactos entre Estados" e "outra característica que aparece muito presente na tradição popular quando se fala de paz como harmonia, serenidade ou ausência de conflitos".

Essa concepção tradicional/negativa ainda é a dominante. Quantas vezes não vimos passeatas com camisetas brancas com a estampa de algum ente querido assassinado, com as quais muitas vezes a mídia se alimenta para compor o noticiário, caindo no senso comum ou provocando pena nas pessoas, quase sempre sem fomentar a discussão sobre os motivos da violência e apenas pedindo mais policiamento ou justiça? Ainda podemos questionar se alguém, em princípio, pode ser contra a paz? No limite, podemos dizer que até o maior traficante acredita que suas ações, ao ajudar pessoas nas favelas (em troca de proteção), também proporcionam a paz que o Estado não consegue com as políticas públicas. Por isso essas percepções são consideradas negativas. Até porque, como discorre Galtung (1985, p. 27), "Poucas palavras tem sido usadas tão frequentemente e de poucas se tem abusado tanto, devido, talvez, a que a paz sirva de meio para se obter um consenso verbal: é difícil estarmos por completo contra a paz". Observe que essa citação de Galtung é de 1985; parece que ainda hoje as ideologias e as mesmas ideias para a paz continuam muito parecidas, infelizmente nessa perspectiva estritamente relacionada ao senso comum.

Já na paz positiva, como vimos, há uma proposta de olhar mais atentamente para fenômeno, implicando um processo dinâmico de cooperação e trabalho com valores, além de reconhecer a violência nas suas mais diversas manifestações, e não apenas como ausência de guerra ou paz ingênua. Afirmando a questão e na mesma linha de pensamento, Callado (2004, p. 23) enfatiza:

> Definitivamente, uma concepção positiva da paz implica um processo dinâmico orientado não só para a ausência das condições e circunstâncias desejadas, mas que busque a presença das condições e circunstâncias desejadas. A paz converte-se, assim, num dos valores máximos da existência humana e, como tal, afeta todas as dimensões da vida: interpessoal, intergrupal, nacional, internacional e mundial. Deixa de ser uma utopia irrealizável, um ideal inalcançável, para converter-se num processo contínuo e acessível, baseado na justiça, em que a cooperação, o mútuo entendimento e a confiança em todos os níveis assentem as bases das relações. Deixa, em definitivo, de ser uma questão de Estado, para converter-se em um fato social do qual todos podemos participar e ao qual todos podem contribuir.

Conforme vamos nos aprofundando na temática da paz, bem como nessas relações – que há mais de cinquenta anos são estudadas na Europa, onde se constituíram os primeiros grupos de pesquisa sobre a EP –, e tendo como referência o trabalho realizado pelo norueguês Johann Galtung (1974, 1985), observamos que os conceitos não são necessariamente novos como campo de estudo.

No Brasil, somente nos primeiros anos do século XXI essas ideias passaram a ser pesquisadas e discutidas. Nesse cenário, alguns conceitos vão se agregando para a EP, como o entendimento de conflito e violência. A paz deve ser encarada não como ausência de guerra, mas sim como ausência de sua antítese, que é a violência (Jares, 2002). Logo, para supor uma efetiva EP, é preciso, também, saber como cultivar essa cultura da paz. Para um processo de consolidação de uma EP, é necessário, sobretudo, não apenas entender o conceito de EP, mas, principalmente, refletir e agir sobre ele para que seus efeitos possam realmente impactar a todos os envolvidos. Assim, a EP, para Sánchez et al. (1997, p. 22), "Configura-se como uma estratégia social transformadora, na qual todo o mundo participa sem imposições nem submissões e implica uma atitude ativa de não cooperação com a injustiça, de luta contra ela, demonstrando a coerência entre os fins e procurando uma relação igualitária de forças".

Seguindo a mesma linha de pensamento e inserindo a noção de desenvolvimento humano, Callado (2004, p. 32) afirma:

> A Educação para Paz parte da análise da realidade, entendida como o conjunto das relações que o ser humano pode estabelecer, consigo mesmo, com os demais e com as instituições por ele criadas, e com a natureza ou o meio ambiente em que transcorre a vida. Neste sentido, a Educação para a paz trabalha a partir de uma perspectiva integradora do conjunto destas relações orientadas a favorecer processos de desenvolvimento igualitário que sejam compatíveis com o desenvolvimento pessoal, com o desenvolvimento social e com o respeito ao meio ambiente.

Em toda essa gama de conhecimentos que a EP envolve, fica nítida a grande importância de um trabalho efetivo com o tema nas escolas e na formação de professores, pois apresenta vários sentidos, entre eles "preparar as pessoas para a convivência num modelo de sociedade em que a paz seja uma atitude participativa que promova o enfrentamento de responsabilidades, para gerar mudanças em nossa sociedade" (Lozano; Rueda, 1997, p. 37).

Nesse sentido, é partindo dos conceitos da EP que podemos entender mais facilmente o real significado da paz e, com isso, observar que ela continua entrelaçada de maneira muito forte com a prática educativa, como se paz e educação fossem praticamente um binômio. Segundo Boff (1994, p. 36),

> A paz semeia a paz, atitudes de integração dos valores humanos no contexto educativo proporcionam o desenvolvimento de sujeitos cada vez mais conscientes de seu modo de estarem no mundo, capazes de agir de forma ativa, criativa e transformadora, numa teia multiplicadora de paz e solidariedade.

Tendo por base os conceitos anteriores, entendemos que o grande desafio é a busca por um referencial que consiga, ao mesmo tempo, ser tão belo em sua teoria quanto efetivo em sua prática. Nesse sentido, o grande educador brasileiro Paulo Freire (2006, p. 388), ao receber um prêmio da Unesco sobre EP, fala em seu discurso:

> De anônimas gentes, sofridas gentes, exploradas gentes aprendi sobretudo que a paz é fundamental, indispensável, mas que a Paz implica lutar por ela. A paz se cria, se constrói na e pela superação de realidades sociais perversas. A paz se cria, se constrói na construção incessante da justiça social. Por isso, não creio em nenhum esforço chamado de Educação para a paz que, em lugar de desvelar o mundo das injustiças, o torna opaco e tenta miopizar as suas vítimas.

A força do pensamento freiriano na discussão sobre a EP está justamente em aderir a uma percepção de paz na realidade social, uma paz que não está apenas nos pensamentos e palavras, mas em ações efetivas, críticas, criativas, que vai encontrar justamente nos problemas e nas violências sua forma mais concreta. Compartilhando desse pensamento, Macedo e Matos (2010, p. 66) destacam:

> Educar para a paz requer, portanto, a utilização de uma metodologia de ensino específica: a metodologia da educação dialógica. A relação entre alunos e professores tem se submetido à força do "conhecimento científico", numa experiência em que a afetividade e a espiritualidade deveriam ser consideradas.

É essa prática efetiva de uma EP nas escolas que vai proporcionar a todos os envolvidos a assimilação e aprimoramento das ideias segundo as quais a perspectiva de prevenção de violência possa ser mais forte que a simples declaração destas. Uma postura a favor da EP faz com que sejamos mais proativos e protagonistas em relação à paz que pode ser construída, alicerçada numa renovação de valores e em formas de entender as relações humanas e a sociedade, em vez de tratarmos a violência como fatalismo e com a ideia de que "o mundo é assim mesmo, as pessoas são violentas", não nos colocando como o centro, ou seja, como agentes na produção ou reprodução de paz ou violências.

Tratando especificamente do conceito de EP, Callado (2004, p. 35) explica:

> A Educação para a paz é um processo de conscientização da pessoa e da sociedade, contínuo e permanente que, partindo da concepção positiva da paz e do tratamento criativo do conflito, tende a desenvolver um novo tipo de cultura, a Cultura da Paz, caracterizada por uma tríplice harmonia do ser humano consigo mesmo, com os demais e com o meio ambiente onde vive.

As dimensões colocadas até aqui podem ser pensadas para nossa vida pessoal, nas relações familiares, nos contextos comunitários mais diretos e na sociedade em geral. No entanto, é no âmbito escolar que essas questões podem aflorar de maneira mais rica e organizada, em razão de ser o ambiente propício para a base forte de uma EP e, naturalmente, de uma cultura de paz. Embasando essa proposta, Macedo e Matos (2010, p. 68) afirmam que:

> Embora a educação para a paz possa ocorrer em diversos contextos sociais, insistimos mais uma vez que é na escola que melhor se desenvolve, pois este é o espaço onde os valores humanos podem ser ensinados; onde os métodos de ensino podem servir de meio para a aprendizagem de valores pacíficos; onde os enfoques multidirecionais e multidisciplinares encontram espaço na relação com o currículo. Além disso, a escola é um espaço em que os conflitos podem ser aproveitados para a aprendizagem.

Em suma, o trabalho para uma EP na escola não é um processo fácil e rápido, ainda mais quando sofre a resistência de paradigmas educacionais enraizados, políticas públicas insuficientes e, o mais difícil e complexo desafio dessa proposta e de tantas outras, o diálogo e a aceitação da mudança no olhar do ser humano. Desse modo, todos esses aspectos acabam ocasionando muitos conflitos, que, assim como o conceito de paz, também têm seu significado distorcido.

7.2 A perspectiva do conflito: um conceito fundamental para a Educação para a paz

Assim como acontece com o conceito de paz, o conflito também apresenta dois significados: o primeiro em uma concepção tradicional e o segundo com característica voltada a um caminho que leva à EP. Basicamente, podemos definir o conflito como uma situação de incompatibilidade de metas ou como a percepção de que estas são incompatíveis, conflito que ocorre nos planos intrapessoal, interpessoal ou intergrupal (Amani, 1994). Decorrente do entendimento básico a esse respeito, Jares (2002, p. 135) afirma que o conflito caracteriza-se por um tipo de situação em que "as pessoas ou grupos sociais [...] [procuram] ou percebem metas opostas, afirmam valores antagônicos ou têm interesses divergentes". Para Lederach (1984), o conflito envolve pelo menos duas pessoas ou grupos independentes que buscam objetivos incompatíveis, sofrendo a interferência um do outro na realização de suas metas. O que observamos claramente, já de início, é que o conflito é um conceito e, em si, não tem relação direta com a violência. Normalmente e equivocadamente, tratamos o conflito como sinônimo de "violência entre as pessoas". Segundo Callado (2004, p. 24),

> A partir da concepção de paz negativa, vê-se o conflito como uma realidade não desejável, como algo que se deve evitar de qualquer jeito. De fato, a concepção tradicional da paz a define como ausência de conflito. Popularmente, o conflito é interpretado como

> um fato negativo. Falamos de "pessoas conflitantes" para nos referirmos àqueles que manifestam condutas diferentes e tem críticas a determinados valores ou comportamentos estabelecidos.

Essa visão negativa do conflito é levada para dentro da escola, na qual é visto de maneira ruim, improdutiva, quando, na verdade, se dá o oposto, pois podemos entender o conflito como elemento pedagogicamente positivo, por buscar uma mediação de percepções diferentes, mas que podem ser complementares. Mas, nessa noção de paz negativa, ainda existe dificuldade em compreendê-lo. Como afirma Jares (2002, p. 133), "No âmbito escolar, o conflito configura-se igualmente de uma perspectiva negativa. A partir de opções ideológico-científicas tecnocrático-positivistas, o conflito apresenta-se como disfunção ou patologia e, consequentemente, como uma situação que é preciso corrigir e, sobretudo, evitar".

Nesse sentido, vemos a ideia errônea de conflito no âmbito escolar, a desordem da sala e o desacordo relativo a diferentes necessidades (Jares, 2002), o que geralmente leva à perturbação (ativa ou passiva) da efetividade da aula (Pearson, 1984).

Nessa reestruturação do entendimento do conceito de conflito como fundamento pedagógico para uma possível prática, "o conflito deve enfocar-se, não como um fator distanciador, mas como elemento que se una às partes enfrentadas, obrigando-as a trabalhar juntas, cooperando na busca das soluções" (Lozano; Rueda, 1997, p. 31).

Assim, podemos dizer que enfrentar o desacordo ou os conflitos não equivale a um processo autodestrutivo, como normalmente pensamos. O conflito não é um mal em si, embora as pessoas possam responder a ele de forma negativa (Pallares, 1982). Além disso, o conflito não é apenas uma realidade e um fato mais ou menos cotidiano nas organizações, é necessário também encará-lo como um valor, pois, como salienta Escudero (1992), o conflito e as divergências geram debates e servem como uma crítica pedagógica. Isso leva a uma disputa ideológica e à criação de novas práticas sociais e educativas.

A Figura 7.1* mostra claramente essa perspectiva: temos o conflito como um traço definidor das relações humanas. Nesse processo, se os conflitos são mediados, encaminhados positivamente, aproximamo-nos da não violência ou da paz, mas, ao contrário, se os conflitos são mal administrados ou não tratados nem resolvidos, temos, inevitavelmente, a violência.

FIGURA 7.1 – MODELO INTEGRATIVO NAS RELAÇÕES ENTRE CONFLITO, VIOLÊNCIA E PAZ

Assim, podemos definir que a mediação possibilita a resolução dos conflitos, o que se aproxima da noção de paz positiva, mas, ao mesmo tempo, pode tomar um viés negativo. Quando a mediação não ocorre, temos a violência na perspectiva da paz negativa. Reafirmamos, portanto, que o estudo do conflito é o elemento-chave para pensarmos em EP e supormos os primeiros indicativos de uma Educação Física para a paz. Na discussão

* Modelo constituído pelos autores para organizar a reflexão sobre o conflito como elemento pedagógico da Educação para a paz.

sobre os conflitos, surge o olhar necessário sobre o processo de mediação. A mediação dos conflitos é a dimensão pedagógica de construção e reconstrução de pontos de vista, de diferenças, na aproximação de processos produtivos. De acordo com Schnitman (1999, p. 17-18),

> Os contextos de resolução alternativos à confrontação, ao paradigma ganhar-perder, à disputa ou ao litígio direcionam-se à coparticipação responsável, admitem-se a consideração e o reconhecimento da singularidade de cada participante no conflito, consideram-se a possibilidade de ganhar conjuntamente, de construir o comum e assentar as bases de soluções efetivas que legitimem a participação de todos os setores envolvidos.

Como podemos perceber, o processo de mediação é altamente pedagógico, se pensado no contexto da escola, uma vez que busca nos motivos as situações de desacordo, de provocação, de violência, que tanto prejudicam o cotidiano desse ambiente. Ainda em relação à mediação de conflitos temos dois processos: o da mediação social e o da mediação interpessoal, sendo eles os caminhos para uma mediação de violência antagônica a uma mediação de paz positiva.

A mediação social na dimensão negativa caracteriza-se pela omissão, pela não ação do ser humano como agente transformador dos acontecimentos negativos e de violência ocorridos no meio em que ele está inserido. Sendo a mediação social positiva oposta à mediação social negativa, ela é caracterizada pela participação ativa dos agentes, no sentido de buscar a resolução não violenta e a perspectiva de restauração de situações.

A mediação interpessoal no sentido negativo caracteriza-se pelos seguintes elementos: falta de diálogo, ausência de enfrentamento dos conflitos, autoritarismo exacerbado, autossuficiência em todos os aspectos, não aceitação do ponto de vista alheio e preconceito, seja ele qual for. Já a mediação interpessoal positiva é o contrário da negativa, com diálogo qualificado, tolerância, trabalho colaborativo e respeito às diferenças.

Assim, entendemos o conflito não de forma negativa, mas em uma concepção que busca o diálogo e a mediação das situações. Para Arenal (1989, p. 26), "O conflito é um processo natural e necessário em toda a sociedade humana, é uma das forças motivadoras da mudança social e um elemento criativo essencial nas relações humanas". Essa concepção positiva do conflito como um desafio, uma das forças motivadoras de nossa existência, como possibilidade de transformação, como elemento necessário para a vida social é compartilhada por Galtung (1974) e Jares (2002).

Após a conceituação e a contextualização de elementos essenciais para uma EP, as concepções de paz positiva e paz negativa e a noção sobre conflitos, é preciso, também, enfrentar a antítese da paz, que é a violência, tendo a consciência de compreendê-la, saber sobre a dimensão de sua influência em um processo de EP e, principalmente, refletir sobre sua presença no ambiente escolar.

7.3 A violência e sua relação com conflitos e a Educação para a paz na escola

Ao longo do texto, evidenciamos tantas questões relativas à paz e ao conflito justamente por argumentar que outra abordagem é não só possível quanto necessária ao pensamento sobre as violências escolares. Tais violências devem ser entendidas sob múltiplos olhares, pois, assim como a EP é feita com vários significados e objetivos, a violência entra numa relação direta e indireta com a EP, sendo que a busca inicial por esta começa justamente com sua antítese, a violência.

Para Abramovay et al. (2003), "A violência surge como consequência da ruptura de pactos sociais, por meio da força física ou simbólica, apresentando-se em uma multiplicidade de situações capazes de, muitas vezes, esgaçar os laços sociais". É importante constatar que diversos autores confirmam que o termo *violência* é polissêmico, com diferentes significados constituídos histórica e culturalmente.

Todo ato de agressão – física, moral, institucional – que tenha como alvo a integridade do(s) indivíduo(s) ou grupo(s) é considerado ato de violência (Abramovay; Rua, 2002). Portanto, quando pensamos em EP e na mediação de conflitos, estamos pensando justamente no trabalho preventivo em relação à integridade dos alunos. Uma percepção muito clara é apresentada por Gadotti e Romão (2000, p. 43):

> Vale sublinhar que a questão da violência, particularmente a que perpassa o universo escolar, vem sendo abordada nos cenários nacional e internacional como um dos grandes desafios para a construção de uma Cultura de Paz. Para entender estas dificuldades, é importante ressaltar que o termo violência é provido de múltiplos sentidos e significados, acolhendo diferentes situações que fazem menção a realidades distintas e heterogêneas. Estes múltiplos sentidos vão ecoar tanto no processo de aprendizado do aluno e nas relações no interior da escola quanto na imagem da instituição escolar como espaço protegido, de direito e responsável pela educação das novas gerações, precioso para o desenvolvimento autossustentado do país.

As relações entre violência e escola, segundo Debarbieux (1998), estão na base da constituição da instituição escolar, como os castigos físicos e a humilhação pública, que só foram modificados a partir de meados do século XX. Assim, para Corti e Batista (2002), passou-se de um estado em que a violência era instrumento para garantir a autoridade para outro em que ela passa a ser evitada. Nesse sentido, podemos afirmar que a instituição escolar nas últimas décadas sofreu um processo de ajuste em relação às violências como conduta pedagógica.

Mas, ao mesmo tempo que a violência nos processos pedagógicos é transformada em metodologias de ensino mais positivas e humanizadoras, temos o conjunto da cultura de violências, da violência estrutural da sociedade que cada vez mais, nas últimas décadas, foi levada para dentro das instituições escolares. As relações humanas violentas, a intolerância, a pobreza cultural, as injustiças sociais, o individualismo, fruto da cultura atual, chegam e entram com os alunos nas escolas, nas quais se somam às crenças dos professores sobre as violências, a paz, as relações entre a comunidade escolar, o processo de gestão, todos também com seus conflitos e violências particulares.

O contexto estabelecido nos faz apontar que a escola, portanto, é uma instituição conflituosa por natureza. Os conflitos aparecem, pois são vários pontos de partida e olhares diferentes sobre o processo de educação. No entanto, o fato de a escola ser um local de conflitos em essência não quer dizer que precise ser um local violento; basta recordarmos os conceitos de paz positiva e negativa, além da discussão sobre a noção de conflito. Nesse sentido, podemos dizer que algumas formas de conflito são resolvidas naturalmente pelos alunos, na convivência diária, mas concordamos com Nunes (2011, p. 16), quando fala de conflitos que se transformam em violência:

> Muitos tomam rumos indesejados e transformam-se em agressividades, atos de indisciplina, indiferença, depredação do patrimônio escolar, atitudes de preconceitos e discriminação. Esses nos preocupam mais, e vários são os fatores que os desencadeiam entre os alunos na convivência escolar: a rivalidade entre grupos; as disputas de poder; as discriminações e intolerâncias com as diferenças; a busca da afirmação pessoal; as resistências às regras; os desentendimentos e brigas, o bullying; os conflitos de interesses; os namoros; as perdas ou danos de bens escolares; os assédios; o uso de espaços e bens; a falta de processos para a construção

de consensos; as necessidades de mudanças; a busca por novas experiências; as reações e manifestações injustas, entre outras.

Assim, uma EP busca trazer essa crítica e a reflexão sobre processos de violência, conflito e paz. Não existe uma cultura de paz sem que a escola tenha disposição para educar para a paz. É fundamental criar estratégias para qualificar as convivências e que isso esteja na pauta dos processos, de modo que essas estratégias não fiquem restritas a meras ações pontuais, como concursos de desenhos, passeatas pela paz ou jogos da paz. Podemos dizer que, se a escola é espaço de conflitos, é também um local especial de convivências, no qual os participantes (professores, funcionários e alunos) podem aprender a viver juntos e com relações positivas. Por todas essas questões, vemos que a violência escolar vem se mostrando no cenário nacional e internacional como um dos grandes desafios para a constituição de uma EP. No entanto, observa-se uma grande dificuldade para encontrar explicações para as origens e as causas dos atos de violência praticados na escola (Abramovay et al., 2003), justamente pelo universo plural das relações que são estabelecidas.

> Vale destacar que o tema violência nas escolas comporta múltiplos olhares, percepções e modelos de análise, [...] a necessidade de se proceder a estudos multidisciplinares e transnacionais, como forma de confrontar experiências distintas e encontrar afinidades que levem a uma maior compreensão do fenômeno (Ramos; Coelho; Francisco, 2009, p. 77)

Por outro lado, a escola passa por transformações no que se refere à sua identidade, ao seu papel e à sua função social. "Alinhar perspectivas macrossociais sobre juventudes, violência e exclusão social com estudos etnográficos sobre o universo escolar pode contribuir de forma significativa para a constituição de alternativas à violência" (Abramovay, 2003, p. 33). Enquanto essas perspectivas vão sendo encaminhadas, acreditamos que a dimensão da EP pode ser usada como mecanismo não só reflexivo, mas também na relação das práticas escolares permeadas por convivências não violentas e positivas. Assim, podemos dizer que a EP nas escolas não apenas deriva de uma compreensão e um estudo sobre o que é paz, conflito ou violência, mas também trabalha com valores e tem uma postura ética nas condutas, transformando ações e projetos isolados em atos dinâmicos e contínuos. Além disso, também demonstra o repúdio a todos os tipos de violência. A EP pode e deve ser trabalhada nas mais variadas disciplinas escolares, particularmente na Educação Física.

Como comenta Nunes (2011, p. 17), "Os conflitos, portanto, acabam possibilitando caminhos alternativos à violência, por permitem [sic] meios de resolução que podem levar a um convívio mais saudável, facilitador de uma melhor aprendizagem, e a uma melhor estruturação das relações sociais". Assim, também acreditamos que a EP, como um processo de resolução não violenta de conflitos, tem hoje, seguramente, uma dimensão pedagógica fundamental na escola.

7.4 A Educação para a paz e a Educação Física escolar: aproximações iniciais

Ao longo deste texto, discorremos sobre várias questões conceituais sobre paz, violência e conflito, que emergem como necessidade na educação atual. Não podemos abrir mão dessas questões conceituais, sob o risco de observar a noção de paz com um olhar de senso comum e de reprodução de práticas que pouco têm servido à efetiva prevenção das violências escolares.

O momento é de pensar a Educação Física escolar (EFE) nesse universo e, para isso, iniciamos com uma metáfora que remete a esse contexto plural e complexo das relações entre paz e violências. Imaginemos uma enorme roda-gigante, com várias cabines, cada uma delas com vários lugares. Pois bem, consideremos que essa enorme roda-gigante seja a "cultura da paz" e que cada cabine sejam os elementos que a constituem, como as questões religiosas voltadas para a paz, filosofias, ideologias, bons pensamentos e práticas, todas relacionadas ao que dizemos ser a *cultura da paz*. Agora, imaginemos que uma dessas cabines seja a EP, que, assim como as outras, também faz parte desse processo e tem seu papel de sustentação das demais, uma vez que é pedagógica e pode gerar nos alunos essa noção de mediação de conflitos e prevenção das violências, fazendo a roda continuar girando. Ao abrirmos a cabine da EP, sentada em algum dos lugares está a EFE, que terá a possibilidade de ser uma força transformadora a mais no processo educacional orientado para a EP.

De acordo com essa metáfora, podemos perceber que a EP não é uma grande salvação para a questão das violências escolares. Ao mesmo tempo, entendemos que é uma abordagem muito interessante e positiva de pensar crítica e criativamente a violência e os conflitos, supondo um processo de mediação e crescimento dos envolvidos. Assim, fazendo uma retrospectiva conceitual dos elementos trabalhados, como o conceito positivo de paz, a busca pela resolução positiva dos conflitos e a busca incessante e dinâmica pela não violência, podemos dizer que esses elementos de nada irão servir se não forem pensados em uma prática real e concreta na escola.

Uma EF que contemple elementos necessários para uma introdução e continuidade da proposta de EP na escola deve iniciar com a formação de uma base conceitual rica na diversidade sobre a temática e sólida em seus princípios e objetivos, começando pelo professor. Não se pode pensar em qualquer forma de metodologia ou estratégia de ensino sem que antes haja uma formação inicial sobre o que se busca. A questão é que não se pode ter uma EFE orientada para a EP se o professor não tiver interesse nos aspectos conceituais básicos e não conhecê-los, pois estes fazem muita diferença na abordagem. Por isso a necessidade e a importância dos estudos da EP no âmbito da EFE. De nada adianta o professor estar repleto de "atividades de paz" se não souber sobre a implicação dos conflitos e da sua mediação para o crescimento individual e coletivo dos alunos.

Essa dimensão da EP, em conjuntura com a EFE, é retratada em uma proposta de Educação Física para a paz, que Callado (2004, p. 51) assim define: "A Educação Física para a paz trata de descobrir o que é, o que pode contribuir para a área da Educação Física na concepção global da educação para a paz, quer dizer, tenta responder quais aspectos da educação para a paz podem ser trabalhados a partir da área de Educação Física".

Tendo a EP uma característica interdisciplinar, não pretendemos buscar todos os assuntos e aspectos relacionados à EF, mas sim filtrar e escolher de acordo com a realidade em que se encontram conteúdos ou assuntos que, por sua própria dimensão na EF, possam ser convertidos e reestruturados em um referencial básico da EP (Callado, 2004). Ou seja, não há um currículo pronto para as atividades da paz em EF, o que existe é uma predisposição para aliar conteúdos às questões mais explícitas das relações humanas e aos valores de convivências estabelecidos entre os alunos, nos momentos das práticas relacionadas a esportes, jogos, danças, lutas e ginásticas, isto é, entre todos os conhecimentos da cultura corporal do movimento. Nessa análise, Callado (2004) expõe a necessidade de se trabalhar com âmbitos inter-relacionados: pessoal, social e ambiental. Assim, a proposta é a de colocar elementos condutores da EP, bem como da EF, até o ponto de se converterem em seus eixos condutores.

O Quadro 7.2 apresenta o exemplo de uma proposta de como se trabalhar com os âmbitos pessoal, social e ambiental com a utilização de aspectos da EP, da EFE e da junção desses dois tipos de educação, formando a Educação Física para a paz.

Quadro 7.1 – Proposta de Educação Física para a paz

ÂMBITOS/ TIPOS DE EDUCAÇÃO	Âmbito pessoal	Âmbito social	Âmbito ambiental
EDUCAÇÃO PARA A PAZ (EP)	• Educação moral e cívica • Educação sexual • Educação para a saúde	• Educação do trânsito • Educação intercultural • Educação para a igualdade de oportunidades para ambos os sexos	• Educação ambiental • Educação do consumidor
EDUCAÇÃO FÍSICA ESCOLAR (EFE)	• Educação social e de convivência • Educação para a qualidade de vida	• Educação de cidadania • Educação sobre gêneros	• Educação sobre o meio ambiente e a diversidade
EDUCAÇÃO FÍSICA PARA A PAZ	• Educação sexual visando à convivência entre as diferenças • Educação ampla do conceito de qualidade de vida	• Educação multidimensional sobre a cultura de gêneros	• Educação ambiental holística, envolvendo a realização de atividades físicas, visando à sustentabilidade e ao respeito às diversidades

Fonte: Adaptado de Callado, 2004, p. 51-57.

Ao observarmos o Quadro 7.1, percebemos que a proposta de Callado (2004) busca ampliar o contexto sobre as possibilidades de relacionar aspectos gerais da EP, apresentando, em seguida, uma percepção sobre a EFE para, na sequência, fazer uma síntese de qual seria o caminho de uma Educação Física para a paz. No contexto apresentado – cabendo a ressalva de que se trata de uma proposta pensada, inicialmente, para a realidade da Espanha –,

Callado (2004) aponta questões relacionadas a ética e valores na discussão ampla sobre a qualidade de vida, além de questões de gênero, educação ambiental sob o princípio da sustentabilidade e, especialmente, respeito à diversidade.

A ideia entrelaçada que gera a Educação Física para a paz estabele uma relação reflexiva, dinâmica e humana sobre a práxis escolar. Não há um manual a ser seguido rigorosamente, e sim propostas diferenciadas e inovadoras que podem ser adaptadas, renovadas e criadas pelo professor. A proposta de Callado (2004) apresenta, ainda, aprofundamento na questão dos jogos cooperativos* como elemento privilegiado de convivências escolares. Na concepção desse jogos, a lógica do "ganha-perde", muito usada tradicionalmente na EF, é redirecionada para uma nova perspectiva, a do "ganha-ganha", em que todos participam e colaboram, não eliminando o aspecto da competição, mas redirecionando o aluno para a superação de si mesmo e não com foco na derrota do outro.

O que podemos destacar da proposta de Callado (2004) é a construção de alternativas não apoiadas em "atividades", mas numa concepção de trabalho, na busca da EP. Obviamente, entendemos que tal proposta merece aprofundamento de estudos, de adequação à realidade brasileira, bem como devem ser percebidos os impactos dela na formação de pessoas mais solidárias, cooperativas, participativas e que consigam solucionar melhor os conflitos, construindo caminhos para uma sociedade que vise à cultura de paz. Ao mesmo tempo, é necessário reconhecer esse caminho realizado por Callado (2004) e seus colaboradores na Espanha para orientarmos uma Educação Física para a paz em nossa realidade, ainda mais carente de alternativas para prevenir e minimizar as violências escolares.

* Para saber mais sobre jogos cooperativos, consulte as obras de Brotto (2001) e Soler (2005).

Considerações finais

Em grande parte deste artigo, ocupamo-nos em levantar conceitos e perspectivas da EP, por meio dos conceitos de paz, conflito e contextos de violência. Uma parte mais sintética foi dedicada à análise de uma proposta de EP. Esse encaminhamento não foi ao acaso, justamente para não corrermos o risco de, na proposta, as atividades serem mais importantes que os fundamentos. Sabemos que no cotidiano da EFE se pensa muito nas atividades a serem realizadas na prática com os alunos, tomando-se os aspectos conceituais como "teoria vazia" ou "descolada da realidade".

Em relação às violências escolares, existe a preocupação de que sejam forjadas "práticas" que vendam a paz nas aulas de EF. Sabemos que uma cultura de paz é fruto de um processo que envolve o educar para a paz, devendo ser uma preocupação constante na abordagem do professor, construída numa concepção dialógica dos envolvidos na aula, remetendo-os às reflexões sobre os conflitos surgidos nos jogos, nos esportes e nos demais conteúdos. Além disso, deve-se permitir que todos possam aprender com a mediação dos conflitos, exercitando a tolerância, o respeito às diferenças, a convivência pacífica e a busca da cidadania, que são elementos fundamentais da educação no século XXI.

Esperamos que o estudo mais aprofundado da EP sirva como auxílio e suporte para que os professores de EF se apropriem das questões básicas sobre paz, conflito e violência, para que possam refletir sobre sua prática profissional, não buscando grandes transformações, mas evidenciando aspectos relacionais que qualifiquem as convivências escolares e que contribuam na prevenção das violências escolares. Essa dimensão é reforçada por Salles Filho (2010, p. 132):

> Se conhecer implica em mudança de atitudes, os saberes sobre a paz contribuem para que os olhares sobre a vida e o mundo sejam redimensionados. Falar em paz traz, por um lado, o imaginário

> de ser uma "boa pessoa", estar em harmonia consigo e com o mundo. Por outro lado traz a própria negação da possibilidade desses aspectos na sociedade, considerando impossível interferir nesses termos, na vida atual. Essa contradição, muito comum pela falta de reflexão profunda sobre o tema, vai sendo revista à medida que os professores acessam a discussão conceitual sobre paz, violências e convivências, estabelecendo relações e vínculos com sua própria vida, sua percepção de paz e violências com sua família, alunos, com as convivências estabelecidas na escola.

Nesse caminho seguimos, pensando em EP e em uma Educação Física para a paz que surja das necessidades reais e que se aprimore pela reflexão conceitual, para voltar à realidade e transformá-la.

Referências

ABRAMOVAY, M. et al. **Escolas inovadoras**: experiências bem-sucedidas em escolas públicas. Brasília: Unesco, 2003.

ABRAMOVAY, M.; RUA, M.; G. **Violências nas escolas**. Brasília: Unesco, 2002.

AMANI, C. **Educación intercultural**: análisis y resolución de conflictos. Madrid: Popular, 1994.

ARENAL, C. La noción de paz y la educación para la paz. In: SEMINARIO SOBRE FORMACIÓN DE MONITORES DE EDUCACIÓN PARA LA PAZ, 1., Madrid, 1989. **Informes técnicos...** Madrid: Cruz Roja Española, 1989.

ARIÈS, P. **História social da criança e da família**. Rio de Janeiro: LTC, 1981.

BOFF, L. **Nova era**: a civilização planetária. São Paulo: Ática, 1994.

BROTTO, F. O. **Jogos cooperativos**: o jogo e o esporte como um exercício de convivência. Santos: Projeto Cooperação, 2001.

CALLADO, C. V. **Educação para a paz**: promovendo valores humanos na escola através da Educação Física e dos jogos cooperativos. Santos: Projeto Cooperação, 2004.

CORTI, A. P. O.; BATISTA, L. P. **Relatórios da pesquisa Escolas Inovadoras**. São Paulo: Unesco/Unirio, 2002. Mimeografado.

DEBARBIEUX, E. (Coord.). La violence à l'école: approches européennes. **Revue Française de Pédagogie**, n. 123, avril/mai/juin 1998.

ESCUDERO, J. M. Innovación y desarrollo organizativo de los centros escolares. In: CONGRESO INTERUNIVERSITARIO DE ORGANIZACIÓN ESCOLAR, 2., Sevilla, 1992. **Anais...** Sevilla: Universidad de Sevilla, 1992.

FREIRE, A. M. Educação para a paz segundo Paulo Freire. **Revista Educação**, Porto Alegre, ano 29, n. 2, maio/ago. 2006.

GADOTTI, M.; ROMÃO, J. E. (Org.). **A autonomia da escola**: princípios e propostas. São Paulo: Cortez; Instituto Paulo Freire, 2000.

GALTUNG, J. Peace Research Takes Sides. **The New Era**, v. 55, p. 161-178, 1974.

_____. Twenty Five Years of Peace Research: Ten Challenges and Some Responses. **Journal of Peace Research**, v. 22, n. 2, p. 141-158, 1985.

JARES, X. R. **Educação para a paz**: sua teoria e sua prática. Porto Alegre: Artmed, 2002.

LEDERACH, J. P. **Educar para la paz**. Barcelona: Fontamara, 1984.

LOZANO, F.; RUEDA, M. A. **Educación para la paz**. Madrid: Mica, 1997.

MACEDO, R. M. A.; MATOS, K. S. A. L. Educação para a paz: reflexões à luz da pedagogia de Paulo Freire. In: MATOS, K. S. A. L.; NONATO JÚNIOR, R. (Org.). **Cultura de paz, ética e espiritualidade**. Fortaleza: UFC, 2010.

NUNES, A. O. **Como restaurar a paz nas escolas**: uma guia para educadores. São Paulo: Contexto, 2011.

PALLARES, M. **Técnicas de grupo para educadores**. Madrid: ICCE, 1982.

PEARSON, C. **Cómo resolver conflictos en clase**. Barcelona: Ceac, 1984.

RAMOS, E. R.; COELHO, K. da C.; FRANCISCO, M. de F. G. A prática pedagógica diante da violência escolar: perspectivas e desafios. **Pedagogia em Ação**, v. 1, n. 1, p. 1-141, jan./jun. 2009. Disponível em: <http://periodicos.pucminas.br/index.php/pedagogiacao/article/view/651/665>. Acesso em: 8 ago. 2012.

SALLES FILHO, N. A. A educação para a paz nas entrelinhas do pensamento educacional de Paulo Freire. In: MATOS, K. A. L.; NONATO JUNIOR, R. (Org.). **Cultura de paz, ética e espiritualidade**. Fortaleza: UFC, 2010.

SÁNCHEZ LÓPEZ, F. et al. **Libro vasco de la educación para la paz**. Bilbao: Euskadiko Gazteriaren Kontseilua, 1997.

SOLER, R. Brincando e aprendendo com os jogos cooperativos. Rio de Janeiro: Sprint, 2005.

SCHNITMAN, D. F. Novos paradigmas na resolução de conflitos. In: SCHNITMAN, D.; LITTLEJONH, S. **Novos paradigmas em mediação**. Porto Alegre: Artmed, 1999.

Movimento, saúde e qualidade de vida: espaço necessário na Educação Física escolar

Silvia Christina Madrid Finck
Ademir Testa Junior

É observável que estamos em uma época em que o avanço tecnológico possibilita às pessoas, além do acesso às informações em um curto espaço de tempo, a simplificação das atividades comumente realizadas no dia a dia. Essa facilitação, somada aos anseios pessoais, favorece em grande escala a diminuição quantitativa e qualitativa das práticas correspondentes à cultura corporal de movimento, as quais estão relacionadas a medidas preventivas e de manutenção da saúde. Uma pesquisa realizada por Farias Júnior (2006) aponta que 62,2% dos jovens da cidade de Florianópolis (SC) são fisicamente inativos; destaca, também, que, com o avanço da idade, a quantidade de pessoas inativas tende a aumentar.

Outra pesquisa desenvolvida por Petroski e Pelegrini (2009) demonstra a existência de estreita relação entre os percentuais de gordura corporal dos pais e dos filhos, favorecendo a compreensão sobre o fato de os pais serem fortes influenciadores nos hábitos dos filhos, o que acaba definindo as condições de saúde corporal destes.

De forma semelhante aos resultados da pesquisa de Farias Junior (2006), Guedes et al. (2001) analisaram os níveis de prática de atividade física de adolescentes e constataram que os jovens não praticam atividades suficientes para atingir benefícios consideráveis à saúde. De acordo com essa pesquisa, 46% dos rapazes e 65% das moças envolvidos no estudo são classificados como inativos. Assim, os autores concordam que a incidência de sedentarismo é preocupante e, apesar das limitações regionais da pesquisa, relatam que, aparentemente, os adolescentes não estão sendo estimulados adequadamente em relação à prática de atividades físicas que venham a repercutir favoravelmente em sua saúde.

Como sabemos, o sedentarismo corresponde a diminuição do esforço físico realizado, menor gasto calórico corporal, maior acúmulo de lipídeos e aumento da incidência das doenças crônicas degenerativas. Dessa forma, esses fatores apresentam-se em uma sequência lógica, ou seja, como uma cadeia de reações que surgem e se agravam constantemente.

Considerando que o sedentarismo é um dos fatores de risco para o desenvolvimento de doenças crônicas degenerativas e totalmente suscetível de intervenção das próprias vítimas, precisamos pensar em maneiras de conscientização, de aquisição de conhecimentos, bem como na adoção da prática de atividades corporais que causem alterações no organismo humano, a ponto de favorecer, mesmo que parcialmente, a aproximação das pessoas ao estado de saúde desejável.

Certamente, o aumento do índice de pessoas fisicamente inativas está intimamente ligado à educação, no sentido de que as vivências de cada pessoa, durante toda a vida, definem seus comportamentos, suas ações, a maneira como resolvem situações e problemas e seu estilo de vida. Por isso os hábitos de cada pessoa podem estar vinculados aos seus costumes locais, às suas vivências familiares e percepções próprias acerca do mundo. Da mesma forma, o aumento da possibilidade de adoção de um estilo de vida mais ativo, ou seja, de transformação dos hábitos de uma pessoa, também pode estar relacionado a contato, conhecimentos e vivências acerca das práticas corporais de movimento.

Tendo em vista a adoção de um estilo de vida ativo como componente derivado da educação, podemos reconhecer que a Educação Física escolar (EFE) não pode deixar de eleger a educação para a saúde como espaço de atuação. Por todas as situações e pensamentos até aqui explicitados, talvez a educação para a saúde seja a perspectiva da EFE que mais possa ser justificada para o trabalho educacional diante das necessidades de conhecimentos de crianças e jovens. Mas o que a escola deve e pode trabalhar com os alunos acerca dos aspectos inerentes à saúde?

De acordo com essa perspectiva, Sallis (citado por Guedes et al., 2001) determina quatro razões que podem favorecer a participação dos jovens na prática de atividades físicas: o conhecimento prático referente à realização de atividade física; a disponibilidade de espaço físico; a intenção de praticar atividades físicas; e a capacidade, percebida pelo próprio sujeito, para praticá-las.

No mesmo sentido, Freire e Oliveira (2004) estabelecem que o conhecimento aprendido deve ser transformado em uma forma de agir, na qual os alunos possam tomar as decisões que julgarem necessárias, utilizando dados e informações articuladas de forma significativa. Os autores complementam enfatizando que, para isso, é necessário que os estudantes compreendam as vantagens e as desvantagens da prática regular de atividade física, bem como as diversas implicações do movimento humano, a fim de que saibam executar as atividades de maneira correta e saudável e que tenham atitude para adotá-las em sua vida cotidiana.

Portanto, o trabalho escolar acerca da saúde, durante as aulas de Educação Física (EF), deve ser encarado como necessário, sendo a saúde não somente tema transversal proposto nos Parâmetros

Curriculares Nacionais – PCN (Brasil, 1998, 1999), mas também conteúdo específico da EFE. Contudo, o trabalho acerca da saúde nas aulas de EF precisa ser pensado a partir da complexidade do conceito do termo *saúde*.

A Organização Mundial da Saúde – OMS (WHO, 1999, 2003) define *saúde* não só como a ausência de doenças, mas como o completo bem-estar físico, mental e social. Para a aplicabilidade escolar na EF, precisamos revisitar esse conceito, a fim de pensarmos de maneira ampla, no sentido de considerar que a saúde é o estado resultante das condições de que o indivíduo dispõe com relação a alimentação, habitação, educação, renda, meio ambiente, trabalho, transporte, emprego, lazer, liberdade, acesso à terra e posse desta e acesso aos serviços de saúde (Farias Júnior, citado por Bagrichevsky; Palma; Estevão, 2003).

Dessa forma, ao pensarmos a saúde em sua complexidade, inevitavelmente surgirá a necessidade da abordagem sobre outros temas relacionados ao conceito de *saúde*, como aptidão física, alimentação e exercícios físicos. Considerando que o conceito de *saúde* é formado pelo resultado de várias e diferentes condições, é necessário pensarmos nesses temas não como único meio, mas como requisito parcial para o alcance do completo bem-estar do indivíduo.

Talvez o trabalho acerca da importância da prática de exercícios físicos seja um dos pontos principais para a abordagem de conhecimentos pertinentes à EF na escola, uma vez que praticar os conhecimentos aprendidos implica reconhecer sua importância para a vida de quem os pratica.

Dessa forma, quando se trata da EF trabalhada com base na perspectiva de uma educação para a saúde, é indispensável que se tenha como objetivo maior a iniciativa autônoma por parte dos jovens, para a adoção de hábitos condizentes com a ideia de saúde. Isso significa que, além de favorecer a aquisição de conhecimentos acerca dos conceitos, da importância e dos procedimentos em saúde, é interessante que as aulas de EF conduzam os alunos à prática daquilo que vierem a aprender.

Mas será possível, por meio das aulas de EFE, influenciar os estudantes a ponto de levá-los às mudanças comportamentais? O que, de fato, está ao alcance do educador físico que atua no ambiente escolar? De que maneira as aulas de EFE, na perspectiva da educação para a saúde, podem favorecer a adoção de hábitos saudáveis por parte dos jovens atualmente? Até que ponto o trabalho acerca da saúde, durante as aulas de EF, pode contribuir para a diminuição da incidência de doenças crônicas degenerativas?

Na tentativa de responder às questões mencionadas, podemos nos remeter à pesquisa de Testa Junior e Finck (2011), na qual se observou que, por meio da intervenção didático-pedagógica na escola, nas aulas de EF, é possível contribuir para que os alunos adquiram conhecimentos de ordem conceitual e procedimental sobre o tema saúde relacionado às práticas corporais de movimento. Uma maneira interessante de ajudar os estudantes na descoberta e na compreensão acerca dos temas peculiares à saúde é utilizar outros assuntos em detrimento da ideia de educação para a saúde.

Testa Junior e Zuliani (2011) detectaram no estudo sobre o futebol, esporte fortemente espetacularizado e gerador de diferentes tipos de conflitos, uma possibilidade para a compreensão e o estabelecimento de relações sobre diferentes temas e conceitos intimamente ligados à saúde. No entanto, de acordo com Testa Junior e Finck (2011), o "saber sobre" e o "saber fazer" parecem não garantir que os estudantes adotem hábitos saudáveis.

Talvez a formação dos hábitos esteja muito mais ligada à educação familiar do que à educação escolar, especialmente às aulas de EF. Indício dessa hipótese é demonstrado na pesquisa de Petroski e Pelegrini (2009) que já mencionamos, na qual os autores apontam que os pais influenciam os hábitos dos filhos, determinando as condições de saúde destes.

Por outro lado, entendemos que a aprendizagem sobre conceitos e procedimentos não garante a prática das atividades físicas de forma regular, mas pode contribuir para que os estudantes se tornem mais conscientes sobre sua própria situação diante do conceito de *saúde*. Assim, ao terem consciência sobre o que são e fazem, os alunos passam a ser pessoas mais suscetíveis de adotar hábitos saudáveis autonomamente.

Dessa forma, inicialmente podemos compreender que o trabalho acerca da saúde nas aulas de EF pode contribuir para a adoção de hábitos dirigidos à ideia de saúde, na medida em que favorece o aprendizado conceitual e procedimental por parte dos estudantes, tornando-os mais conscientes das suas ações ou omissões.

Contudo, acreditamos que um trabalho em longo prazo nas aulas de EF, visando ao educar para a saúde, pode provocar mudanças comportamentais por parte dos estudantes, ou seja, mudanças de hábitos, partindo para o que se entende ser considerado mais saudável. Talvez, se conseguirmos levar os estudantes a compreenderem a inatividade física, a alimentação inadequada, o uso de drogas, entre outros, como situações problemáticas que atingem maléfica e diretamente o próprio corpo, poderemos pensar que passariam a tentar resolvê-las. Mas, se os alunos aprendessem sobre o que e como fazer, não estariam, portanto, capacitados para compreender certos hábitos relacionados à saúde como desencadeadores de problemas em sua vida? Considerar uma situação como problema não requer somente entender a situação, mas identificá-la como acontecimento que deve ser resolvido, que deve ser sanado.

Portanto, parece-nos que contribuir para o "aprender sobre" e o "aprender a fazer" acerca das práticas pertinentes à cultura corporal de movimento está ao alcance das aulas de EF, e o "aprender a ser", a dimensão atitudinal do conhecimento, emerge como o desafio da proposta de uma educação para a saúde e uma metodologia baseada na resolução de problemas, como uma possibilidade nesse contexto. Consideramos que o trabalho acerca da saúde, a ser desenvolvido nas aulas de EF, só poderá ser considerado favorecedor da diminuição da incidência de doenças crônicas degenerativas à medida que contribuir para que os alunos venham a adotar estilos de vida mais condizentes com o chamado *completo bem-estar*.

Referências

BAGRICHEVSKY, M.; PALMA, A.; ESTEVÃO, A. **A saúde em debate na Educação Física**. Blumenau: Edibes, 2003. v. 1.

BRASIL. Ministério da Educação. Secretaria de Educação Fundamental. **Parâmetros Curriculares Nacionais**: Educação Física. Brasília, 1998. v. 7. Disponível em: <http://portal.mec.gov.br/seb/arquivos/pdf/livro07.pdf>. Acesso em: 18 dez. 2012.

BRASIL. Ministério da Educação. Secretaria de Educação Básica. **Parâmetros Curriculares Nacionais**: Educação Física (Ensino Médio). Brasília, 1999.

FARIAS JÚNIOR, J. C. Prevalência e fatores de influência para inatividade física em adolescentes. **Revista Brasileira da Ciência e do Movimento**, v. 14, n. 1, p. 63-70, 2006.

FREIRE, E. S.; OLIVEIRA, J. G. M. Educação Física no ensino fundamental: identificando o conhecimento de natureza conceitual, procedimental e atitudinal. **Motriz**, Rio Claro, v. 10, n. 3, p. 140-151, set./dez. 2004.

GUEDES, D. P. et al. Níveis de prática de atividade física habitual em adolescentes. **Revista Brasileira de Medicina do Esporte**, v. 7, n. 6, p. 187-200, 2001.

PETROSKI, E. L.; PELEGRINI, A. Associação entre o estilo de vida dos pais e a composição corporal dos filhos adolescentes. **Revista Paulista de Pediatria**, v. 27, n. 1, p. 48-52, 2009.

TESTA JUNIOR, A.; FINCK, S. C. M. A Educação Física na escola na perspectiva da saúde, do movimento e qualidade de vida. In: CONGRESSO INTERNACIONAL DE EDUCAÇÃO FÍSICA E QUALIDADE DE VIDA DO NOROESTE PAULISTA, 1., São José do Rio Preto, 2011. **Anais...** São José do Rio Preto: Unirp, 2011.

TESTA JUNIOR, A.; ZULIANI, S. R. Q. A. O futebol como meio para a compreensão de conceitos relacionados à saúde. In: CONGRESSO INTERNACIONAL DE EDUCAÇÃO FÍSICA E QUALIDADE DE VIDA DO NOROESTE PAULISTA, 1., São José do Rio Preto, 2011. **Anais...** São José do Rio Preto: Unirp, 2011.

WHO – World Health Organization. **Children's and Adolescent's Health in Europe**. Copenhagen; Vienna, 2003.

_____. **Promoción para la salud y el desarrollo de los adolescentes**. Genebra, 1999.

Educação Física, escola e inclusão: como avaliar essa relação?

Janaína Mayra de Oliveira Weber
Gilmar de Carvalho Cruz

A intervenção da Educação Física em ambiente escolar impõe o relacionamento com grupos heterogêneos, constituídos por crianças e jovens com diferentes níveis de habilidade motora. Essa situação torna-se ainda mais evidente se levarmos em conta a possibilidade de termos em nossas aulas pessoas que apresentam necessidades educacionais especiais. A necessidade de implementar uma participação efetiva da Educação Física em nosso sistema de ensino nos remete à Declaração de Salamanca (Brasil, 1994, p. 10), que apela aos governos para que adotem "com força de lei ou como política, o princípio da educação integrada que permita a matrícula de todas as crianças em escolas comuns, a menos que haja razões convincentes para o contrário".

Desde 1994, com a publicação da referida declaração (Brasil, 1994), fazemo-nos acompanhar pelo fantasma do fechamento das escolas especiais. Mais recentemente, uma espécie de "efeito Salamanca" ressurgiu. Com a publicação da versão preliminar da Política Nacional de Educação Especial na Perspectiva da Educação Inclusiva (Brasil, 2007) e de sua versão final, de 2008 (Brasil, 2008), presenciou-se novamente a mobilização de algumas escolas especiais em virtude do fantasma de seu fechamento. Há uma proposição manifestada nos referidos documentos de criação/incremento de Centros de Atendimento Especializado. Nessa direção, tanto as Diretrizes da Educação Especial para a Educação Básica (Brasil, 2001) quanto a atual Lei de Diretrizes e Bases da Educação Nacional (LDBEN) – Lei nº. 9.394/1996 (Brasil, 1996) apontam para a figura do atendimento especializado.

> No que diz respeito à inclusão escolar, importa compreendê-la como a oferta de um efetivo processo de escolarização a todos os alunos – inclusive aqueles que apresentam algum tipo de deficiência, seja ela física, intelectual, sensorial ou múltipla. [...] A inclusão escolar de todas as pessoas que compõem nosso cenário social – a despeito do quão específicas sejam suas necessidades especiais – demanda um esforço coletivo que vai da reflexão teórica à intervenção pedagógica, e deve guardar como foco a educação escolarizada de todos os alunos.
>
> [...]
>
> A inclusão escolar deve traduzir um conjunto de reflexões e ações que garantam ingresso, permanência e saída de todos os alunos, devidamente instrumentalizados para a vida em sociedade. Caso contrário, pode-se, a pretexto de promoção da inclusão, confirmar práticas pedagógicas excludentes ou, no mínimo, dissimuladoras de uma realidade que prima pela exclusão. A articulação do sistema de ensino como um todo – educação básica, educação superior e a educação especial, na condição de modalidade de ensino – possibilita a reunião de competências necessárias ao enfrentamento dos desafios presentes no cotidiano escolar. Desafios estes que se tornam inequívocos numa perspectiva educacional inclusiva e nos permitem focar a inclusão escolar, antes, como expressão da responsabilidade e do compromisso social da escola. (Cruz, 2005b, p. 16; 22)

Uma das contradições presentes no cenário educacional brasileiro diz respeito à intervenção escolar com vistas ao atendimento de pessoas que apresentam necessidades educacionais especiais, isto é, que se encontram à margem do sistema regular de ensino por questões de ordem biológica, psicológica, social, cultural ou econômica. Em um cenário social complexo e dinâmico como este em que convivemos, as necessidades educacionais especiais podem traduzir demandas específicas, desde crianças e jovens que apresentam algum tipo de deficiência até aqueles em situação de conflito com a lei. O assunto adquire maior densidade se considerarmos inclusão e exclusão como conceitos mediados por uma tênue linha representada por instituições sociais que assumem a responsabilidade de reabilitar, recuperar, ressocializar. Essas instituições são componentes de uma realidade social excludente (Gentili, 2007) e definem ações compensatórias (Cury, 2005) e, por vezes, assistencialistas de toda ordem, em uma tácita perspectiva de regeneração e redenção social.

Nesse contexto, a escola é uma das instituições que vêm sendo provocadas no sentido de assumir, em suas proposições pedagógicas cotidianas, as demandas sinalizadas por seus alunos (Arroyo, 2004, 2007; Pino, 2007). Uma política educacional que se pretenda inclusiva deve buscar a coerência no relacionamento entre questões particulares e gerais, entre o indivíduo e a coletividade, entre os componentes curriculares e a escola, entre a própria política educacional e seu entorno social, "a fim de que se potencialize a ampliação do espaço de participação social de parcelas da população" (Cruz, 2005a) excluídas de processos formais de ensino. Desse modo, instituições paralelas sugerem alternativas para lidar com consequências, mas não necessariamente enfrentam ou elucidam as possíveis causas da ausência de êxito em determinados processos por elas deflagrados ou dos quais participam.

Se considerarmos que os debates relacionados à escola brasileira têm apontado para uma preocupação com a sua função em nosso contexto social, não podemos perder de vista, portanto, o processo de construção e organização das demandas contemporâneas de crianças e jovens. Apenas poderemos pensar em um sistema de ensino coerente com as demandas sociais que se manifestam nas demandas particulares de crianças e jovens se aprofundarmos nossa compreensão sobre os processos de inclusão/exclusão que permeiam suas trajetórias. O relacionamento estabelecido entre políticas educacionais inclusivas e cenários sociais excludentes, existentes em nossa realidade social, define uma contradição que urge ser superada.

No caso específico da Educação Física, o tema *inclusão* representa uma evidente provocação para a área, principalmente se ampliarmos a ideia de inclusão para além do atendimento escolar de pessoas com necessidades especiais. Tradicionalmente, nossas aulas são inclusivas? Elas garantem a participação efetiva de todos os alunos? Pensar nesse assunto exige profundidade para que consigamos alcançar, na discussão, a própria Educação Física. Para instigar o aprofundamento nessas questões, relevantes para nosso aprimoramento acadêmico profissional, vale compartilhar a reflexão elaborada por Gomes, Almeida e Bracht (2010) sobre os desafios decorrentes das contradições presentes na tensão inclusão/exclusão e suas implicações no campo da Educação Física escolar, no que diz respeito ao trato às diferenças manifestadas pelos alunos que dela participem. "O fato de esses autores não se intitularem da 'Educação Física Adaptada' permite uma reflexão *desterritorializada*" (Caparroz et al., 2011, p. 3, grifo do original).

Portanto, o ensaio supracitado, assentado no pensamento de Bauman (citado por Gomes; Almeida; Bracht, 2010), não se desgarra de questões viscerais da Educação Física, ao mesmo tempo que não a adjetiva. Para os referidos autores, "não basta que a escola assuma o discurso da diferença, mas precisa colocar a própria diferença em discussão. Pois novas formas de inclusão podem [...] estar acompanhadas de práticas pedagógicas de exclusão" (Gomes; Almeida; Bracht, 2010, p. 13). Os debates a respeito desse assunto indicam a Educação Física adaptada como o ramo da Educação Física que tem por objetivo "o estudo e a intervenção profissional no universo das pessoas que apresentam diferentes e peculiares condições para a prática das atividades físicas" (Pedrinelli; Verenguer, 2008, p. 4).

Diante do calor presente nas discussões relacionadas à inclusão escolar de pessoas com necessidades especiais, chamam a atenção algumas formas de se compreender o ordenamento legal referente ao assunto, o qual pode ser percebido como algo novo no cenário nacional brasileiro. No entanto, se nos reportarmos ao Decreto nº 3.298/1999 (Brasil, 1999), ao Decreto nº 914/1993 (Brasil, 1993) e à Lei nº 7.853/1989 (Brasil, 1989), observaremos que a preocupação com a efetivação da escolarização de pessoas com necessidades especiais não surge no Brasil após a Declaração de Salamanca. Entretanto, essa preocupação não apresenta correspondência em termos de avaliação da efetividade tanto das políticas públicas quanto das práticas profissionais.

9.1 Avaliar (considerando a complexidade contextual) é preciso! Avaliar não é preciso

Não podemos perder de vista, no entanto, que a produção acadêmico-científica, fruto desse diálogo com demandas sociais historicamente construídas e de algum modo traduzidas nesses textos legais, vem se adensando nas últimas duas décadas – e isso concomitantemente ao adensamento da produção científica e das discussões acerca da Educação Física como área de conhecimento acadêmico e de intervenção profissional.

A Educação Física passou por discussões e reflexões nas últimas décadas que culminaram em reorganização, reformulação e até ressignificação de seus conteúdos e objetivos, e desde então seu papel na sociedade adquire cada vez mais abrangência e especificidade ao mesmo tempo. Desse movimento, é importante destacar a elaboração das tendências, ou linhas de abordagem, da Educação Física, como uma forma de sistematização de seus conteúdos, procurando oferecer reflexões e formulações teóricas que possam subsidiar a prática pedagógica do professor no contexto escolar, num esforço de conceber a atividade física por meio do conceito de práxis, ou seja, como manifestação corporal cultural impregnada de sentido e significados.

Os significados das práticas corporais podem ser edificados tanto como campo estratégico de exercício do poder disciplinar sobre os corpos – partindo de uma análise dessas práticas, baseada em Foucault (1979), as quais se põem a serviço da seleção, da classificação, do condicionamento, da dominação, da alienação, da higienização, da homogeneização e da coisificação do ser humano – quanto como elemento fundamental contribuinte para a emancipação do sujeito, mediando as relações do homem com o meio e com o outro por intermédio do movimento.

Podemos fazer a leitura da primeira forma de se conceber a atividade física supracitada, principalmente dos exercícios militares e do eixo esportivo, nos quais predomina o tecnicismo como metodologia principal para o aprendizado dos gestos de forma "correta". Por mais que duas décadas de reflexões e discussões tenham se passado, as quais desencadearam a elaboração de um quadro teórico para a Educação Física, ainda permeiam muitos resquícios do tecnicismo nas nossas aulas.

Mesmo assim, nesse movimento geral causado, de uma maneira ou de outra, pelos princípios de uma educação inclusiva, a Educação Física busca enquadrar-se nos princípios humanistas e democráticos que norteiam a **educação para todos**, firmada nos documentos oficias inicialmente citados e nos aspectos seletivos e classificatórios das manifestações corporais na escola que deveriam ter perdido o espaço gradualmente. Contudo, a prática pedagógica do professor parece ainda estar impregnada dessas formas de intervenção, muitas vezes por força não só do profissional em questão, mas também das representações sociais que a própria Educação Física tem no imaginário social.

Para se criar um ambiente no qual as necessidades dos alunos venham a ser atendidas, é de suma importância que, analisando as características peculiares dos alunos – inclusive as dos que apresentam deficiência –, o professor assuma sua responsabilidade na consecução dos objetivos relacionados ao programa de Educação Física por ele implementado. Nesse sentido, a avaliação do processo ensino-aprendizagem tem inestimável relevância na oferta desses serviços no âmbito escolar.

Devemos atentar às considerações de Carmo (1994), Omote (1996) e Goffman (1988), resguardando as diferenças de ordem epistemológica e conceitual, ao mencionarem que fatores constitutivos do sujeito e aqueles relacionados ao ambiente físico e social no qual ele se encontra inserido atuam de modo interdependente no processo de construção da **deficiência**. É importante percebermos que o relacionamento entre a pessoa que apresenta deficiência, o seu ambiente físico e social e as restrições impostas pelas tarefas que lhe são apresentadas não pode ser ignorado na avaliação das possibilidades de intervenção do trabalho com esses indivíduos.

Do ponto de vista do comportamento motor, podemos dizer que "uma pessoa – com algum tipo de deficiência – possui desenvolvimento diferente, podendo, inclusive, manifestar um alto nível de competência motora" (Manoel, 1994, 1996, citado por Cruz, 2007).

> [...] se na base do nosso entendimento de Educação Física estiver uma ideia ampla do que seja movimento – capaz de nos permitir valorizar desde equilibrar-se numa determinada postura até locomover-se e manipular objetos [...] – assumimos a possibilidade

> de que pessoas portadoras de necessidades educativas especiais, – que apresentam algum tipo de deficiência, no caso – possam ser incluídas em nossas listas de alunos. (Cruz; Rodrigues, 2002, p. 128)

Cruz e Soriano (2012) evidenciam que, ao tratarmos da inclusão escolar de alunos que apresentam necessidades especiais, considerando a intervenção profissional em Educação Física, devemos levar em conta os contextos que configuram o ambiente escolar.

Nessa direção, Cruz (2005b, p. 36) afirma que:

> Em se tratando das implicações da inclusão de pessoas que apresentam necessidades especiais – deficiência física, mental ou sensorial; condutas típicas; altas habilidades; obesidade; cardiopatia; asma; etc. – por ocasião da participação em programas de Educação Física, há de se perceber o quão inapropriado é pensar nessa atuação da Educação Física sem a companhia de criteriosa reflexão a respeito do processo de preparação profissional.

A esse respeito, é possível afirmar com tranquilidade que pessoas com condições peculiares quanto a suas participações em serviços ofertados pela Educação Física (Pedrinelli; Verenguer, 2008) podem participar, por exemplo, de aulas de Educação Física em boa parte das escolas brasileiras – a despeito das (de)formações e/ou (des)informações dos profissionais responsáveis pelos conteúdos relativos a esse componente curricular. Afinal de contas, a Educação Física, particularmente na escola, lida já há muito tempo com alunos que compõem a "turma da enfermaria": jovens semanalmente menstruadas ou com dores de cabeça, jovens semanalmente desapontados com sua falta de habilidade, ambos desencorajados a experimentar movimentos que lhes sejam desafiadores, ambos desprovidos de experiências de aprendizagem que lhes permitam encarar tais desafios.

Em estudo realizado por Cruz et al. (2009), foi analisada a interferência de um ambiente inclusivo de aprendizagem em aulas de Educação Física. Do ponto de vista do processo de escolarização, naquilo que diz respeito aos movimentos corporais realizados pelos alunos, observou-se uma participação mais intensa dos alunos da escola especial, mas não um incremento de aprendizagem propriamente dita. A participação mais intensa dos alunos da escola especial em ambiente inclusivo pode ser explicada pelo fato de que, no caso específico do componente curricular Educação Física, algumas tarefas e atividades ficam comprometidas com um número muito reduzido de alunos. Uma aula de Educação Física de 45 minutos com a presença de cinco alunos pode se tornar cansativa e monótona, dificultando a utilização de algumas alternativas organizacionais para a realização de determinadas atividades/tarefas.

A percepção inicial de que nada ocorreu em termos de aprendizagem foi confrontada com informações mais objetivas, como as decorrentes das avaliações do movimento de arremessar, que serviram de referência para a reflexão realizada. Mais do que qualquer tentativa de comprovação que pudesse ser depreendida das informações obtidas no estudo de Cruz et al. (2009), a despeito das intervenções promovidas com foco específico no movimento de arremessar, cabe destacar a possibilidade objetiva de avaliação do desempenho de alunos em ambientes inclusivos, levando-se em consideração aspectos específicos do componente curricular Educação Física. Desse modo, o movimento de arremessar pôde servir de referência para uma análise mais criteriosa das implicações de um ambiente inclusivo de aprendizagem no comportamento motor dos participantes do estudo.

O contexto no qual ocorre a intervenção pedagógica da Educação Física apresenta peculiaridades que o tornam inequivocamente complexo. Uma experiência vivenciada em uma escola municipal do Estado de São Paulo ilustra essa assertiva. Ao avaliar a aprendizagem do bimestre de uma turma de 5º ano do ensino fundamental, a professora de Educação Física atribuiu a um aluno usuário de cadeira de rodas – sem qualquer comprometimento intelectual ou sensorial – uma nota maior que a de outros alunos da turma.

O pai de um dos alunos discordou dos critérios de avaliação, que implicavam tolerância, liderança, resolução de problemas, trabalho em equipe, iniciativa, e não uma avaliação física. Ele questionou "como alguém que nem mesmo anda" obteve uma nota maior que a de seu filho – atleta de futebol em um clube da cidade e melhor jogador da equipe.

Essa situação serve tanto para ilustrar o imaginário social que ainda permeia a Educação Física quanto para mostrar como ainda é difícil assimilar a deficiência como diversidade em um sentido qualitativo e não como uma diferença no sentido quantitativo, de "resto", de "menos", de déficit. Nesse viés da incapacidade e do aleijamento, alijam-se determinados alunos de vivências relacionadas a manifestações culturais do movimento corporal relevantes ao seu processo de desenvolvimento humano.

Outro aspecto que vale a pena destacar na situação mencionada com relação ao aluno com uma restrição motora objetiva, usuário de cadeira de rodas, é o fato de se poder diversificar a perspectiva avaliativa nas aulas de Educação Física, frisando, por exemplo, sua dimensão atitudinal. No que se refere a questões relacionadas à efetiva participação dos alunos com deficiência no ambiente da escola, ampliam-se e aprofundam-se as finalidades da Educação Física para além da análise de movimento, em consonância com a produção teórica da área para sua (re)configuração como área de saber escolar.

A avaliação em Educação Física escolar em si já é objeto de muita discussão e pouco consenso, como já há algum tempo apontam autores como Neira e Nunes (2009), Betti e Zuliani (2002) e Rodrigues (2003). Esses autores pontuam que os professores dessa disciplina, muitas vezes, não têm muito claros o conceito de avaliação e sua função no processo ensino-aprendizagem, e a força de nosso complexo contexto social tende a utilizar os parâmetros avaliativos no seu modo classificatório ou de forma subjetiva e casual, com base em critérios genéricos, como presença ou participação. Desse modo, o professor, esquecendo-se ou alienando-se do caráter de instrumento de verificação da aprendizagem e do ensino, passa a avaliar o aluno, e não o processo de aprendizagem.

Um estudo realizado por Vitaliano (2007) sobre o processo de inclusão do ponto de vista do professor do ensino superior explicita dúvidas, anseios e inseguranças que corroboram os estudos de Senna (2008), Monteiro e Manzini (2008) e Laplane (2006), os quais registraram, em suas pesquisas com professores do ensino fundamental, argumentos sustentados principalmente na falta de preparo para receber alunos com necessidades especiais como a principal dificuldade enfrentada pelos docentes.

Mantoan (2008), por sua vez, pondera que o processo de inclusão implica necessariamente uma mudança de paradigma da e na educação – "da" porque vai dar novos significados a ela e "na" porque essa mudança perpassa todos os aspectos da educacionais –; da infraestrutura aos métodos de ensino, das relações sociais dentro e fora da escola e de seus desdobramentos aos objetivos e os instrumentos da avaliação.

Essa mudança paradigmática acompanha as transformações da contemporaneidade, na qual a contradição, a ambiguidade, a abrangência, a complexidade e a diversidade são conceitos-chave na tentativa de se definir ou caracterizar a época, de forma que esses conceitos têm afetado, e muito, nos últimos anos, diferentes campos do saber humano (Lampert, 2005, p. 7).

Os preceitos do ensino inclusivo configuram exatamente essa afirmação e mostram, também, que as demandas da escola por parte da sociedade não só aumentaram, mas mudaram, e onde se postulava a hegemonia da uniformidade e da padronização ganharam lugar a diversidade e o multiculturalismo. Nesse cenário, um dos desafios é promover o ensino de qualidade para alunos que apresentam diferenças significativas no processo de educação escolarizada. Para tanto, faz-se necessário promover a desconstrução do "mito da homogeneidade/homogeneização dum grupo de alunos" (Cruz, 2010, p. 38) dentro da escola.

Essa série de transformações requeridas pelo contexto do ensino inclusivo vai em direção contrária a muitos dogmas específicos da Educação Física que, apesar de ultrapassados, persistem nas práticas docentes de boa parte dos professores, como nos aponta Mantoan (2008). Diante da discussão sobre avaliação levantada e desenvolvida por Perrenoud (1999) e Hoffmann (2010) e sua transposição para a discussão sobre avaliação em Educação Física escolar, Rodrigues (2003) ilustra, em seu estudo, um cenário no qual professores parecem ainda se debater entre o biológico e o psicossocial no momento de avaliar, cenário que se desdobra em resultados como a classificação ou em critérios muito genéricos, como a mera averiguação de participação equivalente à presença.

9.2 (Não nos esqueçamos de) Avaliar... a própria prática profissional!

Apoiada na percepção da complexidade da "ação avaliativa", Hoffmann (2010, p. 22) propõe "gerar um estado de alerta do professor sobre o significado de sua prática, discutindo, avaliando, refletindo". É imprescindível que a leitura profissional do processo de ensino e aprendizagem se dê assentada em dados do contexto da intervenção que nos permitam uma interpretação adequada das demandas de nossos alunos.

Independentemente do local no qual se realiza a intervenção – escola especial, escola regular, escola comum, ou, quem sabe, simplesmente escola –, questões organizacionais do ambiente de aprendizagem são centrais nas reflexões realizadas. O argumento de que instituições especializadas estão mais bem preparadas para o atendimento educacional de alunos que apresentam necessidades especiais em virtude da redução de 30 para 5 alunos, por exemplo, não define por si só um ambiente de aprendizagem mais efetivo. Apesar de ainda nos esforçarmos para buscar turmas de alunos que se assemelhem em relação ao nível de habilidades apresentado, esse nível é, e sempre será, muito diferente, seja em uma turma de 30, seja em uma turma de 5 alunos.

Se assumirmos que a inclusão escolar diz respeito à efetivação do processo de escolarização de alunos que apresentam condições peculiares de aprendizagem, o parâmetro para definir a escola mais adequada é o êxito no processo de escolarização. Nesse sentido, não é o espaço físico, o nome ou o tempo de existência da escola que vai indicar o ambiente físico-social mais adequado para a escolarização de alunos surdos, por exemplo. Mais do que estar na escola A, B ou C, interessa a todo e qualquer aluno frequentar uma escola que lhe garanta a apropriação do patrimônio cultural acumulado pela humanidade, traduzido na forma de saber escolarizado.

A esse respeito, chama a atenção o que sugere ser uma grande contradição na era da inclusão, mas que pode ser compreendido como um lúcido encaminhamento dessa controversa discussão a respeito da escolarização de alunos com necessidades especiais em uma perspectiva educacional inclusiva. O Conselho Municipal de Educação de Porto Alegre, ao fixar as "normas para a oferta de Ensino Fundamental na Rede Municipal de Ensino" (Porto Alegre, 2006, p. 1), determinou que o projeto pedagógico das instituições de ensino deve abranger "o atendimento aos educandos com necessidades educacionais especiais, assegurando as condições adequadas à educação inclusiva de qualidade, conforme resoluções próprias da educação especial" (Porto Alegre, 2006, p. 3). Na sequência, o mesmo conselho "manifesta-se favorável à criação de Escola Municipal de Ensino Fundamental Bilíngue de Surdos" (Porto Alegre, 2008, p. 1). O que pode parecer contradição representa de fato a compreensão de inclusão escolar assentada menos no espaço ocupado pelo aluno do que pelo modo como esse espaço repercute em seu processo de escolarização.

As discussões e os estudos acerca da inclusão apontam para uma releitura do conceito de *deficiência*, de forma que esta apareça na escola como apenas uma das diversas identidades que temos no contexto escolar. Quando nos referimos à inclusão, devemos pensar de maneira mais abrangente em termos do diverso, e não somente nas situações que envolvam alunos que apresentam determinada deficiência. Somente os alunos com deficiência são/estão excluídos de aulas de Educação Física? Quantas meninas, alunos acima do peso considerado ideal, menos habilidosos, com baixa estatura, desatentos ficam de fora na hora da composição dos times, ano após ano? Por quanto tempo perdurará essa situação?

As reflexões sobre inclusão escolar implicam uma grande mudança axiológica na educação, e não só metodológica, como muitos insistem em tratar, pois implica a ideia de uma escola para todos, uma escola que foque o aluno, e não somente o cumprimento do currículo; uma escola que vise à aprendizagem quando se discutir o ensino, que agregue em vez de simplesmente selecionar, classificar e rotular. Assim, passa-se a (re)pensar os propósitos e os objetivos do ensino; passa-se a exigir da escola uma forma mais orgânica e visceral de se organizar. E os moldes padronizadores tradicionais da escola vão sendo amplamente questionados e frontalmente atacados em muitas ocasiões.

Manter o discurso da falta de capacitação e preparo para receber os alunos com deficiência, quando se tem pelo menos 11 anos da Resolução CNE/CEB nº 2/2001 (Brasil, 2001), que em seu art. 2º trata da inserção de todos os alunos no ensino regular, torna-se um tanto inconveniente. Essa resolução postula que "os sistemas de ensino devem matricular todos os alunos, cabendo às escolas organizar-se para o atendimento aos educandos com necessidades educacionais especiais, assegurando as condições necessárias para uma educação de qualidade para todos" (Brasil, 2001, p. 1).

No momento, encontramo-nos diante de demandas socioeducacionais gritantes no que diz respeito à escolarização de pessoas que apresentam condições peculiares de aprendizagem. Compreendendo as implicações dessas demandas nos procedimentos de ensino, a questão da preparação dos professores e das escolas já deveria ter dado lugar às questões levantadas por Mantoan (2008): Se não estamos preparados, quando é que vamos nos preparar? O que estamos fazendo pra nos preparar? Do que precisamos pra nos preparar? O que se pode observar na história são os vários processos de exclusão e segregação de todos aqueles que, de alguma forma, destoavam do padrão comportamental, social ou estético vigente (Meneghetti, 2004). A inclusão, no entanto, no sentido de equiparação de oportunidades, ainda é uma novidade.

Para que essa **preparação** aconteça, é necessário visualizá-la como um processo dialético, dinâmico, de edificação do ato de ensinar como prática reflexiva, e não como um sistema fechado com receitas e roteiros de procedimentos e métodos inclusivos. Ainda é comum, particularmente no âmbito da Educação Física escolar, a existência de análises subjetivas, apoiadas em pseudoavaliações assistemáticas desprovidas de critérios claros e objetivos – desprovidas, aliás, de objetivo(s). É fundamental que nossos procedimentos avaliativos nos apontem pistas sobre adequações e inadequações da intervenção pedagógica efetuada. Precisamos avaliar, para além de nossos alunos, a nós mesmos, nossas práticas e nossos discursos – sejam eles de ordem política, sejam de ordem acadêmica ou profissional.

Para que percebamos avanços no estabelecimento da relação entre Educação Física, escola e inclusão, é imprescindível, tanto quanto a crítica, colocarmo-nos no centro dessa crítica. Quer estejamos no topo ou na rabeira da cadeia alimentar – que bem nos permite caricaturar a divisão social na qual se insere o trabalhador brasileiro –, quer estejamos na educação superior ou na educação básica, é fundamental que a crítica, alimentada por uma avaliação criteriosa e autoquestionadora, não perca de vista nossas próprias intervenções acadêmico-profissionais. Desse modo, podemos refletir sobre a avaliação no contexto da inclusão escolar com o intuito de que as reflexões vindouras levem à **otimização** da prática pedagógica deflagrada no campo da Educação Física.

Estabelecer metas que não sejam definitivas, mas definidoras dos pontos aos quais se quer chegar, do que se quer construir, é um passo a ser considerado nesse processo de evolução de nossas formas de avaliação. E, parafraseando Colker (2012), talvez a Educação Física um dia venha a assumir como sua a inequívoca tarefa de pensar e emocionar na construção de corpos que tenham prazer em se movimentar, quaisquer que sejam suas formas e texturas, seus sons, sabores, odores e cores.

Referências

ARROYO, M. **Imagens quebradas**: trajetórias e tempos de alunos e mestres. 2. ed. Petrópolis: Vozes, 2004.

_____. Quando a violência infantojuvenil indaga a pedagogia. **Educação & Sociedade**, Campinas, v. 28, n. 100, p. 787-807, out. 2007. Edição especial.

BETTI, M. ZULIANI, L. R. Educação Física escolar: uma proposta de diretrizes pedagógicas. **Revista Mackenzie de Educação Física e Esporte**, ano 1, n. 1, 2002.

BRASIL. Decreto n. 914, de 6 de setembro de 1993. **Diário Oficial da União**, Poder Executivo, Brasília, 8 set. 1993. Disponível em: <http://www.planalto.gov.br/ccivil_03/decreto/d0914.htm>. Acesso em: 27 dez. 2012.

BRASIL. Decreto n. 3.298, de 20 de dezembro de 1999. **Diário Oficial da União**, Poder Executivo, Brasília, 21 dez. 1999. Disponível em: <http://www.planalto.gov.br/ccivil_03/decreto/d3298.htm>. Acesso em: 27 dez. 2012

BRASIL. Lei n. 7.853, de 24 de outubro de 1989. **Diário Oficial da União**, Poder Legislativo, Brasília, 25 out. 1989. Disponível em: <http://www.planalto.gov.br/ccivil_03/leis/L7853.htm>. Acesso em: 27 dez. 2012.

_____. Lei n. 9.394, de 20 de dezembro de 1996. **Diário Oficial da União**, Poder Legislativo, Brasília, 23 dez. 1996. Disponível em: <http://www.planalto.gov.br/ccivil_03/leis/L9394.htm>. Acesso em: 18 dez. 2012.

BRASIL. Ministério da Educação. Conselho Nacional de Educação. Câmara de Educação Básica. Resolução n. 2, de 11 de fevereiro de 2001. Relator: Francisco Aparecido Cordão. **Diário Oficial da União**, Brasília, 14 set. 2001. Disponível em <http://portal.mec.gov.br/cne/arquivos/pdf/CEB0201.pdf>. Acesso em: 27 dez. 2012.

BRASIL. Ministério da Educação. Secretaria de Educação Especial. Grupo de Trabalho da Política Nacional de Educação Especial. **Política Nacional de Educação Especial na Perspectiva da Educação Inclusiva**. Brasília, 2008. Disponível em: <http://portal.mec.gov.br/arquivos/pdf/politicaeducespecial.pdf>. Acesso em: 27 dez. 2012.

_____. **Política Nacional de Educação Especial na Perspectiva da Educação Inclusiva**: versão preliminar. Brasília, 2007. Disponível em: <http://pfdc.pgr.mpf.gov.br/informacao-e-comunicacao/informativos-pfdc/edicoes-2007/docs-outubro/Anexo%20Inf%2080%20Verso%20Preliminar%20-%20Politica%20Nacional%20de%20Educao%20Especial.pdf>. Acesso em: 27 dez. 2012.

BRASIL. Ministério da Justiça. **Declaração de Salamanca e linha de ação sobre necessidades educativas especiais**. Brasília: Corde, 1994.

CAPARROZ, L. B. S. et al. Inclusão e diferença na Revista Brasileira de Ciências do Esporte: associações e dissociações no campo da Educação Física. In: CONGRESSO BRASILEIRO DE CIÊNCIAS DO ESPORTE, 17., 2011, Porto Alegre. **Anais...** Porto Alegre: Conbrace, 2011. Disponível em: <http://cbce.tempsite.ws/congressos/index.php/XVII_CONBRACE/2011/paper/view/3049/1782>. Acesso em: 8 ago. 2012.

CARMO, A. A. **Deficiência física**: a sociedade brasileira cria, "recupera" e discrimina. 2. ed. Brasília: Secretaria dos Desportos/PR, 1994.

COLKER, D. **Centro de Movimento Deborah Colker**. Rio de Janeiro, 2012. Panfleto distribuído em apresentação no Teatro João Caetano.

CRUZ, G. de C. A educação escolarizada de pessoas que apresentam necessidades educativas especiais em nossa paisagem político-social. **Rede Saci**, 25 maio 2005a. Disponível em: <http://saci.org.br/index.php?modulo=akemi&parametro=16312>. Acesso em: 8 ago. 2012.

_____. **Formação continuada de professores de Educação Física em ambiente escolar inclusivo**. 254 f. Tese (Doutorado em Educação Física) – Universidade Estadual de Campinas, Campinas, 2005b. Disponível em: <http://www.educadores.diaadia.pr.gov.br/arquivos/File/2010/artigos_teses/EDUCACAO_FISICA/teses/Cruz.pdf>. Acesso em: 8 ago. 2012.

_____. Organização de ambientes inclusivos em aulas de Educação Física. In: CONGRESSO BRASILEIRO MULTIDISCIPLINAR DE EDUCAÇÃO ESPECIAL, 4., 2007, Londrina. **Anais...** Londrina: UEL, 2007. Disponível em: <http://www.psiquiatriainfantil.com.br/congressos/uel2007/134.htm>. Acesso em: 8 ago. 2012.

CRUZ, G. de C.; RODRIGUES, J. A. Impacto da organização do ambiente de aulas de Educação Física no desempenho motor de uma pessoa portadora de paralisia cerebral. **Revista Brasileira de Ciências do Esporte**, Campinas, v. 23, n. 3, p. 121-131, maio 2002. Disponível em: <http://rbceonline.org.br/revista/index.php/RBCE/article/viewFile/307/272>. Acesso em: 8 ago. 2012.

CRUZ, G. de C.; SORIANO, J. B. **Educación inclusiva**: formação profissional em contextos educacionais inclusivos – o grupo focal na formação continuada de professores. Disponível em: <http://www.adeepra.org.ar/congresos/Congreso%20IBEROAMERICANO/EDUCINCLUSIVA/R0858_GilmardCarvalhCruz.pdf>. Acesso em: 8 ago. 2012.

CRUZ, G. de C. et al. Ambientes inclusivos em aulas de Educação Física: um diálogo entre escolas especial e regular. In: BUSTO, R. M. et al. (Org.). **Esporte, reabilitação e Educação Física inclusiva na qualidade de vida de pessoas com deficiência**. Londrina: Eduel, 2009. p. 161-173.

CRUZ, M. R. D. F. Desmistificando o mito da turma homogênea: caminhos duma sala de aula inclusiva. **Revista Educação Especial**, Santa Maria, v. 23, n. 36, p. 27-42, jan./abr. 2010.

CURY, C. R. J. Políticas inclusivas e compensatórias na educação básica. **Cadernos de Pesquisa**, v. 35, n. 124, p. 11-32, jan./abr. 2005.

FOULCALT, M. **A microfísica do poder**. Rio de Janeiro: Graal, 1979.

GENTILI, P. (Org.). **Pedagogia da exclusão**: crítica ao neoliberalismo em educação. 13. ed. Petrópolis: Vozes, 2007.

GOFFMAN, E. **Estigma**. 4. ed. Rio de Janeiro: Guanabara Koogan, 1988.

GOMES, I. M.; ALMEIDA, F. Q.; BRACHT, V. O local da diferença: desafios à Educação Física escolar. **Pensar a Prática**, Goiânia, v. 13, n. 1, 2010.

HOFFMANN, J. M. L. **Avaliação**: mito e desafio numa perspectiva construtivista. 35. ed. Porto Alegre: Mediação, 2010.

LAMPERT, H. (Org.). **Pós-Modernidade e conhecimento**: educação, sociedade, ambiente e conhecimento humano. Porto Alegre: Sulina, 2005.

LAPLANE, A. Uma análise das condições para a implementação de políticas de educação inclusiva no Brasil e na Inglaterra. **Educação & Sociedade**, Campinas, v. 27, n. 96, p. 689-715, out. 2006.

MANOEL, E. J. Atividade motora adaptada: desafios para o século XXI. In: SIMPÓSIO PAULISTA DE EDUCAÇÃO FÍSICA ADAPTADA, 6., São Paulo, 1996. **Anais...** São Paulo, 1996. p. 183-185.

_____. Desenvolvimento motor: implicações para a Educação Física escolar. **Revista Paulista de Educação Física**, v. 8, n. 1, p. 82-97, 1994.

MANTOAN, M. T. E (Org.). **O desafio das diferenças na escola**. Petrópolis: Vozes, 2008.

MENEGHETTI, R. G. K. Diálogo com a história. In: GAIO, R.; MENEGHETTI, R. G .K (Org.). **Caminhos pedagógicos da educação especial**. 2. ed. Petrópolis: Vozes, 2004.

MONTEIRO, A. P. H.; MANZINI, E. J. Mudanças nas concepções do professor do ensino fundamental em relação à inclusão após a entrada de alunos com deficiência em sua classe. **Revista Brasileira de Educação Especial**, Marília, v. 14, n. 1, p. 35-52, jan./abr. 2008.

NEIRA, M. G.; NUNES, M. L. F. **Educação Física, currículo e cultura**. São Paulo: Phorte, 2009.

OMOTE, S. Perspectivas para conceituação de deficiências. **Revista Brasileira de Educação Especial**, Piracicaba, v. 2, n. 4, p. 127-135, 1996. Disponível em: <http://educa.fcc.org.br/pdf/rbee/v02n04/v02n04a12.pdf>. Acesso em: 26 dez. 2012.

PEDRINELLI, V. J.; VERENGUER, R. C. G. Educação Física adaptada: introdução ao universo das possibilidades. In: GORGATTI, M. G.; COSTA, R. F. **Atividade física adaptada**: qualidade de vida para pessoas com necessidades especiais. 2. ed. Barueri: Manole, 2008.

PERRENOUD, F. **Avaliação**: da excelência à regulação das aprendizagens – entre duas lógicas. Porto Alegre: Artmed, 1999.

PINO, A. Violência, educação e sociedade: um olhar sobre o Brasil contemporâneo. **Educação & Sociedade**, Campinas, v. 28, n. 100, p. 763-785, out. 2007. Edição especial.

PORTO ALEGRE. Câmara Municipal. Conselho Municipal de Educação. Comissão de Planejamento, Recursos Públicos e Avaliação. **Parecer n. 001/2008**. Manifesta-se favorável à criação de Escola Municipal de Ensino Fundamental Bilíngue de Surdos. Porto Alegre, 2008. Disponível em: <http://lproweb.procempa.com.br/pmpa/prefpoa/smed/usu_doc/parecercerto2008.pdf>. Acesso em: 11 out. 2013.

_____. **Resolução n. 008**, de 14 de dezembro de 2006. Fixa normas para a oferta de Ensino Fundamental na Rede Municipal de Ensino. Porto Alegre, 2006. Disponível em: <http://lproweb.procempa.com.br/pmpa/prefpoa/smed/usu_doc/resolucao_cme_08_2006.lnk.pdf>. Acesso em: 11 out. 2013.

RODRIGUES. G. M. A avaliação em Educação Física escolar: caminhos e contextos. **Revista Mackenzie de Educação Física e Esporte**, ano 2, n. 2, p. 11-21, 2003.

SENNA, L. A. G. Formação docente e educação inclusiva. **Cadernos de Pesquisa**, v. 38, n. 133, p. 195-219, jan./abr. 2008.

VITALIANO, C. R. Análise da necessidade de preparação pedagógica de professores de cursos de licenciatura para a inclusão de alunos com necessidades educacionais especiais. **Revista Brasileira de Educação Especial**, Marília, v. 13, n. 3, p. 399-414, set./dez. 2007.

A mídia: influências, contribuições e possibilidades para a Educação Física escolar

Marcelo José Taques
Silvia Christina Madrid Finck

O propósito deste artigo é levantar algumas discussões a respeito das influências e das contribuições que a mídia pode trazer para o ensino da Educação Física na escola, tendo em vista o cenário atual, em que as tecnologias colaboram para o acesso aos diversos meios de comunicação. Diante dessa perspectiva, com base em um estudo crítico, nosso intuito é buscar discutir alguns elementos que possam balizar as ações pedagógicas, com o propósito de aproximar essa relação existente entre a mídia e a Educação Física na escola.

Sabemos que essa temática é uma das mais abordadas por professores, estudantes e pesquisadores e, nesse sentido, nossa intenção é contribuir para ampliar as discussões a respeito, sem a intenção de esgotá-la.

Nessa linha de análise, justificamos o fato de pretender, com base nessas discussões, mostrar a contribuição dos recursos midiáticos para o ensino da Educação Física na escola e as influências que estes podem estabelecer no convívio dos alunos.

Pretendemos, ainda, por meio deste estudo, contribuir para um aprofundamento teórico dos professores, buscando fornecer subsídios para a práxis pedagógica na escola, à luz da perspectiva da cultura corporal.

Assim, apresentaremos uma proposta sistematizada, que pode auxiliar o trabalho do professor na escola, pois o grande desafio da Educação Física escolar reside em como fazer para que as propostas pedagógicas sejam incorporadas pela prática dessa disciplina na escola (Bracht, 1999, p. 82).

10.1 A cultura escolar e a influência da mídia no contexto da Educação Física

A cultura é muito importante para o processo de desenvolvimento humano no contexto escolar, pois, por meio de relações dialéticas, o homem produz sua própria existência com base em uma relação de trabalho homem/homem e homem/natureza. Dessa forma, Geertz (1989, p. 33) afirma que "A cultura é um padrão de significados, transmitidos historicamente, incorporado em símbolos, um sistema de concepções herdadas, expressas em formas simbólicas por meio das quais os homens comunicam, perpetuam e desenvolvem seu conhecimento e suas atividades em relação à vida".

Diante dessa definição de cultura, acreditamos que a "escola, na perspectiva de uma pedagogia crítica superadora aqui defendida, deve fazer uma seleção dos conteúdos da Educação Física. Essa seleção e organização dos conteúdos exige coerência com o objetivo de promover a leitura da realidade." (Coletivo de Autores, 1992, p. 63)

Com base nessas afirmações, observamos que em muitos contextos esses elementos ficam distantes, ou seja, a seleção e a organização dos conteúdos são feitas de maneira isolada da cultura e da experiência dos alunos, causando certa fragilidade ao processo de ensino e aprendizagem na escola. Nessa mesma linha de análise, podemos corroborar a ideia de Candau (2000, p. 68), o qual reforça que a distância entre a escola e a sociedade contemporânea pode ser algo prejudicial, pois os alunos têm contato com tudo o que ocorre no mundo e, desse modo, é " possível detectar um congelamento na cultura da escola que, na maioria dos casos, a torna estranha a seus habitantes".

A sociedade contemporânea, com a evolução das tecnologias da informação e comunicação (TICs), proporciona à comunidade, aos professores e aos alunos uma ampla bagagem de conhecimentos por meio dos diversos veículos de informação. Diante disso, torna-se necessário que a escola reconheça essa transformação e desenvolva uma ação comunicativa e uma contraposição de saberes no contexto educacional, fazendo que informações alienantes e fragmentadas possam se tornar conhecimentos científicos que contribuam para uma reflexão mais crítica sobre os recursos midiáticos existentes na atualidade.

Nesse sentido, por meio da seleção, da organização e da sistematização dos conteúdos a serem desenvolvidos na escola, deve haver a relação da cultura com o movimento humano e com o corpo no contexto da Educação Física, pois, como afirma Daolio (1997, p. 52), "o corpo é uma síntese da cultura, porque expressa elementos específicos da sociedade da qual faz parte. O homem, por meio de seu corpo, vai se apropriando de valores, normas e costumes sociais, num processo de inCORPOração".

No entanto, vale ressaltar que, durante esse processo, é indispensável uma reflexão a respeito dos discursos que a mídia apresenta nesse contexto de incorporação, pois ela, ao veicular discursos sobre esportes, corpo, saúde, entre outros, propicia a constituição de saberes acerca desses elementos para a população. No entanto, devemos "ressaltar que nem sempre tais discursos apresentam a totalidade dos fenômenos abordados, reduzindo-os a concepções fragmentadas, de fácil entendimento e por isso mesmo limitadas." (Mendes, 2006, p. 6)

10.2 A mídia e as possibilidades para a Educação Física na escola: de uma prática alienante para uma prática transformadora

Na perspectiva de considerarmos a possibilidade de ampliar a visão dos alunos sobre os veículos de comunicação e sobre suas possíveis contribuições para a Educação Física escolar, partimos da reflexão da cultura corporal, entendendo-a como uma transmissão de valores, normas e comportamentos para os indivíduos ao longo de gerações, buscando contribuir para a defesa dos interesses das classes populares. Isso possibilita aos alunos uma reflexão crítica sobre a forma de como atuar na sociedade contemporânea com base nesses conteúdos historicamente construídos, os quais, segundo Libâneo, (1990, p. 39),

> são realidades exteriores ao aluno, que devem ser assimilados e não simplesmente reinventados, eles não são fechados e refratários às realidades sociais. Não basta que os conteúdos sejam apenas ensinados, ainda que bem ensinados; é preciso que se liguem, de forma indissociável, à sua significação humana e social.

Apesar de essa proposta à luz da perspectiva da cultura corporal sofrer algumas críticas, trata-se de uma possibilidade para compreendermos o ensino de Educação Física sob outras perspectivas, as quais nos fornecem subsídios pertinentes para a intervenção docente, proporcionando uma práxis pedagógica diferenciada para os conhecimentos dessa área do saber. E isso com o intuito de sempre olhar a educação com outra perspectiva: a do sujeito que busca a reflexão crítica e emancipada sobre suas ações.

Nesse contexto, as discussões apresentadas têm o formato de análises pautadas em referenciais teóricos acerca do tema, buscando-se deixar clara ao leitor a possibilidade de intervenção baseada numa proposição crítica, sendo que, para a relação entre teoria e prática, utiliza-se uma didática pautada na pedagogia histórico-crítica (Gasparin, 2009).

Com o propósito de contribuir para o trabalho do professor no âmbito escolar, buscamos apresentar subsídios para as aulas de Educação Física, visando à compreensão de que, durante o processo de intervenção, a teoria se alimenta da prática e a prática se fundamenta na teoria. Nesse sentido, buscando contribuir para uma sistematização das aulas de Educação Física e sua relação com a mídia, apresentamos a seguir, com base nos estudos de Gasparin (2009), cinco eixos que podem subsidiar a práxis pedagógica nas aulas de Educação Física, com base na ação-reflexão-ação ascendente dos alunos.

Analisando as diversas discussões desenvolvidas no campo acadêmico sobre a mídia, não podemos negar a contribuição desta para o processo de ensino e aprendizagem; mas, para poder utilizá-la, é necessário nos educarmos para ela, aprendermos a empregá-la diante do processo de ensino, para depois proporcionar uma educação/um conhecimento por meio dela.

Assim, para que possamos traçar essa relação qualitativa entre os veículos de comunicação e o ensino da Educação Física, antes de tudo, "talvez a contribuição mais importante que as escolas podem dar para a educação de nossos jovens seja dar a eles um senso de coerência em seus estudos, um senso de propósito, sentido e interconexão com o que aprendem" (Postman, 1993, p. 188). Com essa visão, o andamento das atividades pode ter mais qualidade, com mais significados para os alunos, por meio de uma ação comunicativa e reflexiva sobre a mídia em questão.

Nessa mesma perspectiva, Vasconcellos (1993, p. 42, citado por Gasparin, 2009, p. 13) nos diz que "o trabalho inicial do educador é tornar o objeto em questão, objeto de conhecimento para aquele sujeito, isto é, para o aluno". Nesse sentido, primeiramente é importante realizar com os alunos a prática social inicial do conteúdo, a qual se caracteriza por uma preparação do aluno para a construção do conhecimento escolar: "o educando deve ser desafiado, mobilizado, sensibilizado; deve perceber alguma relação entre o conteúdo e a sua vida cotidiana, suas necessidades, problemas e interesses" (Gasparin, 2009, p. 13).

Esse momento é importante, pois assim se respeita o que o aluno traz consigo para a escola, sobre a cultura no contexto do seu lar, do seu bairro, da sua cidade, de suas vivências e experiências de mundo. Portanto, torna-se necessário que o educador conheça o que os alunos pensam e sentem, pois, segundo Vasconcellos (1993, p. 48, citado por Gasparin, 2009, p. 15), "Conhecer a realidade dos educandos implica em fazer um mapeamento, um levantamento das representações do conhecimento dos alunos sobre o tema de estudo. A mobilização é o momento de solicitar a visão/concepção que os alunos têm a respeito do objeto (senso comum, 'síncrese')".

Esse diálogo inicial com os alunos sobre o que lhes chama a atenção na mídia em relação aos conteúdos que serão abordados é extremamente importante, pois gera no estudante confiança em relação àquilo que vai fazer e, ainda, possibilita um relacionamento agradável entre ele e o professor no processo de ensino e aprendizagem.

O segundo passo do trabalho do educador é a problematização: "um elemento-chave na transição entre a prática e a teoria [...] é um desafio, ou seja, é a criação de uma necessidade para que o educando, através de sua ação, busque o conhecimento" (Gasparin, 2009, p. 33). Nesse momento, após a seleção dos conteúdos, tem início a interpretação da teoria com a prática, mas é preciso notar que essa seleção não deve ser realizada de maneira rígida ou imposta. Segundo Wachowicz (1991, p. 100), a problematização

> Não pode ser apenas uma estratégia pela qual um conjunto de conteúdos pré-elaborados, dado ao professor, passaria por um processo de seleção em função das questões relevantes para a prática social. Haveria então um enlaçamento artificial entre os conteúdos necessários em uma determinada cultura e aqueles pontos que a prática social de um determinado grupo considera relevantes.

Com base na articulação teórica elaborada até este ponto, podemos perceber que o conteúdo não pode ser predeterminado, ter ordens burocráticas; o ideal seria que os saberes fossem definidos pelas áreas do conhecimento dos professores, tendo sempre como fundamento básico as necessidades sociais contemporâneas. Nessa perspectiva, o docente deve fazer com que os alunos reflitam sobre a influência da televisão, das revistas e dos jornais no esporte, na dança, na ginástica, na estética corporal, entre outros aspectos.

De acordo com Gasparin (2009, p. 49), o terceiro passo do método é a instrumentalização, a qual se realiza

> nos atos docentes e discentes necessários para a construção do conhecimento científico [...] todo o processo ensino-aprendizagem é encaminhado para, explicitamente, confrontar os sujeitos da aprendizagem – os alunos – com o objeto sistematizado do conhecimento – o conteúdo. [...] Os sujeitos aprendentes e o objeto da sua aprendizagem são postos em recíproca relação através da mediação do professor. É sempre uma relação triádica, marcada pelas determinações sociais e individuais que caracterizam os alunos, o professor e o conteúdo.

No que diz respeito às ações didático-pedagógicas para a aprendizagem nesse processo, conforme indica Vasconcellos (1993, p. 64, citado por Gasparin, 2009, p. 50), "parte-se do conhecimento que se tem (sincrético) e aos poucos (pela mediação da análise) este conhecimento anterior vai se ampliando, negando, superando, chegando a um conhecimento mais complexo e abrangente (sintético = 'concreto')".

O processo de ensino e aprendizagem não é pensado por etapas, em que os conteúdos são fragmentados; pelo contrário, eles são desenvolvidos simultaneamente, identificando-se os progressos dos alunos, possibilitando-lhes o confronto entre os aspectos do conhecimento relacionados com o seu cotidiano e o conhecimento científico. No entanto, tal processo não ocorre de forma linear, mas inicia com o trabalho mais simples até chegar ao trabalho mais complexo; portanto, "o conhecimento não é pensado por etapas. Ele é construído no pensamento de forma espiralada e vai se ampliando." (Varjal, citado por Coletivo de Autores, 1992, p. 32-33)

Portanto, "A Instrumentalização é o caminho pelo qual o conteúdo sistematizado é posto à disposição dos alunos para que o assimilem e recriem e, ao incorporá-lo, transformem-no em instrumento de construção pessoal e profissional" (Gasparin, 2009, p. 51). Assim, a aula pode ser mais significativa, incluindo debates sobre o alto rendimento e a mídia, discussões sobre mídia e saúde, uso da internet, análises de vídeos, entre outros, com foco nas influências e reais contribuições que os recursos tecnológicos podem trazer para o processo ensino-aprendizagem.

A quarta etapa dessa proposta é a catarse, que, segundo Saviani, (citado por Gasparin, 2009, p. 124), é:

> a expressão elaborada da nova forma de entendimento da prática social a que se ascendeu. [...] Trata-se da efetiva incorporação dos instrumentos culturais, transformados agora em elementos ativos de transformação social. [...] Daí porque o momento catártico pode ser considerado como o ponto culminante do processo educativo, já que é aí que se realiza pela mediação da análise levada a cabo no processo de ensino, a passagem da síncrese à síntese; em consequência, manifesta-se nos alunos a capacidade de expressarem uma compreensão da prática em termos tão elaborados quanto era possível ao professor.

Nesse sentido, percebemos que a operação fundamental é a síntese do cotidiano e do científico, do teórico e do prático a que o educando chegou, é o momento de avaliação em que o aluno pode demonstrar corporalmente, oralmente ou pela escrita o que compreendeu durante todos os momentos anteriores (Gasparin, 2009).

Esse momento de incorporação dos saberes trabalhados é importante para os alunos, pois é por intermédio dele que podemos perceber o novo nível de aprendizagem e, referente à temática em questão, analisar as reflexões que foram realizadas diante desse processo e a nova visão de mundo que os alunos podem ter a respeito dos usos e abusos dos recursos midiáticos na atualidade.

E, por fim, o ponto de chegada do processo pedagógico na perspectiva histórico-crítica é o retorno à prática social. Conforme Saviani, citado por Gasparin (2009, p. 139), a prática social inicial e a final são a mesma, embora não sejam; por outro lado, podem ser consideradas a mesma prática quando se constituem como

> o suporte e o contexto, o pressuposto e o alvo, o fundamento e a finalidade da prática pedagógica. [E não são a mesma prática] se considerarmos que o modo de nos situarmos em seu interior se alterou qualitativamente pela mediação da ação pedagógica; e já que somos, enquanto agentes sociais, elementos objetivamente constitutivos da prática social, é licito concluir que a própria prática social se alterou qualitativamente.

Percebemos, então, a importância dessa etapa para o trabalho docente, pois por meio dela se busca a modificação intelectual e qualitativa do professor e do aluno em relação às suas concepções, assim como a análise e a compreensão mais ampla e crítica da realidade sobre a utilização da mídia como conteúdo e estratégia de ensino. Portanto, trata-se de uma proposta que pode ser balizada de acordo com cada realidade escolar; porém, a prática pedagógica deve ser desenvolvida por meio da práxis, buscando a reflexão do aluno. Por isso, Veiga (citado por Gasparin, 2009, p. 141) afirma que:

> a prática pedagógica é teórico-prática e, nesse sentido, ela deve ser reflexiva, crítica, criativa e transformadora. [...] A prática é

> a própria ação guiada e mediada pela teoria. A prática tem que valer como compreensão teórica. Dessa forma, a teoria responde às inquietações, indagações da prática. [...] A teoria e a prática pedagógicas devem ser trabalhadas simultaneamente constituindo uma unidade indissolúvel.

Nesse sentido, pensemos em elementos diferenciados para trabalhar com a Educação Física e a mídia na escola, no intuito de relacionar sempre a teoria com a prática, sem divorciá-las, visando a uma práxis pedagógica diferenciada para os saberes da área, com o intuito de sempre olhar a educação com a perspectiva de um sujeito que busca a reflexão crítica e emancipada sobre suas ações.

Considerações finais

Sabemos que a busca por estratégias metodológicas é uma constante; assim, esperamos, de alguma forma, que este texto possa contribuir para as reflexões acerca da prática pedagógica dos professores na escola e também para a formação de professores no âmbito acadêmico.

A Educação Física ainda é vista com certo desprestígio no contexto escolar, recebendo, muitas vezes, um menor *status* acadêmico, ocupando um espaço pequeno na grade curricular em relação às outras disciplinas. Esses aspectos acabam influenciando de forma negativa a concepção dos alunos quanto às aulas de Educação Física, que para eles são momentos para relaxar, conversar, escolher o que querem fazer, ou seja, são aulas menos importantes do que as demais (Finck, 2010). Assim, concordamos com Oberteuffer e Ulrich (1977, citados por Oliveira; Betti, Oliveira, 1988, p. 57-58) quando afirmam que:

> A Educação Física tem sido prejudicada pela avalancha de práticos, pouca ou nenhuma atenção tem sido dada à teoria e ao raciocínio. A história da Educação Física está eivada de erros cometidos por

> aqueles que voltaram as costas ao desenvolvimento e ao progresso e se contentaram em fazer sempre a mesma coisa, ano após ano, meramente porque funcionava e era fácil. Ideias novas, alterações, raciocínio dinâmico são a espinha dorsal de qualquer esforço educacional. O que foi bom ontem não é, necessariamente, bom hoje. Qualquer disciplina deve mudar com os tempos, e à medida que esta mutação ocorre, a forma de agir do educando será alterada.

Realizar um trabalho pedagógico significativo, comprometido com o desenvolvimento do conhecimento no contexto escolar é possível e necessário. Para tanto, devemos considerar a realidade e as necessidades dos alunos. Nessa direção, não podemos desconsiderar os recursos que a mídia oferece; devemos, sim, utilizá-los como ferramentas em prol do desenvolvimento dos conhecimentos nas aulas de Educação Física.

É necessário considerar ainda, para além da intervenção pedagógica na escola, a formação de professores voltada para o desenvolvimento da área, no sentido de não reproduzir na escola saberes fragmentados e sem significado para os alunos.

Com base nessa análise, ressaltamos a importância de o professor buscar uma identidade profissional e trazer para a sala de aula conteúdos relevantes para o processo de ensino, com o propósito de valorizar a disciplina, o saber e a cultura dos alunos e, também, de buscar novas perspectivas para si mesmo na condição de agente educador. Essas são algumas considerações pertinentes que apontam para o "saber fazer" do professor, entendido como o domínio do conteúdo do saber e dos métodos adequados para transmitir esse conteúdo do saber escolar para os estudantes que não apresentam as precondições idealmente estabelecidas para a aprendizagem da Educação Física (Mello, 1982, p. 145).

Portanto, essas reflexões baseadas na didática para a pedagogia histórico-crítica são possibilidades para a Educação Física e para o trabalho com a mídia na escola, pois acreditamos em possíveis mudanças de comportamento dos alunos, na perspectiva de contribuir para que sejam agentes de transformação da realidade social em que estão inseridos. Para tanto, o professor deve promover, por meio de práticas corporais historicamente construídas, a reflexão crítica do aluno sobre os usos e os abusos dos diversos veículos de comunicação, na busca por uma sociedade justa e igualitária. Assim, esperamos contribuir para que várias outras discussões possam ser realizadas à luz desse conhecimento, com o intuito de trazer novas análises e subsídios da mídia para o processo de intervenção nas aulas de Educação Física.

Referências

BRACHT, V. A constituição das teorias pedagógicas da Educação Física. **Cadernos Cedes**, Campinas, ano 19, n. 48, p. 69-88, ago. 1999.

CANDAU, V. M. (Org.). **Reinventar a escola**. Petrópolis: Vozes, 2000.

COLETIVO DE AUTORES. **Metodologia do ensino de Educação Física**. São Paulo: Cortez, 1992.

DAOLIO, J. **Cultura**: Educação Física e futebol. Campinas: Ed. da Unicamp, 1997.

FINCK, S. C. M. **A Educação Física e o esporte na escola**: cotidiano, saberes e formação. Curitiba: Ibpex, 2010.

GASPARIN, J. L. **Uma didática para a pedagogia histórico-crítica**. 5. ed. Campinas: Autores Associados, 2009.

GEERTZ, C. A **Interpretação das culturas**. Rio de Janeiro: Guanabara, 1989.

LIBÂNEO, J. C. **Democratização da escola pública**: a pedagogia crítico-social dos conteúdos. 9. ed. São Paulo: Loyola, 1990.

MENDES, D. S. Formação continuada de professores de Educação Física: uma proposta de educação para a mídia e com a mídia. In: CONGRESSO SUL BRASILEIRO DE CIÊNCIAS DO ESPORTE, 3., Santa Maria, 2006. **Anais...** Santa Maria: Ed. da UFSM, 2006.

MELLO, G. N. **Magistério de 1° grau**. São Paulo: Cortez, 1982.

OLIVEIRA, J. G. M.; BETTI, M.; OLIVEIRA, W. M. **Educação Física e o ensino de primeiro grau**. São Paulo: EPU; Edusp, 1988.

POSTMAN, N. **Technopoly**: The Surrender of Culture to Technology. New York: Vintage Books, 1993.

VASCONCELLOS, C. S. **Construção do conhecimento em sala de aula**. São Paulo: Libertad, 1993.

WACHOWICZ, L. A. **O método dialético na didática**. 2. ed. Campinas: Papirus, 1991.

Pressupostos da organização do trabalho pedagógico na Educação Física escolar

Amauri Aparecido Bassoli de Oliveira
Claudio Kravchychyn

Apesar de a Educação Física escolar (EFE) ter sido reconhecida como componente curricular da educação básica (Brasil, 1996), ela ainda carrega a sua sina histórica de ser considerada uma atividade paralela ao processo educacional.

Entretanto, podemos afirmar que, mesmo diante do quadro situacional de pouca consideração no meio educacional, muito já se fez e se propôs para a área nesse setor. As duas últimas décadas configuraram-se como um tempo de reflexão e proposição, o que acabou também por instigar novas visões do processo formativo do profissional da Educação Física (EF) e, consequentemente, de sua intervenção no setor educacional.

Nesse sentido, muitas ações foram executadas a fim de atender ao reconhecimento legal provocado e a uma redefinição organizacional e curricular. Os Parâmetros Curriculares Nacionais – PCN (Brasil, 1997), respondendo à propositura acadêmica, procuraram, ao enfocar a EFE, retirar a prioridade absoluta dada ao esporte nas aulas, oferecendo-lhe novos conteúdos, assim como indicativos de enfoques metodológicos participantes.

Segundo Oliveira (2004), na condição de componente curricular, a EF passa a ter um papel pedagógico composto das condições **formativa** e **informativa** no contexto educacional, com vistas a contribuir para o desenvolvimento físico, cognitivo, social e psicológico de crianças e jovens (condição formativa) e para a transmissão e produção do conhecimento (condição informativa).

A área tem buscado a produção continuada de conhecimentos e investido muito esforço no processo de uma formação profissional reflexiva e contextualizada. É evidente que muito foi feito e que avanços foram conquistados. Mas ainda há muito a se construir em prol da consolidação da EF como componente curricular e área do conhecimento imprescindível ao processo formativo das futuras gerações e da qualidade de vida de todos.

Nesse sentido, para a consolidação da condição de componente curricular, é necessário que os profissionais identifiquem e elejam o seu objeto de estudo. Apesar dos muitos avanços, essa área – assim como tantas outras – tem suas vertentes e defesas contundentes para uma ou outra visão. É evidente que cada uma das vertentes ou linhas apresenta, para sua constituição ou estruturação, uma base teórica que a sustenta. Em se tratando do objeto de estudo da EF, pode-se nomear o movimento humano, a motricidade humana, a cultura corporal, entre outros, que os pesquisadores defendem como sendo o foco da área.

Neste artigo, utilizamos os pressupostos das propostas de estruturação curricular apresentadas por Oliveira (2004) e por Palma, Oliveira e Palma (2010), que têm como referências a motricidade humana e o movimento culturalmente construído.

Palma, Oliveira e Palma (2010, p. 51) ressaltam:

> Os professores, de maneira geral, têm muita dificuldade em sistematizar os conteúdos. Quando ensinar, o que ensinar e para que

> ensinar em cada uma das séries. As demais matérias possuem conteúdos sistematizados que indicam claramente o que ensinar ao longo dos anos escolares, mas a educação Física não o possui, e isso acaba por gerar dúvidas e procedimentos de ensino desarticulados e sem sequência lógica.

Nesse sentido, o objetivo deste texto é apresentar um modelo de evolução de conteúdos ao longo das séries escolares, com base numa proposta específica de organização curricular.

11.1 Proposta e desenvolvimento de uma organização curricular

Os professores de Educação Física, em função de suas histórias e vínculos exacerbados com o esporte, muitas vezes centram suas ações única e exclusivamente nesse enfoque, ou seja, no esporte. Contudo, a riqueza do mundo do movimento não se limita só a essa manifestação cultural. Nesse sentido, para a assunção dessa nova visão e organização, os professores precisam ampliar sua estrutura conceitual e metodológica, o que implica um processo de planejamento e organização que a suporte.

Inicialmente, há a necessidade de visualizarmos como objeto de estudo o movimento humano, que pode ser contemplado em uma organização de planejamento. Para tanto, Oliveira (2004) sugere pensar a organização com base no movimento humano em suas possibilidades de estudo: o movimento em construção e estruturação, o movimento nas manifestações lúdicas e esportivas, o movimento em expressão e ritmo e, por fim, o movimento e a saúde. Para que você entenda melhor essa organização, apresentamos o Quadro 11.1.

Quadro 11.1 – Organização dos núcleos temáticos e respectivos conteúdos

Núcleos	Conteúdos básicos
a) O movimento em construção e estruturação	Habilidades motoras de base (locomotoras, não locomotoras, manipulativas, coordenação visomotora), esquema corporal, percepção corporal.
b) O movimento nas manifestações lúdicas e esportivas	Jogos (motores, sensoriais, criativos, intelectivos e pré-desportivos), esporte institucionalizado (basquetebol, voleibol, handebol, atletismo, futsal, ciclismo e outros) e esportes alternativos (capoeira, escaladas, caminhadas, passeios, betes, malha, peteca e outros).
c) O movimento em expressão e ritmo	Ginástica, dança, brinquedos cantados, cantigas de roda e outros.
d) O movimento e a saúde	Higiene e primeiros socorros, ergonomia, bases anatomofisiológicas do corpo humano, bases nutricionais, aspectos básicos da metodologia do treinamento, avaliações do crescimento, desenvolvimento, composição corporal e aptidão física.

Fonte: Adaptado de Oliveira, 2004, p. 25-55.

Faz-se necessário salientar que, mesmo nessa organização em núcleos, a ideia é a de que os conhecimentos afetos a cada um deles se interligam continuamente com o propósito de complementaridade e aprofundamento. Essa distribuição é para efeito de organização e visualização do docente em relação ao enfoque de suas aulas e temas.

É imperioso entender a ideia central de tal organização, ou seja, defende-se que a área da EF assuma a responsabilidade pedagógica de proporcionar a autonomia aos alunos sobre o movimento humano. Os alunos, ao finalizarem o ensino médio, devem ser autônomos em relação ao movimento humano e devem usufruir de uma vida ativa, sempre conscientes da sua condição de responsabilidade sobre o seu próprio bem-estar. Nesse caminho formativo, os alunos devem entender como o movimento é importante para nossa vida e o quanto somos dependentes dele e de sua boa execução. Para tanto, devemos estudar o movimento humano para além da sua execução, indo mais a fundo nos conhecimentos próprios e adjacentes que o constituem. Só para efeito de exemplificação, temos: aprender a andar, correr, saltitar e outras habilidades motoras de base e, junto a elas, os conhecimentos relacionados a centro de gravidade, musculatura envolvida, exigências ergonômicas e tantos outros que poderiam ser contemplados.

Com isso, estaríamos transcendendo a lógica simplista que a área carrega da atividade com fim em si mesma, pois os alunos poderiam levar consigo, ao término das aulas, conhecimentos que sustentam as vivências motoras para além delas e usufruir deles em sua vida cotidiana. É com essa intencionalidade que reforçamos a ideia central de uma organização e um planejamento consistentes para a EFE, pois do contrário entendemos que pouco se avançará.

Partindo da organização básica e legal, podemos verificar que a Lei de Diretrizes e Bases da Educação Nacional (LDBEN) – Lei nº 9.394/1996 (Brasil, 1996) determina que o ano escolar deve ser composto de 200 dias letivos. Com isso, temos 40 semanas, uma média de duas horas-aula por semana, resultando em um total anual de 80 horas-aula para esse componente curricular. Assim, a proposta de Oliveira (2004), apresentada no Quadro 11.2, está centrada nessa estimativa, que pode ser alterada dependendo da realidade de cada escola.

Quadro 11.2 – Proposta de distribuição de conteúdos ao longo das séries escolares

Séries Núcleos	Ed. infantil		Ensino fundamental									Ensino médio		
	I	II	1º	2º	3º	4º	5º	6º	7º	8º	9º	1ª	2ª	3ª
a) O movimento em construção e estruturação	50%	50%	45%	40%	40%	30%	30%	20%	15%	10%	10%	10%	5%	5%
b) O movimento nas manifestações lúdicas e esportivas	15%	15%	20%	30%	30%	30%	30%	40%	45%	50%	50%	45%	40%	40%
c) O movimento em expressão e ritmo	30%	30%	30%	20%	20%	20%	20%	15%	15%	10%	10%	10%	15%	15%
d) O movimento e a saúde	5%	5%	5%	10%	10%	20%	20%	25%	25%	30%	30%	35%	40%	40%

Fonte: Adaptado de Oliveira, 2004, p. 25-55.

Para consolidar uma proposta que contemple a organização curricular em todos os ciclos da EFE, é necessário organizar os conteúdos de acordo com as características e as capacidades dos alunos em cada fase, considerando-se, ainda, as possibilidades de interação entre os núcleos propostos por Oliveira (2004) e as possibilidades de trabalho interdisciplinar, devendo-se observar sempre os percentuais de aulas propostos para cada ciclo.

Eleger temas e conteúdos como elementos para construção do currículo de uma disciplina na escola não é tarefa fácil, especialmente para a Educação Física, que luta para romper o paradigma da "atividade". Podemos afirmar que se trata de uma tarefa difícil para quem sempre teve o norte esportivo como meta finalística da área, inclusive no setor educacional.

Para tanto, a construção pode e deve ser feita levando-se em consideração as particularidades de cada escola. Para Sacristán (1998, p. 15),

> O currículo relaciona-se com a instrumentalização concreta que faz da escola um determinado sistema social, pois é através dele que lhe dota de conteúdo, missão que se expressa por meio de usos quase universais em todos os sistemas educativos, embora por condicionamentos históricos e pela peculiaridade de cada contexto, se expresse em ritos, mecanismos etc., que adquirem certa especificidade em cada sistema educativo.

Por isso, não se deve entender a proposta de conteúdos – "pinçados" dentre as várias possibilidades existentes – e de sua evolução como uma "receita" pronta. É, pois, um exercício reflexivo, que pode servir e apoiar aos professores quando da elaboração de suas matrizes curriculares.

11.1.1 Exemplos de evolução em dificuldade e complexidade dos conteúdos ao longo das séries escolares

Diante do exposto até aqui, como forma de ilustrar e demonstrar como os professores podem idealizar a organização curricular, trabalhamos alguns temas e um indicativo de evolução ao longo das séries escolares de forma muito pontual, apenas para demonstrar a riqueza que existe na área e que precisa ser utilizada e desenvolvida por esse componente ao longo de todo o processo formativo.

Os exemplos de desenvolvimento de conteúdos estão demonstrados nos Quadros 11.3 a 11.6.

Quadro 11.3 – Núcleo 1: O movimento em construção e estruturação

Tema: habilidades e capacidades motoras Conteúdos: andar e correr		
Educação infantil	Ed. infantil I	Andar e correr de frente, de lado, para trás, com apoio da ponta do pé e do calcanhar.
	Ed. infantil II	Andar e correr com elevação do joelho e dos calcanhares, com passadas largas e curtas, em situações de equilíbrio rudimentar (sobre linhas, meio-fio, bancos).
Ensino fundamental	1º ano	Andar e correr com alternância de velocidade e ritmo, em saídas rápidas e paradas bruscas.
	2º ano	Andar e correr explorando a lateralidade corporal. Andar e correr com alternância de velocidade e ritmo, em saídas rápidas e paradas bruscas.
	3º ano	Andar e correr em combinação com habilidades locomotoras elementares (saltar, rolar, rastejar, escorregar, girar, escalar, quadrupedar, entre outras).
	4º ano	Andar e correr em combinação com habilidades não locomotoras essenciais (sentar, levantar, puxar, empurrar, sustentar, balançar, adução e abdução, extensão e flexão dos segmentos corporais).
	5º ano	Andar e correr em combinação com habilidades manipulativas elementares (pegar, receber, lançar, arremessar, quicar, golpear, conduzir e transportar, escrever, desenhar).

(continua)

(*Quadro 11.3 – conclusão*)

Tema: habilidades e capacidades motoras Conteúdos: andar e correr		
Ensino fundamental	6° ano	Andar e correr explorando as várias habilidades manipulativas em combinação com as possibilidades de equilíbrio dinâmico (mudanças de direção, fintas, giros).
	7° ano	Andar e correr explorando velocidade, agilidade e resistência em situações diversas. Exploração das capacidades coordenativas e trabalho de braços no auxílio à eficiência dos movimentos. Exigência de força no andar e correr em aclives e declives; grupos musculares envolvidos.
	8° ano	Calçados apropriados para a caminhada e a corrida. O ritmo e a respiração como fatores otimizadores da caminhada e da corrida.
	9° ano	Técnicas de caminhada (marcha atlética) e corrida visando ao desempenho atlético. Técnicas de caminhada e corrida visando à promoção e manutenção da saúde.
Ensino médio	1° série	Influência do treinamento de capacidades físicas: força, resistência, velocidade, equilíbrio, flexibilidade e coordenação no desempenho da corrida e da caminhada visando à saúde e ao desempenho.
	2° série	Influência da nutrição no desempenho da corrida e da caminhada. Influência das condições climáticas na corrida e na caminhada.
	3° série	O valor social da caminhada e da corrida (formação de grupos de atividade).

FONTE: ADAPTADO DE OLIVEIRA, 2004, P. 25-55.

O exemplo que escolhemos para ilustrar o Núcleo 1 oferece uma visualização de sua característica essencialmente prática. Contudo, mostra também que ele não se desenvolve isoladamente, mas sim de acordo com a complexidade dos demais núcleos. No Quadro 11.3, estão presentes as expressões *treinamento*, *técnica*, *desempenho*, *ritmo*, *capacidades físicas* e *saúde*, entre outras relacionadas aos demais núcleos.

Oliveira (2004, p. 31) observa que "este núcleo tem um desenvolvimento crescente, passando pela vivência e construção com a intenção de se chegar à fase de exploração e reconstrução do mundo motor".

Corroborando, Betti (1992, p. 286) afirma:

> Não basta aprender habilidades motoras e desenvolver capacidades físicas, que evidentemente são necessárias em níveis satisfatórios para que o indivíduo possa usufruir dos padrões e valores que a cultura física nos legou após séculos de civilização, mas não constituem uma ação suficiente. Não basta melhorar a condição física do aluno, é preciso ensiná-lo a construir um programa de condicionamento físico, mesmo porque o professor não estará sempre ao seu lado para dizer-lhe o que fazer.

Isso nos leva à reflexão crucial para o entendimento desse núcleo e de sua importância para o trabalho dos demais núcleos. De que adiantaria o professor se dedicar exaustivamente a conceituar movimentos e orientar seus alunos a aprimorar as técnicas de locomoção se não houvesse aplicação ao cotidiano? Por isso, há um entrelaçamento, um "trânsito de informações" entre temas e conteúdos dos núcleos, o que pode auxiliar o professor a enfatizar a importância, por exemplo, do controle fisiológico do exercício (pressão arterial, frequência cardíaca etc.), por meio de uma abordagem didática sobre as formas de se exercitar autonomamente e de forma correta. Na situação apresentada, fazem-se claramente presentes os processos formativos e informativos aplicados ao conteúdo.

Os exemplos do Núcleo 2 estão demonstrados no Quadro 11.4, a seguir.

Quadro 11.4 – Núcleo 2: O movimento nas manifestações lúdicas e esportivas

Tema: jogos e esportes Conteúdos: jogos pré-desportivos e esportes de invasão		
Educação infantil	Ed. infantil I	Jogos de perseguição.
	Ed. infantil II	Jogos de perseguição de travessia (mãe da rua, pique bandeira, abriu a porteira etc.).
Ensino fundamental	1º ano	Jogos de perseguição e de estafeta com condução de bola de frente (com as mãos: transportando, quicando, rolando; com os pés: chutando, passando o pé por cima da bola).
	2º ano	Jogos de perseguição e de estafeta com condução de bola de frente, de costas, lateralmente, com obstáculos (com as mãos: transportando, quicando, rolando; com os pés: chutando, passando o pé por cima da bola).
	3º ano	Jogos de arremesso e chute ao alvo (alvos variados, que aumentam progressivamente em dificuldade). Bola queimada (variações: rei ou rainha, duplas, queimando das laterais, em três campos, em círculo).
	4º ano	Futsal (fundamentos, regras básicas e adaptações para crianças).
	5º ano	Minibasquete e mini-handebol (convencionais e/ou adaptados), *rugby*.
	6º ano	Basquetebol, futebol, futsal, handebol e *rugby*: conceitos e introdução à prática (regras básicas, fundamentos técnicos básicos, opções para a prática em conjunto de meninos e meninas).

(continua)

(Quadro 11.4 – conclusão)

Tema: jogos e esportes Conteúdos: jogos pré-desportivos e esportes de invasão		
Ensino fundamental	7º ano	Futebol, futsal, basquetebol: aprimoramento de fundamentos técnicos, sistemas defensivos e ofensivos.
	8º ano	Handebol e *rugby*: aprimoramento de fundamentos técnicos, sistemas defensivos e ofensivos. Ética nos esportes coletivos de invasão: foco no *fair play*.
	9º ano	Esportes inventados ou adaptados dos esportes de invasão tradicionais (*corfebol*, *street-ball*, *beach-handebol*, *beach-soccer*, polo aquático, futebol 7, *rugby seven*).
Ensino médio	1º série	Aspectos técnicos e táticos (aprofundamento). Aspectos políticos e socioeconômicos do esporte.
	2º série	Esportes adaptados, papel social e vivências: *goal ball*, futebol para cegos, basquetebol e handebol para cadeirantes. A prática da atividade física e/ou esportiva como lazer ativo em todas as idades.
	3º série	A prática de esportes coletivos de invasão: benefícios à saúde, sistemas energéticos envolvidos. Planejamento e desenvolvimento de festivais intra e interturmas de modalidades trabalhadas em aula.

FONTE: ADAPTADO DE OLIVEIRA, 2004, P. 25-55.

O exemplo de evolução do Núcleo 2 trata dos esportes coletivos, tema que, embora seja reconhecidamente o mais enfocado na EFE, por vezes carece de organização mais adequada. A falta de planejamento acarreta o improviso, causando a condenável prática de "dar a bola", descaracterizando o papel do professor, que acaba por não intervir na atividade (Darido; Souza Júnior, 2008).

A escolha dos jogos pré-desportivos e dos esportes coletivos de invasão acontece diante da dificuldade que os professores apresentam em sair da "zona de conforto" do esporte, que Kunz (1998, p. 127) chama de "síndrome de rotinas esportivas", centrada no ensino de regras e fundamentos – quando acontece –, sem a preocupação de adoção de metodologias participantes e de oferecimento de alternativas de ampliação de conhecimentos e vivências. Sem contar que não é raro observar professores que ensinam apenas as modalidades com as quais se identificam.

Apresentamos, pois, uma possibilidade de trabalho com os jogos e os esportes e suas múltiplas variações. Iniciamos, nas primeiras séries, com os jogos (principalmente os de perseguição), passando aos desafios de condução de bola e outros materiais, os pré-desportivos, os esportes no seu formato institucionalizado – que precisam ser tratados na disciplina – e suas "reinvenções", algumas já transformadas em esportes.

Assim como no exemplo do Núcleo 2, que trata dos esportes coletivos, há relação dos conteúdos desse núcleo com os demais, especialmente com o Núcleo 1 (o movimento em construção e estruturação), por meio dos jogos, bastante trabalhados na educação infantil e nos primeiros anos do ensino fundamental, e com Núcleo 4 (o movimento e a saúde), por meio do aprofundamento nas questões do controle das respostas fisiológicas dos exercícios.

Os exemplos do Núcleo 3 estão demonstrados no Quadro 11.5, a seguir.

Quadro 11.5 – Núcleo 3: O movimento em expressão e ritmo

Tema: dança Conteúdos: danças folclóricas, danças individuais e danças de salão		
Educação infantil	Ed. infantil I	• Noção básica do que é dança. • Variação de ritmos musicais.
	Ed. infantil II	• Danças imitativas: imitação de animais e situações do cotidiano. • Criação de movimentos e coreografias.

(continua)

(Quadro 11.5 – conclusão)

Tema: dança Conteúdos: danças folclóricas, danças individuais e danças de salão		
Ensino fundamental	1° ano	• Danças folclóricas da Região Nordeste. • Criação de movimentos e coreografias.
	2° ano	• Danças folclóricas da Região Sul. • Criação de movimentos e coreografias.
	3° ano	• Danças folclóricas da Região Norte. • Criação de movimentos e coreografias.
	4° ano	• Danças folclóricas da Região Sudeste. • Criação de movimentos e coreografias.
	5° ano	• Danças folclóricas da Região Centro-Oeste. • Criação de movimentos e coreografias.
	6° ano	• Danças individuais: *funk*. • Criação de movimentos e coreografias.
	7° ano	• Danças individuais: axé. • Criação de movimentos e coreografias.
	8° ano	• Danças individuais: *street dance*, *hip-hop* e *rap*. • Criação de movimentos e coreografias.
	9° ano	• Danças individuais: *country*, samba no pé. • Criação de movimentos e coreografias.
Ensino médio	1° série	• Danças de salão: forró e samba. • Criação de movimentos e coreografias.
	2° série	• Danças de salão: xote e vanerão. • Criação de movimentos e coreografias.
	3° série	• Danças de salão: bolero, tango. • Criação de movimentos e coreografias.

FONTE: ADAPTADO DE OLIVEIRA, 2004, P. 25-55.

O Núcleo 3 apresenta um grande leque de atividades possíveis de serem trabalhadas em aula, mas parece ser o que maior dificuldade apresenta aos professores da área. Em pesquisa realizada com professores experientes do ensino fundamental, Rosário e Darido (2005) verificaram que poucos professores incluem as atividades rítmicas e a dança em seus planejamentos, em razão da falta de domínio do conteúdo, de condições de segurança, de adesão e também da forte resistência por parte dos alunos, especialmente dos meninos.

Nesse caso, o que se apresenta ao professor é um grande desafio, especialmente na introdução dos conteúdos desse núcleo em turmas sem vivências anteriores. Contudo, o estudo de Kravchychyn, Oliveira e Cardoso (2008) relata uma experiência positiva com alunos do ensino médio, especialmente com relação ao conteúdo danças de salão.

Ressaltando a importância das temáticas relativas ao Núcleo 3, Oliveira (2004, p. 29, grifo do original) observa:

> O corpo e suas possibilidades motoras é tema muitas vezes esquecido em sua beleza e condição expressiva. Realçar esta faceta de fundamental importância na estruturação biopsicológica de nossos alunos é função desse núcleo. A escola é um dos poucos espaços sociais onde as habilidades **artístico-motoras** podem ser vivenciadas, exploradas e, assim, contribuir para a formação de um sujeito que consiga perceber e entender um pouco melhor a arte, o seu próprio corpo e suas possibilidades.

Para a introdução dos conteúdos de atividades rítmicas e dança, Mattos e Neira (2008) sugerem que o professor inicie pelo resgate do que seus alunos conhecem e por um levantamento dos estilos de música que ouvem e dançam, partindo para a inserção de pequenos momentos das aulas, desenvolvendo atividades ritmadas, para depois elaborar aulas em que o conteúdo principal seja a movimentação com ritmo.

Já o trabalho com os conteúdos desde os anos iniciais (sugerido como exemplo no Núcleo 3) pode contribuir, em médio e longo prazos, para a quebra desse paradigma.

O tema **ritmo** está associado ao nosso dia a dia, bem como às modalidades esportivas, aos jogos, às lutas e a muitas outras atividades da cultura corporal do movimento presentes nos Núcleos 1 e 2. Vale frisar que a dança, por suas claras características de socialização, constitui-se no principal ou único tipo de exercício físico praticado por muitas pessoas, fator que a identifica à questão da promoção da saúde, tratada no Núcleo 4.

Os exemplos do Núcleo 4 estão demonstrados no Quadro 11.6, a seguir.

Quadro 11.6 – Núcleo 4: O movimento e a saúde

Tema: socorros urgentes e prevenção de lesões Conteúdos: cortes, hemorragias, picadas, traumas, episódios mal súbito, lesões		
Educação infantil	Ed. infantil I	Pequenos cortes e escoriações.
	Ed. infantil II	Picadas de insetos.
Ensino fundamental	1° ano	Hemorragia nasal.
	2° ano	Hematomas em geral.
	3° ano	Tonturas e desmaios. Batidas na cabeça e na barriga.
	4° ano	Câimbras e torcicolos. Fraturas, entorses e luxações: como evitar, socorrer e tratar.
	5° ano	Choque elétrico: como evitar (pipas, fios caídos e descascados etc.).
	6° ano	Queimaduras (1°, 2° e 3° graus).
	7° ano	Tratamento de lesões em geral: utilizar calor ou frio?
	8° ano	Uso de calçados e roupas adequadas a cada esporte e exercício físico.
	9° ano	Cuidados com a temperatura corporal e o equilíbrio hídrico.
Ensino médio	1° série	Coma alcoólico e consumo excessivo de álcool.
	2° série	Episódios de mal súbito: insolação, internação (exposição ao calor) e choques por causas diversas.
	3° série	Episódios de mal súbito (convulsões e desmaios): hipo e hipertensão arterial, hipo e hiperglicemia. Episódios de mal súbito(infarto e AVC): como identificar e socorrer.

Fonte: Adaptado de Oliveira, 2004, p. 25-55.

Oliveira (2004) atribui uma grande importância aos conteúdos relativos ao mundo motor e suas possibilidades ligadas à promoção da saúde por meio do exercício físico regular. Dessa forma, o Núcleo 4 apresenta os temas relativos à saúde, ganhando espaço no currículo da EFE ao longo das séries, de forma que, no ensino médio, os conhecimentos sobre a saúde associados ao movimento humano já devam estar assimilados pelos alunos e fazendo parte do seu dia a dia.

No entanto, o comprometimento da saúde das crianças e dos adolescentes pela inatividade física é uma preocupação contemporânea. Ocasionadas especialmente pela inatividade física e pela nutrição inadequada, as doenças crônico-degenerativas vêm se manifestando cada vez mais precocemente.

Ramos e Ferreira (2000) nos lembram que os PCN (Brasil, 1997) fundamentam a concepção de saúde no exercício da cidadania, ressaltando a necessidade de capacitar os sujeitos a se apropriarem de conceitos, fatos, princípios, a tomarem decisões, agirem e gerarem atitudes saudáveis na realidade na qual se inserem.

Para Mattos e Neira (2008), o público jovem encontra-se aberto a discussões sobre alimentação, ingestão de produtos farmacológicos e toda espécie de dietas. Os autores enfatizam a função da EFE de constituir-se em um polo de discussões sobre a veracidade e a aplicabilidade de pseudoconhecimentos e mitos sobre o exercício físico, a saúde e a estética.

Especificamente sobre o tema **socorros urgentes e prevenção de lesões**, escolhido para nossa exemplificação no Núcleo 4 (Quadro 11.6), a relação com os demais núcleos e a progressão em dificuldade e complexidade ao longo das séries são fatores bastante evidenciados. Na vida diária, os conhecimentos relacionados a essa temática são de utilidade incontestável, fator que aumenta a responsabilidade do professor da disciplina de trabalhá-los adequadamente.

Considerações finais

A intenção de realizar um exercício de organização curricular, atribuindo graus crescentes de complexidade e dificuldade aos conteúdos, foi suscitada em função da dificuldade histórica dos professores do componente curricular EF em trabalhar dessa forma, ao contrário do que acontece em outras disciplinas, que já apresentam tal característica.

Procuramos trabalhar com exemplos, entendendo que a construção de um currículo deve levar em consideração as características de cada comunidade, mas que também deve ser composto de forma responsável e reflexiva, elegendo-se temas e conteúdos significativos aos alunos e que possam ser úteis para sua vida.

Embora não tenhamos tratado especificamente da temática metodológica, vale frisar a importância da adoção de metodologias participantes, nas quais os alunos são levados à descoberta de suas possibilidades de movimento sob orientação e constante mediação do professor.

Vale, ainda, ressaltarmos as possibilidades de trabalho interdisciplinar com os conteúdos apresentados. O caminhar e o correr estão diretamente relacionados à questão histórica, pois a sobrevivência do homem sempre teve ligação com sua capacidade de locomoção: inicialmente, na busca pelo alimento e, atualmente, no combate ao sedentarismo. Nesse sentido, na progressão do conteúdo, aparece o controle dos aspectos fisiológicos e nutricionais do caminhar e do correr, ligados aos estudos da Biologia. Além disso, o movimento humano, seus ângulos e impactos estão intimamente relacionados às questões tratadas na Física. Os jogos e os esportes, além dos aspectos biológicos envolvidos na prática, oferecem uma riqueza de elementos ligados à História, mas vivemos uma época de retomada da ênfase nos valores éticos e morais, conteúdos da Filosofia que encontram nos embates dos esportes de invasão um rico campo para debates em sala de aula.

As danças têm sua ligação natural com a disciplina de Artes, mas as disciplinas de História e Geografia podem ser enriquecidas pelo trabalho com as tradições e características regionais. Já as medidas de prevenção e socorros estão bastante relacionadas à Biologia.

Por fim, entendemos que a proposta de Oliveira (2004) pretende contribuir para a legitimação e a consolidação do componente curricular EFE, mas é uma semente que só encontrará um "solo fértil" na intenção clara dos professores da área em fazer a diferença na educação das crianças e jovens que cursam a disciplina. Entendemos que essa diferença se faz principalmente pelo rompimento com alguns paradigmas da área, que ainda a caracterizam como "atividade", uma "prática pela prática". Esperamos, pois, suscitar essa superação, servindo de apoio aos professores de Educação Física em sua missão educativa, que tem no planejamento um alicerce imprescindível.

Referências

BETTI, M. Ensino de primeiro e segundo graus: Educação Física, para quê? **Revista Brasileira de Ciências do Esporte**, Campinas, v. 13, n. 2, p. 282-287, 1992.

BRASIL. Lei n. 9.394, de 20 de dezembro de 1996. **Diário Oficial da União**, Poder Legislativo, Brasília, 23 dez. 1996. Disponível em: <http://www.planalto.gov.br/ccivil_03/leis/L9394.htm>. Acesso em: 18 dez. 2012.

BRASIL. Secretaria de Educação Fundamental. **Parâmetros Curriculares Nacionais**: Educação Física. Brasília, 1997. v. 7. Disponível em: <http://portal.mec.gov.br/seb/arquivos/pdf/livro07.pdf>. Acesso em: 27 dez. 1997.

DARIDO, S. C.; SOUZA JÚNIOR, O. M. S. **Para ensinar Educação Física**: possibilidades de intervenção na escola. Campinas: Papirus, 2008.

KRAVCHYCHYN, C.; OLIVEIRA, A. A. B.; CARDOSO, S. M. V. Implantação de uma proposta de sistematização e desenvolvimento da Educação Física do ensino médio. **Revista Movimento**, Porto Alegre, v. 14, n. 2, p. 39-62, maio/ago. 2008.

KUNZ, E. **Didática da Educação Física 1**. Ijuí: Ed. da Unijuí, 1998.

MATTOS, M. G.; NEIRA, M. G. **Educação Física na adolescência**: construindo o conhecimento na escola. 5. ed. São Paulo: Phorte, 2008.

OLIVEIRA, A. A. B. Planejando a Educação Física escolar. In: VIEIRA, J. L. L. (Org.). **Educação Física e esportes**: estudos e proposições. Maringá: Eduem, 2004. p. 25-55.

PALMA, A. P. T. V.; OLIVEIRA, A. A. B.; PALMA, J. A. V. **Educação Física e a organização curricular**: educação infantil, ensino fundamental, ensino médio. 2. ed. Londrina: Eduel, 2010.

RAMOS, G. N. S.; FERREIRA, L. A. Parâmetros Curriculares Nacionais: Educação Física e Saúde. **Revista Corpoconsciência**, Santo André, v. 5, p. 56-63, 2000.

ROSÁRIO, L. F. R.; DARIDO, S. C. A sistematização dos conteúdos da Educação Física na escola: a perspectiva dos professores experientes. **Motriz**, Rio Claro, v. 11, n. 3, p. 167-178, set./dez. 2005.

SACRISTÁN, J. G. **O currículo**: uma reflexão sobre a prática. Porto Alegre: Artes Médicas, 1998.

12

Preparação profissional em Educação Física: reflexão sobre as diretrizes curriculares*

Alfredo Cesar Antunes

A Resolução CNE/CP nº 01/2002 (Brasil, 2002d) institui Diretrizes Curriculares Nacionais para a Formação de Professores da Educação Básica, em nível superior, curso de licenciatura e de graduação plena. O Parecer CNE/CP nº 09/2001 (Brasil, 2002b) expõe comentários e posicionamentos do legislador sobre a referida resolução. O primeiro ponto para a reflexão sobre a preparação profissional em Educação Física (EF) está relacionado à superação da formação tradicional de professores, isto é, a que acontecia até aquele momento. Os documentos apresentam a licenciatura com terminalidade e integralidade próprias, alterando a tradição da EF como formação generalista, principalmente por meio da habilitação em

* O presente texto tem por base parte da análise documental sobre as diretrizes curriculares realizada em minha tese de doutorado, denominada *A dimensão prática na preparação profissional em Educação Física: concepção e organização acadêmica* (Antunes, 2012).

licenciatura. Mesmo havendo a oferta do bacharelado, a habilitação em licenciatura prevalecia nos cursos de formação profissional, visto que a ideia de profissional generalista é a que predominava.

O próprio Parecer CNE/CES nº 58/2004 (Brasil, 2004a) atesta que a nova percepção de terminalidade e integralidade próprias em relação ao bacharelado atingiu, substancialmente, a tradição da formação do professor e do profissional de EF, pois demandou a construção de currículos e projetos pedagógicos específicos para a licenciatura que não se confundiriam com o bacharelado ou com a antiga formação pautada no modelo 3 + 1*.

Essa mudança de modelo oferece a possibilidade e a necessidade de repensar o ensino e a aprendizagem de conceitos e procedimentos nos cursos de preparação profissional da área de acordo com o campo de atuação profissional, ou seja, nos ambientes escolar e extraescolar.

Portanto, segundo essa nova orientação, de terminalidade e integralidade próprias da licenciatura em relação ao bacharelado, são analisados os pontos importantes, a interação entre teoria e prática e a compreensão da prática para o processo de preparação profissional, como se destacam nos documentos citados.

É possível perceber que se sobressaem os seguintes pontos no que se refere à relação entre teoria e prática no processo de preparação profissional em EF: pesquisa e práticas investigativas; princípio metodológico da ação-reflexão-ação; relação com diferentes contextos; resolução de situações-problema; e conhecimento advindo da experiência.

* Com a possibilidade da formação do bacharel, exposta na Resolução CFE nº 03/1987 (anterior às atuais diretrizes de formação profissional em EF), surgiu a possibilidade da formação 3 + 1, ou seja, a conclusão do curso de licenciatura concomitantemente com o de bacharelado. Esse modelo tolerava a aquisição das duas habilitações com o mesmo tempo de integralização (4 anos). O Parecer CNE/CES nº 58/2004 alerta que, com a terminalidade e a integralidade da licenciatura em relação ao bacharelado (apresentado nas novas diretrizes curriculares para a formação de professores – Resolução CNE/CP nº 01/2002), esse modelo fica impraticável, conferindo identidade própria para a licenciatura.

O Parecer CNE/CP nº 09/2001 (Brasil, 2002b) destaca o preparo inadequado dos professores e a manutenção do formato tradicional no processo de formação; não era contemplado, entre outros elementos, o desenvolvimento de práticas investigativas e de projetos para rever conteúdos curriculares.

Portanto, quando aponta a construção das diretrizes, o art. 2º enfatiza a importância das práticas investigativas. O art. 6º reforça essa orientação, ao apontar a atualização como competência e a pesquisa como aprimoramento da prática profissional. No comentário do parecer, relativo ao art. 7º, essa ideia também é apresentada quando o parecerista orienta quanto à necessidade de prever atividades coletivas, estudos e investigações para a organização institucional e a formação.

Com relação à pesquisa no processo de preparação profissional, Souza Neto, Alegre e Costa (2006) propõem que as 400 horas de estágio curricular supervisionado sejam organizadas em três disciplinas: Práticas de Ensino (específicas), Práticas de Ensino Integradas (iniciantes e concluintes) e Pesquisa em Ensino. Esta última aborda as práticas escolares sob o ponto de vista da pesquisa, correspondendo às atividades de campo e à sua inserção no trabalho de conclusão de curso.

O Parecer CNE/CP nº 09/2001 (Brasil, 2002b) assinala um processo de reflexão sobre concepções e práticas na construção das diretrizes. A reflexão é o ponto central para a superação da visão tradicional da prática no processo de preparação profissional em EF. Dessa forma, para que exista evolução nesse processo, é indispensável que as instituições de ensino superior (IESs) reavaliem a forma como as práticas foram tratadas até este momento.

São ressaltados, no parecer, outros dois pontos que igualmente se tornam fundamentais para o processo de ação-reflexão-ação: enfatizar a resolução de situações-problema e valorizar o conhecimento advindo da experiência (art. 6º e comentários).

Carreiro da Costa et al. (citados por Nascimento, 2006, p. 64) apontam

> como prioridade na formação inicial a necessidade de uma discussão crítica sobre a experiência escolar anterior e as condições futuras dos locais de trabalho. Os autores são unânimes em destacar a importância de a formação inicial lidar, tanto com "as seguranças do passado" quanto com "as inseguranças do presente" e "as incertezas do futuro".

No caso específico da EF, é fundamental a superação de um currículo que trata de forma estanque as disciplinas teóricas e práticas, como se essas dimensões não fizessem parte do mesmo fenômeno. Essa compreensão está relacionada com os currículos "técnico-científico e tradicional – esportivo" (Betti; Betti, 1996, p. 10-11).

A superação dessa dicotomia também vai ao encontro da visão de reflexão apresentada por Merleau-Ponty, ou seja, para ser completa, deve estar diretamente ligada à existência, ao real.

> A própria reflexão sobre uma doutrina só será total se ela conseguir fazer sua junção com a história da doutrina e com as explicações externas, e se conseguir recolocar as causas e o sentido da doutrina em uma estrutura de existência [...] Porque estamos no mundo, estamos condenados ao sentido, e não podemos fazer nada nem dizer nada que não adquira um nome na história. (Merleau-Ponty, 1999, p. 17-18)

A compreensão do mundo é a realização de uma verdade, não com base em uma razão preexistente ou uma verdade prévia, mas na conexão das experiências. A afirmação da racionalidade sustenta-se nos conhecimentos e na comunicação com o mundo (Merleau-Ponty, 1999, p. 19).

Essa compreensão do mundo baseada na experiência deve estar presente nos cursos de preparação de profissionais em EF, para que a ideia de "reflexão entre concepções e práticas", como exprime o Parecer CNE/CP nº 09/2001 (Brasil, 2002b), realmente se efetive.

Nascimento (2006, p. 69-70), ao apresentar o conceito de alternância na formação inicial, explica que "esta deve ser visualizada como uma tentativa de conjugar duas experiências distintas, ou seja, a experiência de formação e a experiência de trabalho". E completa:

> Ao buscar o estabelecimento de um casamento entre dois contextos, a alternância se utiliza de diferentes práticas que visam familiarizar os estudantes com os meios profissionais, proporcionar alternativas à formação universitária e que buscam fazer do exercício de uma atividade profissional o lugar central dos processos de aquisição e desenvolvimento de competências profissionais. (Nascimento, 2006, p. 70)

A constante ênfase e o forte destaque sobre o processo de interação entre teoria e prática na Resolução CNE/CP nº 01/2002 (Brasil, 2002d) e no Parecer CNE/CP nº 09/2001 (Brasil, 2002b) são claramente percebidos em diferentes momentos. Primeiro, conforme discutido anteriormente, e com base no princípio metodológico da ação-reflexão-ação e do conhecimento advindo da experiência, essa interação é reconhecida e defendida. No entanto, além desses aspectos, o da relação com diferentes contextos também é apresentado como fundamental e acaba fortalecendo a visão da interação entre teoria e prática nos referidos documentos.

Na organização curricular, são ressaltados a diversidade e o enriquecimento cultural (art. 2º e comentários) e, na organização institucional, a interação com escolas, parcerias culturais e recursos pedagógicos, além das investigações (art. 7º e comentários).

É possível observar que, nos princípios norteadores, são enfatizados: a preocupação com as dinâmicas culturais; os contextos escolares; a interação com o meio social; a coparticipação e a construção do conhecimento (art. 3º e comentários). Na avaliação dos cursos (art. 8º), é destacada a qualidade da vinculação com escolas. É possível observar também que, na definição dos eixos articuladores da matriz curricular, merecem um lugar distinto os diferentes âmbitos de conhecimento, as formas de ensino e a interação com o ambiente educacional (art. 11 e comentários).

Todos esses aspectos apresentados reforçam a perspectiva da interação entre teoria e prática percebida nos documentos. No que concerne a esse respeito, a simetria invertida (comentários ao art. 3º) é tomada como aspecto primordial. De acordo com o Parecer CNE/CP nº 09/2001 (2002b), no processo de preparação profissional, o professor aprende a profissão em lugar semelhante àquele em que irá atuar, porém em uma situação invertida (simetria invertida).

Um problema apresentado pelo Parecer CNE/CP nº 09/2001 (Brasil, 2002b) é a ênfase na transposição didática dos conteúdos sem ampliação e solidificação – esse fato caracteriza o pedagogismo. O referido parecer também apresenta o destaque quase exclusivo a conhecimentos que o estudante deve aprender, sem analisar a importância e a relação com os conteúdos que ele deverá ensinar no ambiente educacional, o que caracteriza o conteudismo. Assim, é exposta nos documentos a necessidade da relação entre conhecimento do objeto de ensino e expressão escolar, ou seja, entre o currículo da graduação e o que deve ser ensinado no ensino fundamental e médio. Novamente, fica evidente a ênfase sobre o contexto de atuação no processo de preparação profissional.

De acordo com o Parecer CNE/CP nº 09/2001 (2002b), no processo de preparação profissional, numa situação invertida (simetria invertida), deve haver coerência entre os conhecimentos e as habilidades adquiridos no processo de formação e o que do professor se espera como profissional. Assim, "a experiência como aluno, não apenas no curso de formação docente, mas ao longo de toda a sua trajetória escolar, é constitutiva do papel que exercerá futuramente como docente" (Brasil, 2002b, p. 24).

O conceito de simetria invertida possibilita outra perspectiva para o próprio conceito de prática no processo de preparação profissional, pois a concepção de prática como uma atividade extenuante na qual "os alunos são retirados das salas de aula para se esforçarem, gastar energia e se aquietarem no retorno [...] que foi, por muito tempo, e por que não dizer, ainda é, por muitos trabalhada e entendida [...]" (Oliveira, 2006, p. 18) passa por uma transformação radical. Assim, Oliveira (2006) chama a atenção para a possibilidade de atendimento da simetria invertida defendida no Parecer CNE/CP nº 09/2001. "A compreensão desse fato evidencia a necessidade de que o futuro professor experiencie, como aluno, durante todo o processo de formação, atitudes, modelos didáticos, capacidades e modos de organização que se pretende venham a ser concretizados nas suas práticas pedagógicas" (Brasil, 2002b, p. 24).

O art. 12 da Resolução CNE/CP nº 01/2002 (Brasil, 2002d) apresenta uma concepção de prática que não deve ser reduzida a um espaço isolado ou ao campo de estágio. O objetivo é superar a visão tradicional da preparação de professores, na qual a prática era deslocada apenas para o fim do curso. Essa nova visão permite às IESs remodelar e transformar a prática no principal instrumento de aquisição de conhecimentos e competência profissional no processo de preparação profissional.

Um ponto fundamental dessa perspectiva é a determinação de que todas as disciplinas do curso terão a dimensão prática, a qual deve estar presente desde o início do curso. Nota-se, assim, que o mencionado parecer faz uma crítica à concepção restrita de prática cujos conhecimentos são divididos em dois polos isolados: sala de aula e estágio. O primeiro abandona a prática, e o segundo, a teoria, configurando-se a visão aplicacionista das teorias e a visão ativista das práticas.

Ainda se destaca, no art. 13, que a dimensão prática deve transcender o estágio e articular diferentes práticas (perspectiva interdisciplinar). Também é salientada a "prática como componente curricular". Esses conceitos são fundamentais, pois caracterizam uma nova possibilidade de interação entre teoria e prática no processo de preparação profissional em EF.

Após explanar essas questões sobre a relação entre teoria e prática, os referidos documentos ressaltam qual deve ser a concepção de prática no processo de preparação de professores.

A nova distribuição das atividades curriculares, de acordo com a Resolução CNE/CES nº 02/2002 (Brasil, 2002a), prevê 400 horas de práticas pedagógicas curriculares (práticas como componente curricular) e 400 horas de estágio curricular supervisionado. De acordo com Oliveira (2006), as práticas pedagógicas devem favorecer a aproximação do acadêmico do futuro lócus de intervenção profissional desde o início do curso, enquanto os estágios, a partir da segunda metade do curso, devem proporcionar a relação adequada entre o processo formativo e o contexto escolar.

A fim de compreender ainda melhor a concepção de prática na preparação profissional em EF, é importante realizar a análise da Resolução CNE/CES nº 07/2004 (Brasil, 2004b), que institui as Diretrizes Curriculares Nacionais para os cursos de graduação em EF, em nível superior de graduação plena, e do Parecer CNE/CES nº 58/2004 (Brasil, 2004a), sobre as Diretrizes Curriculares Nacionais para os cursos de graduação em EF.

A Resolução CNE/CES nº 07/2004 (Brasil, 2004b), no art. 10, complementa a análise sobre a questão da prática na preparação do profissional de EF. Essa resolução decide que o aspecto da "prática como componente curricular" será vivenciado em diferentes contextos desde o início do curso, o que não indica que se refira à aplicação de prática física somente, mas sim ao conhecimento identificado nas práticas, sejam elas pedagógicas, sejam laboratoriais e aplicativas ou outras formas com que sempre surgem no contexto das profissões.

Por sua vez, o estágio profissional curricular representa um dos aspectos da prática no processo de formação; ele será vivenciado e intervirá em diferentes campos a partir da segunda metade do curso, sob a supervisão de profissional habilitado e qualificado. No caso de núcleos temáticos de aprofundamento, "40% da carga horária do estágio profissional curricular supervisionado deverão ser cumpridas no campo de intervenção acadêmico-profissional correlato" (Brasil, 2004a, p. 20).

A Resolução CNE/CES nº 07/2004 (Brasil, 2004b), no art. 10, afirma que a formação do graduado em EF deve assegurar a indissociabilidade entre teoria e prática e propõe, como mecanismos para atingir este objetivo, a "prática como componente curricular, o estágio profissional/curricular supervisionado e as atividades complementares" (Brasil, 2004b, p. 4).

> A prática concebida como componente curricular deverá ser contemplada e explicitada no projeto pedagógico, podendo ser vivenciada em diferentes contextos de aplicação acadêmico-profissional desde o início do curso. Sendo assim, ela poderá estar inserida e explicitada no contexto programático das diferentes unidades de conhecimento constitutivas da organização curricular do curso, ou poderá ser viabilizada sob a forma de oficinas, laboratórios, entre outros tipos de organização que permitam aos (às) graduandos(as) vivenciarem o nexo entre as dimensões conceituais e a aplicabilidade do conhecimento. (Brasil, 2004b, p. 13)

Souza Neto, Alegre e Costa (2006) avançam com uma proposta que se refere à articulação entre a estrutura horizontal (disciplinas de cada ano do curso), essa vertical (articulação entre os diferentes anos) e a transversal; essa articulação é evidentemente integradora, apta a inserir as práticas como componente curricular (PCC). Para os autores, essa prática deve se direcionar para os procedimentos de observação e reflexão, registro de observações realizadas e resoluções de situações-problema. Eles também propõem a organização sob a forma de projetos integradores, como seminários de integração, vivências práticas ou oficinas experimentais.

A relação entre teoria e prática, no processo de preparação profissional, está vinculada diretamente ao processo de ensino-aprendizagem, ou seja, ela consta como forma que sempre dinamiza a ação do profissional de EF quando ele transmite os seus conhecimentos aos alunos, tanto no ambiente escolar quanto fora dele.

Fica explícito no Parecer CNE/CES nº 58/2004 (Brasil, 2004a) que é "imprescindível que haja coerência entre a formação oferecida, as exigências práticas esperadas do futuro profissional e as necessidades de formação".

Anteriormente, na preparação profissional na área da EF, em virtude da falta de definições mais claras e objetivas da legislação, os estágios curriculares eram desenvolvidos em conjunto com a disciplina Prática de Ensino, o que acabava ocasionando certas distorções no processo. Contudo, a nova legislação estabeleceu a separação entre os estágios curriculares supervisionados e o conhecimento, e o estágio passou a ser identificado como *práticas no âmbito do componente curricular.*

Assim, vem sendo considerado como de fundamental importância conseguir entender que, de acordo com as atuais diretrizes estabelecidas pelo Conselho Nacional de Educação (CNE) para os cursos de graduação em EF, seja no bacharelado, seja na licenciatura, o estágio passa a existir em recíproca interação com a prática de ensino (PCC).

É essencial compreender o que aqui se considera: as práticas de ensino têm relação íntima e necessária com os estágios e ambos os elementos são fundamentais no processo de preparação para a fase de formação profissional, ou seja, é fundamental o papel que as práticas desempenham como componente curricular (PCC), pois preparam o acadêmico para um envolvimento profundo, tanto nas práticas aplicadas quanto nos momentos de participação no aprendizado, nas horas de realizar o seu estágio supervisionado.

> Tendo como objetivo, junto com a prática, **como componente curricular**, a relação *teoria e prática social* tal como expressa o Art. 1º, § 2º da LDB, bem como o Art. 3º, XI e tal como expressa sob o

> conceito de prática no Parecer CNE/CP 9/2001, o estágio curricular supervisionado é o momento de efetivar, sob a supervisão de um profissional experiente, um processo de ensino-aprendizagem que, tornar-se-á concreto e autônomo quando da profissionalização deste estagiário. (Brasil, 2002c, p. 7, grifo do original)

Segundo Tojal (1995, citado por Antunes, 2007, p. 144),

> O papel da Instituição de Ensino Superior (IES) não é só o de formar, ou o de preparar pessoal qualificado para o mercado de trabalho; ela também deve pelas suas possibilidades extensionistas e de pesquisa, antecipar soluções. Portanto, a organização do currículo não é feita apenas do momento da análise do vivido, mas das diferentes possibilidades para um tempo futuro.

Entretanto, o que se tem constatado, no processo da preparação profissional existente, bem pode representar o entendimento que perpassa os cursos de graduação na área. Ressurge com frequência uma questão importante, que sempre merecerá ser debatida: O que se entende por prática no atual processo de ensino e aprendizagem profissional em EF? A resposta, seja qual for, ainda exigirá novas análises.

O Ministério da Educação, por meio do Conselho Nacional de Educação, procurou, com base no Parecer CNE/CP nº 28/2001 (Brasil, 2002c), dar o sentido com que deve a prática ser efetivada nos cursos, definindo que:

> A prática não é uma cópia da teoria e nem esta é um reflexo daquela. A prática é o próprio modo como as coisas vão sendo feitas, cujo conteúdo é atravessado por uma teoria. Assim a realidade é um movimento constituído pela prática e pela teoria como momentos de um dever mais amplo, consistindo a prática no momento pelo qual se busca fazer algo, produzir alguma coisa e que a teoria procura conceituar, significar e com isto administrar o campo e o sentido desta atuação. (Brasil, 2002c, p. 6)

Esse mesmo parecer também define que, como componente curricular, a prática produz algo de transformação e preparação do futuro profissional no âmbito do ensino e deve estar em articulação intrínseca com o estágio supervisionado e com as atividades de trabalho acadêmico.

Essa perspectiva investigativa é explicitada no art. 7º (e comentários); trata-se da formação ampliada e específica, quando se faz a abordagem do diálogo e do debate com o conhecimento científico e específico da área e se busca, com renovado empenho, uma formação inquiridora e crítica. Além disso, o art. 4º do parecer (e comentários) também lembra o rigor científico para conformar o perfil do graduado.

É indicado que as questões de pesquisa a serem investigadas se originem da adequada relação do acadêmico com o ambiente real de trabalho, visando proporcionar a ele contatos e envolvimento com esse universo operacional desde os primeiros anos de sua formação.

Compete ao pesquisador sair do laboratório e buscar os problemas da realidade prática, e cabe ao profissional a busca da produção e da utilização do conhecimento científico/acadêmico em sua prática profissional (Barros, 2006).

É oportuno, neste momento, destacarmos a busca da competência como concepção nuclear do projeto pedagógico e também da valorização da experiência; situações de intervenção equilibrada com posicionamentos reflexivos permitirão a concretização dessa competência – art. 6º e comentários do Parecer CNE/CP nº 28/2001 (Brasil, 2002c).

Barros (2006, citado por Antunes, 2007, p. 146) apresenta a competência profissional como a "capacidade de identificar, articular intelectualmente e colocar em prática os conhecimentos, valores, técnicas e habilidades necessárias ao desempenho eficiente e eficaz requerido no exercício profissional de Educação Física".

Com referência à construção de competências na preparação profissional, uma afirmação de Lawson (1984, citado por Antunes, 2007, p. 146), de certa forma, foi um alerta para essa busca. O autor já havia orientado que os programas dos cursos de EF, em sentido amplo, "não devem ser planejados exclusivamente para acompanhar os conhecimentos da prática atual, mas deviam preparar [...] [os profissionais] para as mudanças futuras". Para Feitosa e Nascimento (2006), precisa ficar claro que a competência profissional requer conhecimentos conceituais, procedimentais e contextuais, tudo isso historizado em aquisições de saberes, "saber fazer", "saber ser" e "saber tornar-se".

Perrenoud (2002, p. 19) explica o papel da formação inicial para o desenvolvimento da competência:

> Atualmente, define-se competência como a aptidão para enfrentar uma família de situações análogas, mobilizando de uma forma correta, rápida, pertinente e criativa, múltiplos recursos cognitivos: saberes, capacidades, microcompetências, informações, valores, atitudes, esquemas de percepção, de avaliação e raciocínio [...] todos esses recursos não provêm da formação inicial e nem mesmo da contínua. Alguns deles são construídos ao longo da prática – "os saberes de experiência". [...] Entretanto, a formação inicial deve desenvolver os recursos básicos, bem como treinar as pessoas para que possam utilizá-los.

Parece que já é lugar comum falar da relação entre teoria e prática na EF e defendê-la, principalmente no processo de preparação profissional; no entanto, não é comum, e nem seria consenso, dobrar-se sobre o significado e as implicações desses conceitos. Como já foi abordado, a concepção sobre tais conceitos é fundamental para entender, planejar, implementar e avaliar o processo de preparação profissional.

Assim, fica entendido que "a realidade acadêmica dos cursos de Educação Física deve ser marcada por novas propostas no sentido de aperfeiçoar a formação profissional" (Antunes, 2007, p. 146). O curso buscará contemplar, em sua especificidade e com o máximo de qualidade, a amplitude dos objetivos que organizam a associação entre a teoria e a prática para a capacitação profissional.

Por força da realização dos objetivos, o profissional, na sua atividade futura, entenderá cada vez mais e melhor a inter-relação entre ambas e conseguirá afastar qualquer dicotomia.

A prática, associada com o conhecimento teórico, é fundamental para a atuação profissional. O profissional de EF prossegue construindo seu próprio conhecimento, denominado *conhecimento de trabalho* ou *operacional*. Essa construção é silenciosa; o profissional aprende com outros colegas, aprende na dinâmica ensaio-erro e, na sequência das atividades, adapta seu proceder de acordo com o contexto e reutiliza/refaz os conhecimentos aprendidos na sua formação acadêmica. Vemos em Antunes (2007):

> O profissional reflete antes, durante e após a ação de ensinar. Elabora o seu próprio conhecimento ao incorporar e transcender o conhecimento técnico-científico. A aprendizagem deverá ser orientada pelo princípio metodológico da ação-reflexão-ação, considerando a resolução de situações-problema como uma das estratégias didáticas privilegiadas para a construção do conhecimento. Assim, as experiências práticas adquirem novos sentidos quando associadas aos conhecimentos e conteúdos técnicos, científicos e didático-pedagógicos (Betti, 1996, citado por Antunes, 2007, p. 147).
>
> [...]
>
> Além do próprio ensino, a preocupação também deve estar na aprendizagem, ou seja, desenvolvimento de suas capacidades intelectuais, habilidades humanas e profissionais, atitudes e valores integrantes à vida profissional. O professor terá um papel de mediador ou orientador do processo de aprendizagem do futuro profissional. (Antunes, 2007, p. 147)

Tojal (1995, p. 57-58) advoga que:

> O Profissional de Educação Física deve ser capaz de identificar que, pela transcendência ou superação, o homem torna-se sujeito e não objeto da história e, portanto, as relações a serem resgatadas pelo Profissional devem privilegiar, no biológico, a atenção, a estrutura,

> o funcionamento e as possibilidades do corpo do indivíduo; no social, a dinâmica da sociedade, a condição de estrutura e herança cultural e o sistema de valorização da sociedade, no sentido da eficácia individual; na natureza, as diferentes possibilidades de criação e adaptação a determinada cultura em relação ao meio e ao clima, enfim, esse profissional deverá conhecer todas as possibilidades de desenvolvimento do homem, suas condições física e emocional, principalmente diante de condições e situações diferentes e inusitadas.

Observando-se a prática sob esse foco e entendimento, a sua presença será considerada indispensável na preparação do futuro profissional de EF. A profissionalização será totalmente voltada para o exercício profissional aplicado, não apenas para cumprir uma determinação legal no que se refere à carga horária, mas porque se trata do preparo do futuro profissional, de um conhecimento fundamental para possibilitar a interação crítica do acadêmico com a realidade do seu presente e a futura interação com situações vindouras similares às atuais. No futuro campo de atuação, sem agora fazer antecipações, terá os conteúdos, teóricos e práticos, como meios e suportes para a constituição dinâmica de "habilidades e competências, isto é, levando-se em conta a indissociabilidade teoria-prática como um elemento fundamental para orientação do trabalho" (Antunes, 2007, p. 145).

Enfim, para todos que se envolvem com o processo de preparação profissional em EF, é evidente a necessidade de desenvolver um ambiente de corresponsabilidade entre docente e graduando, o que exige deste uma atitude mais ativa no seu processo de profissionalização.

Referências

ANTUNES, A. C. **A dimensão prática na preparação profissional em Educação Física**: concepção e organização acadêmica. 2012. 265 f. Tese (Doutorado em Educação Física) – Universidade Estadual de Campinas, Campinas, 2012.

_____. Mercado de trabalho e Educação Física: aspectos da preparação profissional. **Revista de Educação**, v. 10, n. 10, 2007. Disponível em: <http://sare.unianhanguera.edu.br/index.php/reduc/article/view/222/220>. Acesso em: 8 ago. 2012.

BETTI, M.; BETTI, I. C. R. Currículo e formação profissional. **Revista Motriz**, v. 2, n. 1, p. 10-15, jun. 1996.

BARROS, J. M. C. Profissão, regulamentação profissional e campo de trabalho. In: SOUZA NETO, S.; HUNGER, D. (Org.). **Formação profissional em Educação Física**: estudos e pesquisas. Rio Claro: Biblioética, 2006. p. 245-250.

BRASIL. Ministério da Educação. Conselho Nacional de Educação. Câmara de Educação Superior. Parecer n. 58, de 18 de fevereiro de 2004. Relator: Éfrem de Aguiar Maranhão. **Diário Oficial da União**, Brasília, 19 mar. 2004a. Disponível em: <http://portal.mec.gov.br/cne/arquivos/pdf/2004/pces058_04.pdf>. Acesso em: 27 dez. 2012.

BRASIL. Ministério da Educação. Conselho Nacional de Educação. Câmara de Educação Superior. Resolução n. 2, de 19 de fevereiro de 2002. Relator: Arthur Roquete de Macedo. **Diário Oficial da União**, Brasília, 4 mar. 2002a. Disponível em: <http://portal.mec.gov.br/cne/arquivos/pdf/CES022002.pdf>. Acesso em: 27 dez. 2012.

_____. Resolução n. 7, de 31 de março de 2004. Relator: Edson de Oliveira Nunes. **Diário Oficial da União**, Brasília, 5 abr. 2004b. Disponível em: <http://portal.mec.gov.br/cne/arquivos/pdf/ces0704edfisica.pdf>. Acesso em: 27 dez. 2012.

BRASIL. Ministério da Educação. Conselho Nacional de Educação. Conselho Pleno. Parecer n. 9, de 8 de maio de 2001. Relator: Edla de Araújo Lira Soares. **Diário Oficial da União**, Brasília, 18 jan. 2002b. Disponível em: <http://portal.mec.gov.br/cne/arquivos/pdf/009.pdf>. Acesso em: 27 dez. 2012.

_____. Parecer n. 28, de 2 de outubro de 2001. Relator: Carlos Roberto Jamil Cury. **Diário Oficial da União**, Brasília, 18 jan. 2002c. Disponível em: <http://portal.mec.gov.br/cne/arquivos/pdf/028.pdf>. Acesso em: 27 dez. 2012.

BRASIL. Ministério da Educação. Conselho Nacional de Educação. Conselho Pleno. Resolução n. 1, de 18 de fevereiro de 2002. Relator: Ulisses de Oliveira Panisset. **Diário Oficial da União**, Brasília, 9 abr. 2002d. Disponível em: <http://portal.mec.gov.br/cne/arquivos/pdf/rcp01_02.pdf>. Acesso em: 27 dez. 2012.

CONFEF – Conselho Federal de Educação Física. Resolução n. 3, de 16 de junho de 1987. **Diário Oficial da União**, Brasília, DF, 10 set. 1987. Disponível em: <www.confef.org.br/extra/juris/mostra_lei.asp?ID=8>. Acesso em: 19 jul. 2013.

FEITOSA, W. M. N.; NASCIMENTO, J. V. N. Educação Física: quais competências profissionais? In: SOUZA NETO, S.; HUNTER, D. (Org.). **Formação profissional em Educação Física**: estudos e pesquisas. Rio Claro: Biblioética, 2006. p. 87-98.

LAWSON, H. A. **Invitation to Physical Education**. Champaign: Human Kinetics, 1984.

MERLEAU-PONTY, M. **Fenomenologia da percepção**. 2. ed. São Paulo: M. Fontes, 1999.

NASCIMENTO, J. V. Formação do profissional de Educação Física e as novas diretrizes: reflexões sobre a reestruturação curricular? In: SOUZA NETO, S.; HUNGER, D. (Org.). **Formação profissional em Educação Física**: estudos e pesquisas. Rio Claro: Biblioética, 2006. v. 2. p. 59-75.

OLIVEIRA, A. B. Formação profissional no campo da Educação Física: legislação, limites e possibilidades. In: SOUZA NETO, S.; HUNGER, D. (Org.). **Formação profissional em Educação Física**: estudos e pesquisas. Rio Claro: Biblioética, 2006. p. 17-32.

PERRENOUD, P. A formação dos professores no século XXI. In: PERRENOUD, P.; THURLER, M. G. **As competências para ensinar no século XXI**: a formação dos professores e o desafio da avaliação. Porto Alegre: Artmed, 2002. p. 11-34.

SOUZA NETO, S.; ALEGRE, A. D. N.; COSTA, A. A prática como componente curricular e o estágio curricular supervisionado: que rumo tomar? In: SOUZA NETO, S.; HUNGER, D. (Org.). **Formação profissional em Educação Física**: estudos e pesquisas. Rio Claro: Biblioética, 2006. p. 33-42.

TOJAL, J. B. A. G. **Currículo de graduação em Educação Física**: a busca de um modelo. Campinas: Ed. da Unicamp, 1995.

_____. Perspectivas da motricidade humana no Brasil: nas diretrizes curriculares, nos programas de formação profissional e nas relações e ações em saúde. **Movimento & Percepção**, Espírito Santo de Pinhal, v. 5, n. 6, jan./jun. 2005.

O currículo cultural da Educação Física: contexto, fundamentos e ação*

Marcos Garcia Neira

O terceiro milênio encontrou o mundo convertido em um cenário de expressões plurais, no qual complexas realidades multiculturais se inserem e entrecruzam em uma ampla diversidade de tradições políticas, étnicas, sociais, religiosas e de gênero. Na Europa, como decorrência da herança de uma sociedade pós-colonial, já se visualizam múltiplas etnias alusivas às ondas migratórias das últimas décadas. Nos países da América do Norte, algo semelhante ocorre em função dos movimentos migratórios e da constituição heterogênea do seu povo, enquanto na América Latina a explicação para essa pluralidade é a sua histórica constituição cultural e socialmente diversificada. Assim, a problemática da diversidade cultural e do multiculturalismo constitui um dos grandes temas abertos ao debate na atualidade.

* Este texto é produto da pesquisa "Possíveis influências do currículo da Educação Física na construção de identidades: um estudo das representações dos sujeitos acerca das manifestações corporais e dos seus praticantes", realizada com o apoio do Conselho Nacional de Desenvolvimento Científico e Tecnológico (CNPq), processo nº 401255/2010-7. Alguns trechos deste artigo foram extraídos e adaptados também de Neira (2011).

Novos movimentos sociais surgidos a partir da década de 1970 e várias políticas atuais se sustentam no paradigma da diferença e do desenvolvimento de políticas de identidade, refletindo, nos últimos anos, no incentivo à igualdade de oportunidades ou ações afirmativas para minorias, mulheres, migrantes, idosos, crianças e afrodescendentes. Os marcos referenciais da diversidade cultural baseados na construção de diferentes identidades coletivas, às vezes contestadas, converteram-se em um dos eixos das dinâmicas sociopolíticas do mundo na atualidade.

Os significados das diferenças culturais se constroem conforme as circunstâncias políticas, sociais e culturais. Com impactos desiguais, em função do marco da cultura política e civil, da história e do reconhecimento de diferenças existentes em cada sociedade, tais diferenças se constituiriam em função dos eixos de Estado-nação, religião e etnia. Esse grupo pode ser expandido para todos aqueles que em determinados espaços sociais compõem as minorias e os grupos subjugados que se encontram desprovidos de poder. Em todos os casos, as representações culturais que envolvem o outro incorporam essa dinâmica de construção da identidade por meio das chamadas *inclusão* e *exclusão* da comunidade imaginária que sustenta a identidade assumida (Anderson, 1993). A imagem do outro se consolida pela representação, mediante múltiplos dispositivos simbólicos cujos registros não somente enunciam, como também reafirmam as diferenças, embora algumas colocações veiculadas pelo senso comum apresentem as identidades como fruto da construção dos próprios grupos de migrantes, mulheres, homossexuais, afrodescendentes etc.

A descolonização e os processos culturais que dela emergiram questionam há décadas a primazia do modelo hegemônico ocidental do homem branco, macho, europeu, heterossexual e cristão como o sujeito único do pensamento político universal. Ao questionarem a autoridade do pensamento masculino ocidental, os movimentos sociais dos direitos civis, as feministas, os ambientalistas, os sem-terra, os sem-teto, o poder negro, a comunidade *gay*, os movimentos de descolonização, além de outras forças sociais, destacam a complexidade das relações hierárquicas de poder que podem sustentar-se na suposta pluralidade das diferenças.

O desafio do século XXI é o pleno exercício dos direitos humanos com a garantia do princípio da igualdade por meio do reconhecimento da diversidade, ou seja, a equidade. Nessa perspectiva, Souza Santos (1997) nos convida a refletir sobre o exercício dos direitos humanos universais no mundo globalizado e a implicação do conceito de cidadania em sociedades nas quais atuam poderosos mecanismos excludentes, postos em ação por setores crescentes, vitimando parcelas cada vez maiores de minorias sem direito à cidadania.

O ponto a ser ressaltado, no presente momento, é o da visibilidade crescente de diferentes identidades em diversos contextos que, até pouco tempo atrás, procuravam preservar-se da mistura. O reconhecimento da diversidade existente e a atuação de forma plural, pela constatação das diferenças de classe social, etnia, idade, local de moradia, gênero, religião ou trajetória escolar, permitem abordar a complexidade sociocultural da sociedade atual. Ao se evitarem pressupostos universalistas da experiência humana, abrem-se horizontes às identidades sociais e culturais particulares. O embate com a falsa ideia de homogeneização elaborada pelo mercado facilita a identificação, em cada momento e contexto concreto, das iniciativas de subjetividade coletiva que surgem pelo reconhecimento de identidades específicas. Nesse sentido, a eclosão de propostas que levam em conta a necessidade de construção de sociedades mais plurais e democráticas, "corrigindo injustiças" contra identidades específicas, tem gerado modificações nas políticas educacionais.

A institucionalização do discurso do direito à educação escolar e à igualdade de oportunidades de acesso à escola, ao lado de outras políticas públicas, pretende responder positivamente ao multiculturalismo crescente. Muito embora a expansão do atendimento à população seja um aspecto louvável, a progressão geométrica do número de vagas representou tão somente a reprodução do mesmo ensino para todos, indistintamente. Na ótica de García Canclini (2009), esse processo é decorrente do utópico projeto da modernidade ilustrada, obviamente não realizado, que pretendia garantir que as manifestações julgadas mais valiosas fossem conhecidas e compreendidas por todas as sociedades e todos os setores.

A nova demanda social teve repercussão na população escolar, fazendo avolumar-se a contradição já existente entre a cultura historicamente privilegiada pelo currículo e as culturas dos alunos. A situação ganhou maior visibilidade após o ingresso, na escola, dos filhos dos grupos até então dela excluídos. É fácil constatar que o aumento do número de alunos tem sido acompanhado de um acréscimo da diversidade nas instituições escolares. Públicos antes não escolarizados, de distintas origens sociais e culturais, começam progressivamente a se constituir como uma parcela importante do corpo discente. A ampliação da heterogeneidade da população escolar desencadeou um problema curricular concretizado no constante enfrentamento com o outro. "O outro é o outro gênero, o outro é a cor diferente, o outro é a outra sexualidade, o outro é a outra raça, o outro é a outra nacionalidade, o outro é o corpo diferente" (Silva, 2000a, p. 97). Enfim, o outro, agora, está ao lado.

Procurando minimizar o problema, ao menos em caráter oficial, a política curricular brasileira vem atentando às questões da diversidade cultural. Para além da produção de documentos norteadores, a legislação reivindicou alterações curriculares significativas, tendo em vista o reconhecimento do patrimônio cultural de grupos minoritários (Brasil, 2007), e um amplo conjunto de iniciativas, nas esferas municipal, estadual ou federal, gradativamente vem sendo posto em prática. O estopim dessas medidas pode ser atribuído ao confronto entre a realidade desajustada dos currículos monoculturais das escolas e os efeitos do progressivo multiculturalismo da sociedade. O desajuste – aliado aos ideais democráticos que passaram a orientar as políticas educativas e que assumiram o princípio da "escola para todos" – evidenciou a necessidade de se analisar o currículo e nele intervir diante das condições que oferece aos novos estudantes. De fato, quando a educação escolar é considerada um bem público, justifica-se a exigência de que todos sejam seus beneficiários – e, se não forem todos, que se questione a razão de tal improcedência.

Caracterizando a situação do ponto de vista das práticas educativas desejadas, podemos dizer que a ideologia democrática começou a apontar para a necessidade de se desenvolverem situações pedagógicas que, em substituição à cultura do silêncio, fizessem ecoar as vozes das minorias. Ao mesmo tempo, o princípio da igualdade de oportunidades veiculado em termos não só de acesso à educação escolar, mas também de sucesso, tornou evidente que já não basta a matrícula escolar de crianças, jovens e adultos provenientes de grupos sociais, culturais e econômicos diversos; é necessário intervir de modo a democratizar as condições de sucesso.

Se aceitarmos que a escola, como instituição a serviço do bem público (ou do bem do público), tem de se adequar ao princípio da igualdade no acesso e na permanência dos alunos, isso significa dizer que o projeto de manutenção das condições sociais que a vêm caracterizando desde o seu surgimento, por meio da garantia dos seus serviços a determinados grupos, precisa urgentemente ser substituído. Diante da demanda, a escola parece pouco à vontade. O desconforto tem sido atribuído à tentativa de reproduzir os objetivos e as práticas da época em que a escola se destinava a poucos em uma escola que, embora seja considerada para todos, ainda continua sendo para poucos.

Estudiosos do assunto suspeitam que, na maioria das vezes, o discurso da igualdade é traduzido pela oferta de um só currículo, aquele em que predominam os significados culturais dos grupos favorecidos. Pragmaticamente, essa é a visão que parece predominar. Se considerarmos que a experiência escolar privilegia a cultura hegemônica, as pessoas oriundas dos setores economicamente privilegiados da população encontram na escola as melhores condições de sucesso. O acesso ao mesmo ensino faz com que os estudantes de origem desprivilegiada saiam em desvantagem ou pressionem por espaço para que seus conhecimentos sejam reconhecidos como legítimos. Isso demonstra que a alentada igualdade na escola está focada no sentido de uniformização, e jamais em uma igualdade no sentido crítico.

Candau (2002) pondera que tratamento igual não significa tratamento que uniformiza, desrespeita, padroniza e apaga as diferenças. O que se deseja é uma igualdade pautada no diálogo entre os diferentes, que explore a riqueza oriunda da pluralidade de tradições e culturas. Enquanto a diversidade cultural for um obstáculo para o êxito escolar, não haverá respeito às diferenças, mas produção e reprodução das desigualdades.

Se o aumento da demanda não inspirou de imediato uma reconfiguração dos currículos com vistas a incluir as experiências de vida dos novos alunos, nestes tempos em que os princípios neoliberais instalaram-se também no interior da escola, é ilusório aguardar que o reconhecimento e a valorização das variadas formas pelas quais os diferentes grupos manifestam sua cultura sejam tranquilamente assumidos como princípios curriculares. Há que se lutar: "Pode-se resistir a estas ideologias neoliberais a partir da própria escola, ao estreitar sua colaboração com todos os coletivos sociais que tentam frear o avanço do pensamento único" (Torres Santomé, 2001, p. 77).

13.1 Em defesa da democratização curricular

As tentativas de construir uma escola democrática têm como ponto de partida a compreensão do contexto, das coisas do mundo e do próprio currículo, transformados em objetos de estudo passíveis de leitura e interpretação, além da abertura para incluir os conhecimentos produzidos pelos grupos minoritários. Não raro, os trabalhos que se debruçam sobre o assunto apoiam-se na produção teórica dos Estudos Culturais e do multiculturalismo crítico.

Os Estudos Culturais são resultantes de uma movimentação teórica e política que surge como um conjunto de análises que revolucionaram a teoria cultural nos anos de 1950. O que está em jogo é a noção de cultura. Para seus primeiros autores, intelectuais oriundos das classes operárias britânicas que acessaram a universidade, a oposição entre "cultura alta" e "cultura de massa" não passa de um etnocentrismo cultural dominante que descarta qualquer produção ou realização humana não submetida à tradição letrada. Nessa visão, a tentativa do domínio de uma concepção estética está ligada ao domínio político das relações sociais. A produção cultural é uma forma de distinção social, e não algo melhor, realizado por grupos que se autoafirmam superiores.

Para Hall (1997), um de seus mais proeminentes interlocutores, os estudos da cultura reconhecem que as sociedades capitalistas marcam divisões de classe, gênero, etnia, gerações e orientação sexual, entre outras. Nos Estudos Culturais, a cultura é um terreno no qual são estabelecidas as divisões, mas também é uma arena em que elas podem ser contestadas. Como território de luta pela significação, é na cultura que os grupos minoritários tentam resistir aos interesses dos grupos dominantes. Consequentemente, os textos culturais são compreendidos como produções sociais, locais e práticas em que o significado é negociado, traduzido, fixado e ressignificado. Ou seja, nos textos da cultura, as identidades e as diferenças são produzidas, representadas e marcadas. É na cultura, na luta pela significação, que nasce a desigualdade social.

Os Estudos Culturais constituíram-se por diferentes vertentes que, superando seu modelo inicial neomarxista e preocupado com aspectos de hegemonia e ideologia, incorporaram outras ferramentas de análise do social para operar em variadas esferas da política cultural. Como resultado, extrapolaram sua condição de produção teórica e transformaram-se em forma de intervenção política que expõe os mecanismos de subordinação, controle e exclusão que produzem efeitos indesejados no mundo social.

Nelson, Treichler e Grossberg (2008) definem *Estudos Culturais* como um termo de conveniência para uma gama bastante dispersa de posições teóricas e políticas. Sendo profundamente antidisciplinares, podemos dizer que, sinteticamente, partilham o compromisso de examinar práticas culturais do ponto de vista de seu envolvimento com e no interior de relações de poder, o que, segundo os autores, exige um esforço no sentido de teorizar e capturar as mútuas determinações e inter-relações das formas culturais e das forças históricas.

Fundamentado nos Estudos Culturais, o currículo também pode ser imaginado sob o modelo da textualidade. Como texto, o currículo envolve práticas, estruturas institucionais e as complexas formas de atividade que estas requerem, condições legais e políticas de existência, determinados fluxos de poder e conhecimento, bem como uma organização semântica específica de múltiplos aspectos. Simultaneamente, esse texto só existe em uma rede de relações intertextuais (a rede textual da cultura escolar, da prática pedagógica etc.). Trata-se de uma entidade ontologicamente mista e para a qual não pode haver nenhuma forma "correta" ou privilegiada de leitura.

Os Estudos Culturais fornecem subsídios para afirmar o caráter político do currículo. Incitam uma investigação mais rigorosa que busque desvelar como se dão os processos de identificação/

diferenciação travados no e pelo currículo. Para os Estudos Culturais, revelar os mecanismos pelos quais se constroem determinadas representações é o primeiro passo para reescrever os processos discursivos e alcançar a formação de outras identidades (Nelson; Treichler; Grossberg, 2008).

Em virtude de seu compromisso com o exame das práticas culturais por meio de seu envolvimento com e no interior das relações de poder, os Estudos Culturais contribuem para as análises do currículo. Sua recusa em desvinculá-lo da política do poder reforça a ideia de que não se pode ignorar os fatores que interferem na definição dos significados e das metas da educação. Parafraseando Silva (2007), depois dos Estudos Culturais, não podemos mais olhar para o currículo com a mesma inocência de antes; nele, travam-se lutas por significação. Sendo texto e discurso, o currículo forja identidades.

À semelhança do que ocorreu com os Estudos Culturais, o multiculturalismo também se originou no hemisfério norte. Após a Segunda Guerra Mundial, os países ricos presenciaram um intenso fluxo migratório proveniente das ex-colônias, como decorrência de problemas sociais e econômicos gerados à época da sua exploração pelas metrópoles. A nova configuração social forçou a convivência com os diferentes, ampliando o contato entre culturas distintas.

Bhabha (1998) atribui o surgimento do multiculturalismo ao embate de grupos no interior de sociedades cujos processos históricos foram marcados pela presença e pelo confronto de povos culturalmente diferentes. Esses povos, submetidos a um tipo de poder centralizado, tiveram de viver a contingência de, juntos, construírem uma nação moderna. Sob os auspícios da homogeneização cultural do grupo dominante, os grupos subalternizados viram nos movimentos reivindicatórios uma alternativa de manifestação de voz e de representatividade de fato.

Nos Estados Unidos, em especial, o multiculturalismo surgiu como um movimento educacional de reivindicação dos grupos culturais subordinados contra o currículo universitário tradicional e a política de segregação das escolas, que marcou os anos de 1960 com violentos conflitos étnicos. O currículo da escola americana de então, compreendido como a cultura comum, dada a ausência das vozes reprimidas, consistia, na verdade, na expressão do privilégio da cultura branca, europeia, heterossexual, masculina e patriarcal, isto é, uma cultura bem particular. "Foi nesse contexto que a força propositiva de grupos segregados, e de professores e de estudantes que questionavam a estrutura social injusta e o monopólio do saber por alguns, levou à formulação de políticas multiculturais" (Gonçalves; Silva, 2003, p. 115).

Nas duas últimas décadas, o termo *multiculturalismo* passou a constar em inúmeros documentos e discursos, padecendo diante de constantes ressignificações. Hall (2003) sinaliza para os riscos de sua utilização universal e adverte que tamanha expansão tornou-o um significante oscilante. É o que leva Kincheloe e Steinberg (1999) a dispararem que o multiculturalismo pode significar tudo e, ao mesmo tempo, nada, pois pode abranger desde a luta dos diversos grupos culturais em busca de reconhecimento social até a sensação de apagamento das diferenças por conta de seu aspecto "multi". Silva (2001) postula que, tal como ocorre com a cultura contemporânea, o multiculturalismo é fundamentalmente ambíguo.

Por um lado, é um movimento legítimo de reivindicação dos grupos culturais subjugados, para terem suas formas culturais reconhecidas e representadas no espaço público e, por outro, pode ser visto como uma solução para os "problemas" trazidos para a cultura dominante, pela presença de distintos grupos étnicos no interior das nações que se consideravam monoculturais. De uma forma ou de outra, o multiculturalismo não se separa das relações de poder que, antes de tudo, obrigaram diferentes culturas a viverem no mesmo espaço ou tomarem contato por meio da compressão espaço-tempo. Seja qual for seu sentido, o multiculturalismo nutre o atual momento histórico com intensas mudanças e conflitos culturais e marca a presença da complexa diversidade cultural decorrente das diferenças relativas à multiplicidade de matizes que caracterizam os grupos que coabitam o cenário contemporâneo. O multiculturalismo, em suma, pode ser visto como uma política inescapável à sociedade multicultural de hoje.

Inversamente ao que ocorreu com os Estudos Culturais, Candau (2008, p. 18) enfatiza que o multiculturalismo não é um produto acadêmico. "São as lutas dos grupos sociais discriminados e excluídos, dos movimentos sociais [...], que constituem o *locus* de produção do multiculturalismo". Mediante uma concepção descritiva, a autora afirma que a configuração de cada sociedade depende de seu contexto histórico, político e sociocultural. A descrição tenciona reconhecer diferentes regiões, comunidades, grupos, instituições, escolas, gerando elementos para análise e compreensão da constituição de cada contexto específico. Por outro lado, em uma concepção propositiva, o multiculturalismo deixa de ser apenas a análise da realidade construída e passa a ser visto como um modo de agir na dinâmica social.

Nas diversas classificações existentes do multiculturalismo, independentemente dos adjetivos que o acompanhem, ficam evidentes três projetos políticos de atuação: **conservador**, **assimilacionista** e **intercultural** ou **crítico**. No primeiro, mediante uma forte conotação segregacionista, reforça-se o reconhecimento das diferenças e afirma-se a necessidade de uma identidade pura. Os diferentes grupos devem manter sua matriz cultural e dispor de espaços próprios para garantir sua liberdade de expressão e a continuidade de suas tradições. Essa visão essencialista e estática de identidade cultural privilegia a formação de grupos homogêneos, que se instalam nos mais variados recantos sociais, de escolas a condomínios residenciais, passando por agremiações, partidos políticos e empresas. Na prática, consolida-se uma forma de segregação social, pois alguns grupos têm poder para alocar os outros em espaços desfavoráveis, reiterando posturas de preconceito e superioridade para com os afastados. Emergem daí o extremismo odioso e o fechamento de fronteiras realizado por grupos fundamentalistas.

Para o projeto político assimilacionista, é clara a ideia de que os grupos desprivilegiados nas relações sociais não dispõem da mesma oportunidade de acesso a determinados bens e serviços e, ainda, sofrem discriminações. Procurando escapar das prováveis consequências e promover uma convivência amistosa entre os diferentes, a política de assimilação promove ações visando incorporar todos à cultura hegemônica. As causas que geram desigualdades e preconceitos permanecem intocadas, pois os grupos dominantes continuam determinando o modo de ver as coisas. Ou seja, combate-se a desigualdade com a homogeneização.

O multiculturalismo é também influenciado por um terceiro projeto político, o intercultural ou crítico (Candau, 2008), ao qual nos alinhamos. Nele, a cultura é concebida como espaço de conflito, de permanente construção e negociação de sentidos. A diferença não fica isolada em sua matriz, tampouco se afirma uma identidade homogênea baseada no princípio da universalidade. O multiculturalismo crítico trata de um *locus* teórico e prático, que busca compreender as razões da opressão, da construção das desigualdades e diferenças e dos estereótipos. Apresenta o diálogo e o hibridismo entre as culturas como formas de rompimento com o projeto iluminista da educação moderna, em que o preconceito e a discriminação cultural aparecem como condição inescapável do mundo social (Moreira, 2001).

Para o multiculturalismo crítico, a sociedade é permeada por intensos processos de hibridização cultural, o que supõe a não existência de uma cultura pura, tampouco de uma cultura "melhor", que mereça assumir para si um caráter universal. As relações culturais são construídas nas e pelas relações de poder, marcadas por hierarquias e fronteiras em contextos históricos e sociais específicos, gerando a diferença, a desigualdade e o preconceito. O multiculturalismo crítico, corrobora Silva (2001), enfatiza os processos institucionais, econômicos e estruturais que estariam na base de produção dos processos de discriminação e desigualdade baseados na diferença cultural.

Nessa vertente, o multiculturalismo faz lembrar que a igualdade não pode ser obtida simplesmente por meio do acesso ao currículo hegemônico, conforme solicitam as reivindicações educacionais de cunho neoliberal. A obtenção da igualdade depende de uma modificação substancial do currículo existente. Caso não sejam encaminhadas situações didáticas que permitam refletir sobre as formas pelas quais a diferença é produzida por relações sociais assimétricas, dificilmente podem formar-se identidades democráticas.

Se estamos em uma época "pós" e "multi", como afirma a professora García Canclini (2009), o trabalho conceitual precisa aproveitar diferentes contribuições teóricas, debatendo suas intersecções. O encontro entre os Estudos Culturais e o multiculturalismo crítico visa compreender a formação de identidades culturais híbridas, contrapondo-se às visões "congeladas" a respeito de pessoas, grupos e práticas culturais. Uma ação didática atenta às diferenças e aos processos discriminatórios é um desafio a ser enfrentado por professores e pesquisadores da área que acreditam na transformação da realidade social e escolar. Por meio da compreensão da multiplicidade de identidades culturais e das articulações entre diferentes culturas e sujeitos, vislumbramos possibilidades, buscando, entre inúmeras questões, uma ressignificação do processo de construção e desenvolvimento curricular da Educação Física.

13.2 O currículo cultural da Educação Física

Ao analisar o caráter multicultural de nossa sociedade em processo de globalização e o modo como as questões das diferenças de classe social, gênero, etnia, orientação sexual, cultura e religião se expressam em diferentes contextos sociais, Moreira (2001, p. 66) refere-se à educação multicultural como a "sensibilidade para pluralidade de valores e universos culturais no interior de cada sociedade e entre diferentes sociedades". Ângelo (2002, p. 39) entende que a educação multicultural "pode ser um dos instrumentos pedagógicos sociais para construir as relações interculturais baseadas no diálogo entre as culturas". Por sua vez, Willinsky (2002) reivindica uma educação multicultural que conteste as linhas divisórias e a importância da diferença, que não aceite as divisões entre os seres humanos como um fato da natureza, mas como uma categoria teórica produzida por quem está no poder.

A educação em uma perspectiva multicultural crítica não só valoriza e reconhece as diferenças, como também assegura a diversidade cultural, superando processos discriminatórios, opressão, injustiça social e naturalização das diferenças, apontando focos de resistência e de construção da identidade cultural.

Os estudos demonstram ser esse o panorama curricular na maioria das escolas. O problema é que tanto as práticas pedagógicas quanto as manifestações corporais veiculadas atuam decisivamente na formação de subjetividades, disseminando determinadas representações e produzindo discursos sobre nós, sobre o outro e sobre as diferenças (Gomes, 2008).

Quando o currículo está desvinculado das mudanças culturais, ele corrobora o processo de dominação, subalternização, discriminação e conflito entre culturas. Vejamos, por exemplo, as propostas curriculares convencionais da Educação Física. Com aulas focadas nas habilidades motoras, na aprendizagem esportiva ou nas noções monoculturais de saúde e cuidado com o corpo, dificilmente se possibilitará a construção de subjetividades mais abertas ao trato da diversidade. Isso porque "a linguagem corporal dominante é 'ventríloqua' dos interesses dominantes" (Bracht, 1999, p. 81).

Antes que os professores sejam responsabilizados pela hegemonia de certos conhecimentos nos currículos, convém recordar que, como alunos da educação básica, dos cursos de licenciatura ou mesmo de formação continuada, os docentes também construíram (e continuam construindo) representações acerca do ensino de Educação Física, ou seja, acessaram determinada identidade desse componente, o que implicou a legitimação de determinados saberes e formas de proceder.

Considerando-se que toda decisão curricular é uma decisão política e que o currículo pode ser visto como um território de disputa em que diversos grupos atuam para validar conhecimentos (Silva, 2007), é lícito afirmar que, ao promover o contato com determinados textos culturais, o currículo, além de viabilizar o acesso aos conhecimentos veiculados e sua gradativa compreensão destes, influencia as formas de interpretar o mundo, interagir e comunicar ideias e sentimentos.

Partindo do pressuposto de que entre os direitos humanos mais fundamentais está o de se expressar, temos uma ideia da importância da elaboração de currículos que estimulem também o trabalho sistemático com a variedade de manifestações produzidas pela linguagem corporal.

É mediante as práticas corporais que a linguagem corporal possibilita aos indivíduos interagirem entre si, comunicando-se pelo seu teor expressivo (Daolio, 1995). É sabido que a linguagem corporal resulta das interações sociais e que seu significado se constrói em função de diferentes necessidades, interesses e possibilidades corporais presentes nas diferentes culturas, em diferentes épocas da história (Sant'Anna, 2001). No ato de brincar, dançar, lutar, fazer ginástica ou praticar esportes, os seres humanos também se apropriam de um repertório gestual que caracteriza a cultura corporal na qual estão inseridos.

Os produtos da gestualidade sistematizada, conforme Wiggers (2005), podem ser entendidos como artefatos culturais de determinado grupo, como elementos distintivos das suas gentes, como traços da identidade cultural dos seus praticantes.

No âmbito escolar, ao menos no caso brasileiro, a reflexão pedagógica sobre a cultura corporal tem ficado a cargo do currículo da Educação Física. Por empregarem uma gestualidade carregada de sentidos, as práticas corporais são concebidas como textos que veiculam formas de expressão, produzem e reproduzem significados culturais (Bracht, 2007).

As manifestações culturais corporais, ao materializarem a linguagem corporal, proporcionam um contexto de criação, transgressão, produção de sentidos e significados que fornecem aos sujeitos, autores ou contempladores, alternativas de inteligibilidade, comunicação e relação com a vida, reproduzindo-a e tornando-a objeto de reflexão. Se o currículo sensível à formação de sujeitos democráticos deve trabalhar com o patrimônio de chegada dos alunos, um currículo de Educação Física com o mesmo propósito deve acolher e atribuir relevância semelhante às manifestações corporais pertencentes aos distintos grupos que coabitam a sociedade.

Dada a importância política e pedagógica do compromisso de formar identidades culturais democráticas e atender à diversidade cultural da sociedade, são bem-vindos todos os currículos que rompam com a tradição da área (elitista, excludente, classificatória e monocultural). Tradicionalmente, explica Daolio (2010), a Educação Física escolar se pauta nas explicações naturalistas, objetivando padrões físicos e homogeneizando os alunos. Nessa relação pedagógica biologicamente fundada, qualquer diferença percebida é justificada por características congênitas. O outro, portanto, é o inábil, o incapaz, o lento, o descoordenado. Tendo como objetivo unicamente comportamentos motores e padrões físicos, a diversidade cultural é ocultada, retirando-se dos alunos seus traços identitários.

Quando olhamos o ser humano com óculos naturalistas, diz Daolio (2010), enxergamos primeiramente as semelhanças físicas entre os indivíduos. Por essa razão, os currículos que adotaram uma matriz psicobiológica para definir o objeto de estudo da

Educação Física (Bracht, 2007) – esportivista, desenvolvimentista, psicomotor e da saúde, entre outras características em comum – estabelecem um rol de conteúdos considerados necessários a todos os sujeitos, indistintamente, e baseiam seus procedimentos didáticos nas teorias psicológicas da aprendizagem – que, segundo Silva (1993, citado por Bracht, 2007), implicam necessariamente sua despolitização.

Como campo de luta pela significação e afirmação de identidades, Neira e Nunes (2009) concebem esses currículos como "espaços genderizados, classizados e racializados". Ao afirmarem a ginástica e o esporte como um modelo de saúde, os padrões de movimento e as funções perceptivas oferecem formas corretas de ser; tais propostas não apenas validam seus pressupostos, como instituem identidades e diferenças. Os discursos presentes nesses currículos afirmam a feminilidade desejada, a masculinidade adequada, a classe social digna e a etnia verdadeira, renegando qualquer outra possibilidade.

Ora, se quisermos corresponder às demandas da contemporaneidade e adotar inclusão, justiça, diálogo, reconhecimento, diferença e equidade como princípios pedagógicos da Educação Física, temos de romper com o continuísmo que asfixia o componente, adotar a cultura corporal como objeto de estudo (Bracht, 2007) e, conforme defendemos anteriormente (Neira, 2006), desenvolver currículos multiculturalmente orientados.

Em sua contestação das pretensões modernas que caracterizam os currículos influenciados pelas teorias não críticas e críticas, as teorias pós-críticas não apontam nenhum caminho perfeccionista, salvacionista ou progressista. Elas não se arrogam a pretensão de oferecer a interpretação mais coincidente com a realidade. "Não constituem uma doutrina geral sobre o que é 'bom ser', nem um corpo de princípios imutáveis do que é 'certo fazer'" (Corazza, 2001, p. 56). No campo curricular, não oferecem nenhuma proposta de modificação dos comportamentos ou sentimentos calcada em ideais regulatórios; contentam-se com problematizar a cultura em que vivemos e o tipo de subjetivação promovida pela experiência escolar.

A análise dos currículos desenvolvimentista, psicomotor, esportivista e da educação para a saúde com base na teorização crítica denunciou que os conhecimentos e métodos neles corporificados carregam as marcas indeléveis das relações sociais em que foram forjados (Neira; Nunes, 2006). Cada qual, ao seu modo, reproduz a estrutura de classes da sociedade capitalista. Funcionando como aparelhos ideológicos, esses currículos transmitem a ideologia dos grupos mais bem posicionados na escala econômica. Resumidamente, as teorias críticas denunciaram a reprodução da desigualdade pelo sistema educacional e suas consequências para os sujeitos da educação (Silva, 2007).

A teorização crítica também afirmou a necessidade de uma reflexão mais profunda acerca do que ensinam os currículos, a quem pertencem os conhecimentos neles veiculados, quais identidades legitimam e quais negam. Segundo Silva (2000b), centrada no questionamento do papel que a escola, o currículo e a pedagogia exercem na produção de formas de dominação, com ênfase na dominação de classe, a teorização crítica alertou-nos sobre a ideologia embutida nas práticas curriculares e o papel determinante da escola na reprodução cultural e social.

Na década de 1990, esse debate alcançou o campo da Educação Física e fez emergir propostas que procuravam denunciar e reverter a desigualdade social fundamentadas nos construtos conceituais da tradição marxista (Grupo de Trabalho Pedagógico UFPE – UFSM, 1991; Coletivo de Autores, 1992) e da teoria da ação comunicativa de Habermas (Kunz, 1991, 1994).

Por sua vez, as teorias pós-críticas ampliaram as análises das teorias críticas, fortaleceram a resistência aos ditames da sociedade classista e alertaram que as relações de poder operam também por meio de outros marcadores sociais: etnia, gênero, religião, tempo de escolarização, local de moradia etc. As teorias pós-críticas, afirma Silva (2000b), colocam em questão alguns dos pressupostos das teorias críticas, por exemplo, o conceito de ideologia, por seu comprometimento com noções realistas de verdade. Também se distanciam da noção polarizada de poder e colocam em dúvida as noções de emancipação e libertação, por seus pressupostos essencialistas.

Inspirando-se na teorização pós-crítica, Silva (2007) aponta formas alternativas de conceber a educação e o sujeito social. Reafirma o ideal de uma sociedade que considere prioritário o cumprimento do direito que todos os seres humanos têm de ter uma vida digna, ou seja, de ter uma vida em que sejam plenamente satisfeitas suas necessidades vitais, sociais e históricas. Nesse cenário, sinaliza o autor, a educação está estreitamente vinculada à construção de uma sociedade em que riqueza, recursos materiais e simbólicos e condições adequadas sejam mais bem distribuídos. A educação deve ser construída como um espaço público que promova essa possibilidade e como um local em que se forjem identidades sociais democráticas.

Um currículo de Educação Física comprometido com essa visão, denominada *cultural*, *multicultural crítica* ou *pós-crítica*, procura impedir a reprodução consciente ou inconsciente da ideologia dominante, presente, por exemplo, nas propostas que deixam de questionar as relações de poder que perpassam a produção e a reprodução das manifestações corporais (Neira, 2009; Neira; Nunes, 2009). O currículo cultural tem como pressuposto básico a recorrência à política da diferença por meio da valorização das vozes daqueles que são quase sempre silenciados (Giroux, 2008). Trata-se de um apelo para que se reconheça que, nas escolas, assim como na sociedade, os significados são produzidos por experiências que precisam ser analisadas em seu sentido político-cultural mais amplo.

Um currículo cultural da Educação Física prestigia, desde seu planejamento, procedimentos democráticos para a decisão dos temas que serão estudados e das atividades de ensino. Valoriza a reflexão crítica sobre práticas sociais da cultura corporal do universo vivencial dos alunos para, em seguida, aprofundá-las e ampliá-las mediante o diálogo com outras vozes e outras manifestações corporais (Neira, 2009). No currículo cultural, a experiência escolar é um terreno aberto ao debate, ao encontro de culturas e à confluência da diversidade de manifestações corporais dos variados grupos sociais. É um campo de disseminação de sentidos, de polissemia, de produção de identidades voltadas para a análise, a interpretação, o questionamento e o diálogo entre e as culturas e com base nelas.

Os Estudos Culturais e o multiculturalismo crítico promovem as vozes dos professores, analisam criticamente as relações de poder entre as culturas e seus sujeitos, rompem com o preconceito de ideias sobre as condutas e decisões dos alunos, com as comparações entre eles e suas culturas e com a hierarquização e a dicotomização (global/local e científico/senso comum). Além disso, valorizam as posturas reivindicatórias em oposição ao modelo neoliberal de formação da cidadania que exalta o consumidor, criticam a essencialização, o etnocentrismo e a naturalização do currículo fundamentado pelo discurso tecnicista; criticam ainda o modelo de cultura universal, desafiam a formação de uma identidade única que não distingue a pluralidade de identidades e diferenças dos sujeitos e valorizam as lutas pela equidade educacional (Moreira, 2001).

O currículo cultural promove entrecruzamentos culturais e a superação de processos discriminatórios pela reflexão crítica e multicultural do professor. O que se espera é a organização e o desenvolvimento de encontros letivos nos quais os alunos sejam convidados a refletir sobre a própria cultura corporal, o patrimônio disponível socialmente e a bagagem veiculada por outros grupos.

Nos dizeres de Mizukami (1986, p. 94), "a educação se dá, enquanto processo, em um contexto que deve necessariamente ser levado em consideração". A educação, segundo a autora, é uma pedagogia do conhecimento, e o diálogo, a garantia desse ato de conhecimento. Assim, o currículo cultural deve comprometer constantemente os alunos com a problemática de suas situações existenciais. Evidentemente, isso implica a busca permanente pela explicitação das possibilidades e dos limites oriundos da realidade sociopolítica, cultural e econômica enfrentada pelos cidadãos no seu cotidiano, realidade esta que condiciona e determina a construção, a permanência e a transformação das manifestações da cultura corporal.

O currículo cultural da Educação Física tenciona posicionar os estudantes como sujeitos da transformação social e contribuir com a construção de uma sociedade mais democrática e justa. Esse currículo prioriza a construção de práticas atentas à pluralidade de identidades dos alunos, assim como enxerga a escola como espaço-tempo multicultural de formação (Candau, 2002).

Consequentemente, a prática pedagógica deve: articular-se ao contexto de vida comunitária; apresentar condições para que sejam experimentadas e interpretadas as formas como a cultura corporal é representada no cenário social; ressignificar as práticas corporais conforme as características do grupo; aprofundar os conhecimentos acerca do patrimônio cultural corporal; e ampliar os saberes dos alunos a respeito das temáticas estudadas.

Esse currículo cultural pretende fazer "falar", por meio do estudo das manifestações corporais, a voz de várias culturas no tempo e no espaço, além de problematizar as relações de poder explícitas e implícitas. Por esse prisma, pode ser concebido como terreno de luta pela validação dos significados atribuídos às práticas corporais pelos diversos grupos, visando à ampliação ou conquista de espaços na sociedade.

Considerações finais

Sob influência dos Estudos Culturais e do multiculturalismo crítico, o currículo cultural da Educação Física é concebido como espaço-tempo de encontro de culturas corporais, construção de identidades e diferenças, questões de discriminação e preconceitos étnicos e de gênero, orientação sexual, habilidade ou padrão corporal, entre outros. Assim, esse currículo possibilita uma leitura dos grupos de pequena representação, hierarquizados pelos sistemas hegemônicos – econômico, político, social e cultural – e diferenciados pelas suas atitudes e interesses, e intenta identificar a opressão e a subalternização de culturas e sujeitos e os erros históricos no processo de formação identitária dos negros, da mulher, dos homossexuais, dos pobres, dos deficientes e daqueles vistos como incapazes, molengas, fracos, lerdos etc.

O currículo cultural da Educação Física cumpre também a função de expor as hipóteses ingênuas que normalmente permeiam as ressignificações sofridas por uma prática corporal qualquer. Se o que se pretende é formar cidadãos para uma sociedade menos desigual, como não debater as questões de gênero presentes na trajetória do futebol ou do voleibol? Ou as questões de classe e etnia presentes na trajetória do *hip-hop* e do *rap*? Como não indagar as questões de classe, gênero, cultura e etnia incrustadas no percurso histórico das ginásticas? A carência de atividades que proporcionem a análise dos artefatos existentes fará persistir a cegueira cultural que impede o reconhecimento das relações sociais do mundo vivencial.

A pedagogia que caracteriza o currículo cultural dá visibilidade à gênese e ao desenvolvimento contextual das práticas corporais. Essas revelações preparam o ambiente para a desconstrução dos significados implícitos nos discursos que desqualificam certas manifestações pertencentes à cultura popular. Quando o processo de construção das expressões pejorativas dirigidas à cultura corporal subjugada vem à tona, é possível tomar consciência de que certas danças, lutas, ginásticas, brincadeiras ou esportes são vistos pelo viés de estereótipos e das influências geradas pelas relações de poder. Comumente, o patrimônio pertencente aos grupos dominantes é exaltado, enquanto as práticas oriundas dos grupos subordinados são desqualificadas. É importante lembrarmos que a desigualdade não é um simples preconceito ou fenômeno cultural, e sim uma diferenciação baseada na forma pela qual certos grupos se localizam econômica e politicamente na sociedade.

Uma vez que a história da subordinação foi propositadamente "enterrada" ou disfarçada, convém desenterrar os conhecimentos subordinados. Seus conflitos e suas opressões foram perdidos sob uma estrutura teórica dominante, erradicada por uma triunfante história de ideias, ou, talvez, seus conhecimentos tenham sido desqualificados e considerados primitivos, por não estarem à altura das definições dominantes do que se reconhece como científico, correto ou benéfico. As manifestações corporais dos culturalmente diferentes coincidem com este último significado, já que a cultura dominante os considerou estranhos, curiosos, indignos de lógica, primitivos, exóticos e subalternos.

Basta verificar que, entre a imensa quantidade de jogos de tabuleiro existentes, em sua maioria pertencentes às culturas subordinadas, é o xadrez, com suas atribuições cognitivistas, que ocupa um lugar de destaque no currículo escolar. Também é comum conferir significados pejorativos a algumas danças urbanas, a certos esportes radicais, à farra do boi, à rinha de galos ou a determinados jogos de cartas que se encontram entre as manifestações corporais cujas histórias de disputas sociais foram "enterradas". O currículo cultural exorta a cultura dominante a interromper a supressão do papel do conflito na história e, para tanto, procura descrever o processo de recordar e incorporar as memórias dos conhecimentos subordinados, os conflitos vividos e as dimensões de poder que se revelam nas lutas atuais.

Mediante a especificação da natureza dos saberes e significados excluídos, o currículo cultural prepara os indivíduos para a luta estratégica entre o conhecimento subordinado e o conhecimento dominante. Esse é o princípio que rege uma pedagogia da política e uma política da pedagogia. Se a insurreição dos conhecimentos subordinados já existe entre os oprimidos, não cabe aos intelectuais da cultura dominante teorizarem sobre esses saberes visando convertê-los em existência curricular. Não é o professor de Educação Física quem deve descrever e relatar as práticas corporais dos subordinados, atribuindo-lhes, conforme lhe pareça, os significados para que os alunos os assimilem. O currículo cultural cria espaços e constrói as condições para que as vozes e as gestualidades subjugadas possam ser reconhecidas pelos estudantes.

A prática fundamentada na história do conhecimento subordinado começa pela denúncia das formas pelas quais as escolas se estruturam em torno de determinados silêncios e omissões. Uma observação atenta da arquitetura escolar permite constatar o silenciamento forçado de certas práticas corporais mediante a ausência total de espaços e condições para o desenvolvimento de manifestações para além das conhecidas brincadeiras, danças e modalidades esportivas dominantes. Quais escolas disponibilizam mais que uma quadra ou pátio para as aulas? Quais adquirem outros artefatos além de bolas e redes? Como reagem os diversos sujeitos escolares quando o professor busca promover atividades de ensino em sala de aula, sala de vídeo, biblioteca, laboratório, sala de informática ou outros ambientes “menos convencionais”? Que empecilhos surgem quando o currículo quer contemplar bocha, jogo de damas, maculelê, lutas, danças indígenas ou de origem africana?

Na perspectiva cultural, os docentes estabelecem vínculos com as comunidades marginalizadas, a fim de incorporar o conhecimento subordinado, mas não com os elementos exitosos dessas comunidades tal como são definidos pela cultura dominante, e sim com uma variedade de grupos e subgrupos que convivem no seu interior. A valorização dos saberes de representantes dos diversos grupos que habitam cada comunidade proporciona ao currículo escolar uma diversidade de tradições, particularidades históricas, práticas sociais e culturas por vezes desacreditadas pela tradição escolar.

Os educadores que atuam inspirados pelos valores do currículo cultural reescrevem diariamente e durante as aulas uma nova prática pedagógica de cunho democrático. Essa redação inovadora leva à inclusão dos conhecimentos das manifestações da cultura corporal dos grupos subordinados e a uma nova perspectiva dos olhares dos alunos sobre si próprios e sobre seu grupo, possibilitando uma prática em constante fluxo entre o local e o global, entre a comunidade e a sociedade em geral. No currículo cultural, os educadores medeiam o processo e fazem com que os alunos percebam os hibridismos e as mestiçagens, tornando-se, eles próprios, pesquisadores do cotidiano.

Enfim, ao situar no currículo os conhecimentos que os alunos trazem consigo quando entram na escola, o professor os reconhece como sujeitos que detêm saberes legítimos, como sujeitos capazes – ou seja, com capacidade revelada e reconhecida no já sabido e capacidade potencial para se apropriar de novos conhecimentos que a escola pode e deve oferecer. Com isso, temos não só a valorização identitária, como também a ampliação cultural e o reconhecimento das diferenças. Somente o diálogo cultural contribuirá para a construção do autoconceito positivo e do respeito ao outro, elementos indispensáveis a uma relação democrática.

Referências

ANDERSON, B. **Las comunidades imaginadas**. México: Fondo de Cultura Económica, 1993.

ÂNGELO, F. N. P. A educação e a diversidade cultural. **Cadernos de Educação Indígena**, Barra dos Bugres, v. 1, n. 1, p. 34-40, 2002.

BHABHA, H. **O local da cultura**. Belo Horizonte: Ed. da UFMG, 1998.

BRACHT, V. A constituição das teorias pedagógicas da Educação Física. **Cadernos Cedes**, Campinas, ano 19, n. 48, p. 69-88, ago. 1999.

_____. **Educação Física e ciência**: cenas de um casamento (in)feliz. Ijuí: Ed. da Unijuí, 2007.

BRASIL. Ministério da Educação. Secretaria de Educação Básica. Departamento de Políticas de Educação Infantil e Ensino Fundamental. **Indagações sobre currículo**: currículo, conhecimento e cultura. Brasília, 2007. Disponível em: <http://portal.mec.gov.br/seb/arquivos/pdf/Ensfund/indag3.pdf>. Acesso em: 27 dez. 2012.

CANDAU, V. M. Sociedade, cotidiano escolar e cultura(s). **Educação & Sociedade**, Campinas, v. 23, n. 79, p. 125-161, 2002.

_____. Multiculturalismo e educação: desafios para a prática pedagógica. In: MOREIRA, A. F.; CANDAU, V. M. (Org.). **Multiculturalismo**: diferenças culturais e práticas pedagógicas. Petrópolis: Vozes, 2008. p. 13-37.

COLETIVO DE AUTORES. **Metodologia do ensino de Educação Física**. São Paulo: Cortez, 1992.

CORAZZA, S. M. **O que quer um currículo?** Pesquisas pós-críticas em educação. Petrópolis: Vozes, 2001.

DAOLIO, J. **Da cultura do corpo**. Campinas: Papirus, 1995.

DAOLIO, J. A Educação Física escolar como prática cultural: tensões e riscos. In: DAOLIO, J. (Coord.). **Educação Física escolar**: olhares a partir da cultura. Campinas: Autores Associados, 2010. p. 5-18.

GARCÍA CANCLINI, N. **Diferentes, desiguais e desconectados**. Rio de Janeiro: Ed. da UFRJ, 2009.

GIROUX, H. Praticando estudos culturais nas faculdades de educação. In: SILVA, T. T. (Org.). **Alienígenas na sala de aula**: uma introdução aos estudos culturais em educação. Rio de Janeiro: Vozes, 2008. p. 85-103.

GOMES, N. L. A questão racial na escola: desafios colocados pela implementação da Lei 10.693/03. In: MOREIRA, A. F.; CANDAU, V. M. (Org.). **Multiculturalismo**: diferenças culturais e práticas pedagógicas. Petrópolis: Vozes, 2008. p. 67-89.

GONÇALVES, L. A. O.; SILVA, P. B. G. Multiculturalismo e educação: o protesto de rua a propostas e políticas. **Educação e Pesquisa**, São Paulo, n. 1, v. 29, p. 109-123, jan./jun. 2003.

GRUPO DE TRABALHO PEDAGÓGICO UFPE – UFSM. **Visão didática da Educação Física**: análises críticas e exemplos de aulas. Rio de Janeiro: Ao Livro Técnico, 1991.

HALL, S. A centralidade da cultura: notas sobre as revoluções de nosso tempo. **Educação & Realidade**, Porto Alegre, v. 22, n. 2, p. 15-46, jul./dez. 1997.

_____. **Da diáspora**: identidade e mediações culturais. Belo Horizonte: Ed. da UFMG; Brasília: Unesco do Brasil, 2003.

KINCHELOE, J. L.; STEINBERG, S. R. **Repensar el multiculturalismo**. Barcelona: Octaedro, 1999.

KUNZ, E. **Educação Física**: ensino e mudanças. Ijuí: Ed. da Unijuí, 1991.

_____. **Transformação didático-pedagógica do esporte**. Ijuí: Ed. da Unijuí, 1994.

MIZUKAMI, M. G. N. **Ensino**: as abordagens do processo. São Paulo: EPU, 1986.

MOREIRA, A. F. B. A recente produção científica sobre currículo e multiculturalismo no Brasil (1995-2000): avanços, desafios e tensões. **Revista Brasileira de Educação**, Rio de Janeiro, n. 18, p. 65-81, set./dez. 2001.

NEIRA, M. G. A problemática. In: ____. **O currículo cultural da Educação Física em ação**: a perspectiva de seus autores. 2011. 210 f. Tese (Livre-Docência) – Faculdade de Educação da Universidade de São Paulo, São Paulo, 2011. p. 38-58. Disponível em: <http://www.gpef.fe.usp.br/teses/agenda_2012_02.pdf>. Acesso em: 7 ago. 2012.

NEIRA, M. G. O currículo multicultural da Educação Física: uma alternativa ao neoliberalismo. **Revista Mackenzie de Educação Física e Esporte**, v. 5, n. 2, p. 75-83, 2006.

____. O ensino da Educação Física na Educação Básica: o currículo na perspectiva cultural. In: MOREIRA, E. C. (Org.). **Educação Física escolar**: desafios e propostas. 2. ed. Jundiaí: Fontoura, 2009.

____. **O currículo cultural da Educação Física em ação**: a perspectiva dos seus autores. 2011. 210 f. Tese (Livre-Docência) – Faculdade de Educação da Universidade de São Paulo, São Paulo, 2011.

NEIRA, M. G.; NUNES, M. L. F. **Educação Física, currículo e cultura**. São Paulo: Phorte, 2009.

____. **Pedagogia da cultura corporal**: crítica e alternativas. São Paulo: Phorte, 2006.

NELSON, C.; TREICHLER, P. A.; GROSSBERG, L. Estudos culturais: uma introdução. In: SILVA, T. T. (Org.). **Alienígenas na sala de aula**: uma introdução aos estudos culturais em educação. Rio de Janeiro: Vozes, 2008. p. 7-38.

SANT'ANNA, D. B. É possível realizar uma história do corpo? In: SOARES, C. L. (Org.). **Corpo e história**. Campinas: Autores Associados, 2001. p. 3-24.

SILVA, A. C. Desconstruindo a discriminação do negro no livro didático. Salvador: Edufba, 2001.

SILVA, T. T. A nova direita e as transformações na sociedade e na educação. In: GENTILI, P.; SILVA, T. T. (Org.). **Neoliberalismo, qualidade total e educação**. Petrópolis: Vozes, 1994. p. 9-29.

_____. A produção social da identidade e da diferença. In: SILVA, T. T. (Org.). **Identidade e diferença**: a perspectiva dos Estudos Culturais. Petrópolis: Vozes, 2000a. p. 73-102.

_____. Desconstruindo o construtivismo pedagógico. **Educação & Realidade**, Porto Alegre, v. 18, n. 2, p. 3-10, 1993.

_____. **Documentos de identidade**: uma introdução às teorias do currículo. Belo Horizonte: Autêntica, 2007.

_____. **Identidades terminais**: as transformações na política da pedagogia e na pedagogia da política. Petrópolis: Vozes, 1996.

_____. **O currículo como fetiche**: a política e a poética do texto curricular. Belo Horizonte: Autêntica, 2003.

_____. Os novos mapas culturais e o lugar do currículo numa paisagem pós-moderna. In: SILVA, T. T. (Org.). **Alienígenas na sala de aula**: uma introdução aos estudos culturais em educação. Rio de Janeiro: Vozes, 1995. p. 184-202.

_____. **Teoria cultural da educação**: um vocabulário crítico. Belo Horizonte: Autêntica, 2000b.

SOUZA SANTOS, B. Por uma concepção multicultural de direitos humanos. **Lua Nova**: Revista de Cultura e Política, n. 39, p. 105-124, 1997.

TORRES SANTOMÉ, J. A instituição escolar em tempos de intolerância. **Teias**, ano 2, n. 3, p. 77-95, 2001.

WIGGERS, I. D. Cultura corporal infantil: mediações da escola, da mídia e da arte. **Revista Brasileira de Ciências do Esporte**, Campinas, v. 26, n. 3, p. 59-78, maio 2005.

WILLINSKY, J. Política educacional da identidade e do multiculturalismo. **Cadernos de Pesquisa**, São Paulo, n. 117, p. 29- 52, nov. 2002.

Sobre os autores

Ademir Testa Junior

Mestre em Educação pela Universidad del Salvador (US – Argentina) e especialista em Psicopedagogia Educacional e Clínica pela Faculdade de Artes de Itápolis (Facita – SP) e em Educação Física Escolar pela Universidade Estadual de Ponta Grossa (UEPG – PR), Ademir Testa Junior atua como professor na rede pública de ensino do Estado de São Paulo e na Escola Superior de Educação Física de Catanduva (Esefic), das Faculdades Integradas Padre Albino (Fipa – SP).

Alfredo Cesar Antunes

Doutor em Educação Física pela Universidade Estadual de Campinas (Unicamp – SP), Alfredo Cesar Antunes é docente da Universidade Estadual de Ponta Grossa (UEPG – PR), atuando nos cursos de licenciatura e bacharelado em Educação Física e no ensino a distância (EaD). É pesquisador do Grupo de Estudos e Pesquisas em Educação Física Escolar e Formação de Professores (Gepefe) – UEPG, filiado ao Conselho Nacional de Desenvolvimento Científico e Tecnológico (CNPq).

Amauri Aparecido Bassoli de Oliveira

Professor associado do Departamento de Educação Física da Universidade Estadual de Maringá (UEM – PR), Amauri Bassoli de Oliveira atua nos cursos de licenciatura e bacharelado em Educação Física dessa instituição, além de integrar o quadro docente do Programa de Pós-Graduação *Stricto Sensu* em Educação Física da UEM e da Universidade Estadual de Londrina (UEL – PR).

Claudio Kravchychyn

Além de lecionar como professor assistente no Departamento de Educação Física da Universidade Estadual de Maringá (UEM – PR), Claudio Kravchychyn é doutorando do Programa de Pós-Graduação *Stricto Sensu* em Educação Física da UEM e da Universidade Estadual de Londrina (UEL – PR). É professor de Metodologia dos Esportes na UEM, atuando nos cursos de licenciatura e bacharelado em Educação Física da instituição.

Clóvis Marcelo Sedorko

Graduado em licenciatura em Educação Física pela Universidade Estadual de Ponta Grossa (UEPG – PR) e especialista em Esporte Escolar pela na mesma instituição, Clóvis Sedorko é mestrando do Programa de Pós-Graduação em Educação da UEPG e professor da rede pública municipal de ensino de Ponta Grossa (PR), além de pesquisador do Grupo de Estudos e Pesquisas em Educação Física Escolar e Formação de Professores (Gepefe) – UEPG, filiado ao Conselho Nacional de Desenvolvimento Científico e Tecnológico (CNPq).

Gonçalo Cassins Moreira do Carmo

Mestre em Educação Física pela Universidade Estadual de Campinas (Unicamp – SP), Gonçalo Cassins Moreira do Carmo é docente da Universidade Estadual de Ponta Grossa (UEPG – PR), atuando no curso de licenciatura e bacharelado em Educação Física e no ensino a distância (EaD). É também pesquisador do Grupo de Estudos e Pesquisas em Educação Física Escolar e Formação de Professores (Gepefe) – UEPG, filiado ao Conselho Nacional de Desenvolvimento Científico e Tecnológico (CNPq).

Fabiane Distefano

Especialista em Políticas Públicas para o Lazer e o Esporte pela Universidade Estadual de Ponta Grossa (UEPG – PR), Fabiane Distefano é mestranda do Programa de Pós-Graduação em Educação da UEPG e professora colaboradora dessa instituição.

Fabíola Schiebelbein Capri

Mestre em Educação pela Universidade Estadual de Ponta Grossa (UEPG – PR), Fabíola Schiebelbein Capri é docente no curso de licenciatura e bacharelado da Instituição de Ensino Superior Sant'Ana (Iessa – PR) e no ensino a distância (EaD) da UEPG. É também pesquisadora do Grupo de Estudos e Pesquisas em Educação Física Escolar e Formação de Professores (Gepefe) – UEPG, filiado ao Conselho Nacional de Desenvolvimento Científico e Tecnológico (CNPq).

Gilmar de Carvalho Cruz

Doutor em Educação Física pela Universidade Estadual de Campinas (Unicamp – SP), Gilmar de Carvalho Cruz é docente do Departamento de Educação Física e do Programa de Pós-Graduação em Educação da Universidade Estadual do Centro-Oeste (Unicentro – PR), do Programa de Pós-Graduação em Educação da Universidade Estadual de Ponta Grossa (UEPG – PR) e do ensino a distância (EaD) da UEPG.

Janaína Mayra de Oliveira Weber

Graduada em licenciatura em Educação Física pela Universidade Estadual do Oeste do Paraná (Unioeste – PR), Janaína Mayra de Oliveira Weber é especialista em Psicopedagogia Clínica e Institucional e pós-graduanda em Educação Física Adaptada pela Universidade Gama Filho (UGF – RJ). É mestranda do Programa de Pós-Graduação em Educação pela Universidade Estadual de Ponta Grossa – UEPG (PR) e docente das Faculdades Integradas de Itararé (Fafit – SP) e da rede municipal de ensino de Itararé (SP). Atua como pesquisadora no Grupo de Estudos e Pesquisas em Educação Física Escolar e Formação de Professores (Gepefe) – UEPG, filiado ao Conselho Nacional de Desenvolvimento Científico e Tecnológico (CNPq).

Lisiane de Paula Ripka
Licenciada em Educação Física pela Universidade Estadual de Ponta Grossa (UEPG – PR), Lisiane de Paula Ripka é especialista em Metodologia do Ensino de 1° e 2° Graus pela Faculdades Integradas Espírita (Fies – PR). Além disso, é docente da rede pública de ensino do Estado do Paraná.

Marcelo José Taques
Mestre em Educação pela Universidade Estadual de Ponta Grossa (UEPG – PR), Marcelo José Taques é especialista em Educação Física Escolar pela Faculdade Guairacá (Guarapuava – PR). É professor da rede pública de ensino do Estado do Paraná e da Faculdade Guairacá, no curso de licenciatura e bacharelado em Educação Física. É pesquisador do Grupo de Estudos e Pesquisas em Educação Física Escolar e Formação de Professores (Gepefe) – UEPG, filiado ao Conselho Nacional de Desenvolvimento Científico e Tecnológico (CNPq).

Marcos Garcia Neira
Doutor em Educação, pós-doutor em Currículo e Educação Física e Livre-Docente em Metodologia do Ensino de Educação Física, Marcos Garcia Neira é professor da Faculdade de Educação da Universidade de São Paulo (USP – SP) e coordenador do Grupo de Pesquisas em Educação Física Escolar – USP, atuando como docente de Educação Física, pedagogo e livre-docente em Metodologia do Ensino de Educação Física. Além disso, é bolsista em produtividade

em pesquisa do Conselho Nacional de Desenvolvimento Científico e Tecnológico (CNPq) e orientador de pesquisas de iniciação científica, mestrado e doutorado.

Nei Alberto Salles Filho

Mestre em Educação pela Universidade Metodista de Piracicaba (Unimep – SP) e docente da Universidade Estadual de Ponta Grossa (UEPG – PR), Nei Alberto Salles Filho é doutorando do Programa de Pós-Graduação em Educação da UEPG e coordenador do Núcleo de Estudos e Formação de Professores em Educação para a paz e Convivências (NEP) – UEPG. É também pesquisador do Grupo de Estudos e Pesquisas em Educação Física Escolar e Formação de Professores (Gepefe) – UEPG, filiado ao Conselho Nacional de Desenvolvimento Científico e Tecnológico (CNPq).

Patrícia Alzira Proscêncio

Mestre em Educação pela Universidade Estadual de Londrina (UEL – PR), Patrícia Proscêncio atua como professora de dança no curso de licenciatura em Pedagogia da Faculdade Norte Paranaense (Uninorte – PR) e é coordenadora de projetos na área de dança da Escola Municipal de Dança (Funcart), na qual integra o corpo docente.

Rafael Trentin Scremin

Licenciado em Educação Física pela Universidade Estadual de Ponta Grossa (UEPG – PR), Rafael Trentin Scremin é especialista em Educação Física Escolar pela Pontifícia Universidade Católica do Paraná (PUCPR) e mestrando em Educação pelo Núcleo de História e Filosofia da Educação da Universidade Metodista de Piracicaba (Unimep – SP). Foi professor colaborador da UEPG e de cursos no ensino a distância (EaD) da mesma instituição, além de membro do Núcleo de Estudos e Formação de Professores em Educação para a paz e Convivências (NEP). Atua como pesquisador do Grupo de Estudos e Pesquisas em Educação Física Escolar e Formação de Professores (Gepefe) – UEPG e do Grupo de Estudos Teoria Crítica e Educação – Unimep, ambos filiados ao Conselho Nacional de Desenvolvimento Científico e Tecnológico (CNPq).

Ricardo Domingues Ribas
Professor especialista em Ciência e Técnica da Ginástica Olímpica (Artística) pela Faculdade de Filosofia, Comunicação, Letras e Artes da Pontifícia Uninversidade Católica de São Paulo (Facicla – SP), Ricardo Domingues Ribas leciona no curso de licenciatura e bacharelado em Educação Física da Instituição de Ensino Superior Sant'Ana (Iessa – PR) e no ensino a distância (EaD) da Universidade Estadual de Ponta Grossa (UEPG – PR). É membro do Núcleo de Estudos e Formação de Professores em Educação para a paz e Convivências (NEP) – UEPG e atua também como pesquisador do Grupo de Estudos e Pesquisas em Educação Física Escolar e Formação de Professores (Gepefe) – UPEG, filiado ao Conselho Nacional de Desenvolvimento Científico e Tecnológico (CNPq).

Silvia Christina Madrid Finck
Doutora em Ciência da Atividade Física e do Esporte pela Universidade de León (Unileón – ES) e mestre em Educação pela Universidade Metodista de Piracicaba (Unimep – SP), Silvia Christina Madrid Finck atua no curso de licenciatura em Educação Física e nos Programas de Pós-Graduação, Mestrado e Doutorado em Educação da Universidade Estadual de Ponta Grossa (UEPG – PR). É coordenadora de curso de especialização e docente no ensino a distância (EaD) da UEPG, além de líder do Grupo de Estudos e Pesquisas em Educação Física Escolar e Formação de Professores (Gepefe) – UEPG, filiado ao Conselho Nacional de Desenvolvimento Científico e Tecnológico (CNPq).

Silvia Pavesi Sborquia

Doutora na área de Educação Física pela Universidade Estadual de Campinas (Unicamp – SP), é docente do Departamento de Educação Física do Centro de Educação Física e Esportes da Universidade Estadual de Londrina (UEL – PR). É líder do Grupo de Estudos em Gestualidade, Ludicidade e Cultura (Gesluc) – UEL, filiado ao Conselho Nacional de Desenvolvimento Científico e Tecnológico (CNPq), e pesquisadora do Grupo de Estudos e Pesquisas em Educação Física Escolar e Formação de Professores (Gepefe) – Universidade Estadual de Ponta Grossa (UEPG – PR).

William Lopes da Silveira

William Lopes da Silveira é licenciado em Educação Física pela Universidade Estadual de Ponta Grossa (UEPG – PR).

Os papéis utilizados neste livro, certificados por instituições ambientais competentes, são recicláveis, provenientes de fontes renováveis e, portanto, um meio responsável e natural de informação e conhecimento.

FSC
www.fsc.org
MISTO
Papel produzido a partir de fontes responsáveis
FSC® C103535

Impressão: Reproset
Janeiro/2019